MARCO ⊕ POLO

Reisen mit Insider Tipps

MARCO POLO Autor
Dr. Hans-Wilm Schütte

Als Dr. Hans-Wilm Schütte nach dem Abitur 1967 beschloss, Chinesisch in Wort und Schrift zu lernen, ahnte er nicht, dass diese Wahl sein Leben prägen sollte. Als Sinologe begann er bald, sich mit China ein ganzes kulturelles Universum zu erschließen. Seit 1989 widmet er sich dem Land als freiberuflicher Publizist und universitärer Lehrbeauftragter und bereist es, auch als Reiseleiter, ein- bis zweimal im Jahr.

www.marcopolo.de/china

← **UMSCHLAG VORN: DIE WICHTIGSTEN HIGHLIGHTS**

Die besten Insider-Tipps → S. 4

INSIDER TIPP

Nordchina → S. 36

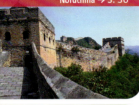

Shaanxi & Seidenstraße → S. 64

Shanghai & der Osten → S. 76

4	**DIE BESTEN INSIDER-TIPPS**
6	**BEST OF ...**
	● TOLLE ORTE ZUM NULLTARIF S. 6
	● TYPISCH CHINA S. 7
	● SCHÖN, AUCH WENN ES REGNET S. 8
	● ENTSPANNT ZURÜCKLEHNEN S. 9
10	**AUFTAKT**
18	**IM TREND**
20	**STICHWORTE**
28	**ESSEN & TRINKEN**
32	**EINKAUFEN**
34	**DIE PERFEKTE ROUTE**
36	**NORDCHINA**
64	**SHAANXI UND SEIDENSTRASSE**
76	**SHANGHAI UND DER OSTEN**
90	**DER MITTLERE SÜDEN**

SYMBOLE

INSIDER TIPP Insider-Tipp
★ Highlight
● ● ● ● Best of ...
☼ Schöne Aussicht
🟢 Grün & fair: für ökologische oder faire Aspekte
(*) kostenpflichtige Telefonnummer

PREISKATEGORIEN HOTELS

€€€ über 120 Euro
€€ 60 – 120 Euro
€ unter 60 Euro

Die Preise gelten für ein Doppelzimmer ohne Frühstück

PREISKATEGORIEN RESTAURANTS

€€€ über 15 Euro
€€ 8 – 15 Euro
€ unter 8 Euro

Die Preise gelten für eine Mahlzeit ohne Getränke

Titelthemen: Huang Shan – Bergmassiv S. 93 | Abends in Zhujiang New Town S. 124

INHALT

DER SÜDWESTEN 100
DIE SÜDKÜSTE 116
TIBET 130

AUSFLÜGE & TOUREN 136
SPORT & AKTIVITÄTEN 142
MIT KINDERN UNTERWEGS 146
EVENTS, FESTE & MEHR 148
ICH WAR SCHON DA! 150
LINKS, BLOGS, APPS & MORE 152
PRAKTISCHE HINWEISE 154
SPRACHFÜHRER 162

REISEATLAS 166

REGISTER & IMPRESSUM 190
BLOSS NICHT! 192

Der mittlere Süden → S. 90

Der Südwesten → S. 100

Die Südküste → S. 116

Reiseatlas → S. 166

GUT ZU WISSEN
Geschichtstabelle → S. 12
Spezialitäten → S. 30
Einwohnerzahlen → S. 61
Bücher & Filme → S. 62
Kurze Namenskunde → S. 68
Der Weg des Weisen → S. 99
Schattenboxen → S. 124
Grün & fair reisen → S. 154
Was kostet wie viel? → S. 155
Währungsrechner → S. 157
Wetter → S. 160

KARTEN IM BAND
(168 A1) Seitenzahlen und Koordinaten verweisen auf den Reiseatlas
(O) Ort/Adresse liegt außerhalb des Kartenausschnitts
(U A1) Koordinaten für die Peking-Karte im hinteren Umschlag

Es sind auch die Objekte mit Koordinaten versehen, die nicht im Reiseatlas stehen

UMSCHLAG HINTEN: FALTKARTE ZUM HERAUSNEHMEN →

Karten von Kanton, Shanghai und Xi'an → S. 186 und 187

FALTKARTE
(A–B 2–3) verweist auf die herausnehmbare Faltkarte

2 | 3

Die besten MARCO POLO Insider-Tipps

Von allen Insider-Tipps finden Sie hier die 15 besten

INSIDER TIPP Wo Sie eine Ahnung von Chinas Wurzeln bekommen

Chinas Zivilisation wurzelt in der „gelben Erde", dem Löss. Einblicke in dessen einzigartige, uralte Kulturlandschaft gewährt eine *Bahnfahrt durch das Tal des Fen-Flusses* → S. 36

INSIDER TIPP Kaisergräber ohne Rummel

Die zwei großen, geöffneten Ming-Mausoleen bei Peking sind gewöhnlich sehr überlaufen. In und an den *Östlichen Qing-Gräbern* dagegen, die zudem besser erhalten sind, herrscht deutlich weniger Trubel → S. 52

INSIDER TIPP Das Orchester der Greise

Die ältesten Musiktraditionen Chinas, die heute regelmäßig zu Gehör gebracht werden, haben beim Volk der Naxi überlebt – dank alter Männer, die sie über die Mao-Ära retteten Konzerte sind in der *Dayan Naxi Concert Hall* in Lijiang zu erleben (Foto re.) → S. 115

INSIDER TIPP Das Wasser als Magier

Hoch in den Bergen im Norden von Sichuan schuf es Wunderwelten: die bunten Kalksinterterrassen von *Huanglong* und den vielgestaltigen Zauber in den Tälern von *Jiuzhaigou* → S. 138, 139

INSIDER TIPP Sag Danke mit Palästen

Der Yongle-Kaiser konnte es sich leisten, wie das riesige Tempelbauprojekt am *Wudang Shan* bezeugt, mit dem er den Himmelskaiser des Nordens ehrte → S. 97

INSIDER TIPP Zwischen Weiden und Brücken

Hangzhou von seiner schönsten Seite erleben Sie bei einer *Gondelfahrt auf dem Westsee* – entspannend für Leib und Seele → S. 80

INSIDER TIPP Prima Pekingente

Und nicht nur die: Das *Beijing Da Dong Roast Duck Restaurant* serviert nicht nur die beste Ente der Hauptstadt, sondern glänzt auch auf anderen Gebieten → S. 51

INSIDER TIPP **Wenn Salzhändler bauen**
... dann darf es auch mal etwas Repräsentatives sein. So erhielt Yangzhou die anmutige *Fünf-Pavillon-Brücke,* das Wahrzeichen der Stadt → S. 83

INSIDER TIPP **Tempel der Frauen und des Wassers**
Weib, Wasser, Lebenskraft: Das sind die eng miteinander verflochtenen Themen der Tempelanlage *Jin Ci* außerhalb von Taiyuan → S. 59

INSIDER TIPP **Taschenmenü**
Xi'an ist berühmt für die Bankette aus Teigtaschen aller Größen, Formen, Farben und Füllungen. Das berühmteste der Lokale, die diese servieren, ist das *Defachang* → S. 72

INSIDER TIPP **Konfuzius im Trubel**
Nach dem Tempel zu Ehren des großen altchinesischen Philosophen heißt in Nanjing das ganze quirlige Altstadtviertel drum herum: *Fuzi Miao* – ein Ausgangspunkt überdies für Bootsrundfahrten → S. 82

INSIDER TIPP **Glanzlichter der Archäologie**
Eindrucksvolle Zeugen einer protochinesischen Bronzekultur sind im *Sanxingdui-Museum* bei Chengdu zu bestaunen → S. 104

INSIDER TIPP **Tibet zu Pferde**
Reiten hat Tradition, vor allem bei Tibetern und Mongolen. Wie könnte man also die Hochgebirgslandschaft zünftiger erleben als vom Sattel aus! Auch längere Touren sind möglich (Foto li.) → S. 145

INSIDER TIPP **Flötenklang und Gartenteich**
Abendunterhaltung im Gartenparadies mit Musik und Theater, das gibt's im *Wangshi Yuan* in Suzhou – fast wie im alten China → S. 88

INSIDER TIPP **1000 Jahre Schifffahrt**
Chinas maritime Traditionen und der Kulturaustausch, den sie mit sich brachten, sind in ihrer ganzen Vielfalt zu erleben im *Seeverkehrsmuseum* von Quanzhou → S. 128

BEST OF ...

TOLLE ORTE ZUM NULLTARIF
Neues entdecken und den Geldbeutel schonen

SPAREN

● *Schwertkampf mit Panorama*
Fitness kostenlos: Einmal müssen Sie am Bund in Shanghai mit dabei sein, wenn am Morgen Rumpf, Beine und Arme während der *Frühgymnastik* den Kreislauf in Schwung bringen – bei Schattenboxen, Schwertkämpfen und Qigong-Übungen vor der Skyline von Pudong
→ S. 85

● *In Chinas Frühgeschichte abtauchen*
Das älteste erhaltene Papier der Welt oder Ziegel vom Palast des Ersten Kaisers bewundern? Das können Sie zum Nulltarif im bedeutendsten archäologischen Museum des Landes, dem *Geschichtsmuseum* der Provinz Shaanxi in Xi'an → S. 71

● *Rundblick auf Kleindeutschland*
Die Altstadt von Qingdao, bis heute durch den Stil ihrer deutschen Erbauer von vor 100 Jahren geprägt, lässt sich von einem Aussichtsturm auf dem *Gouvernementshügel* überblicken. Anders als bei anderen Aussichtspunkten ist der Zugang gratis → S. 53

● *Den jadegrünen See genießen*
Der Cui-Hu-Park in Kunming ist mit seinem *Grünen See,* den Inseln und Parkanlagen ein Ort, der alle erfreut. Chinesen kommen zur Gymnastik, zum Musizieren und um Leute zu treffen. Früher kostete der Besuch Eintritt, jetzt nicht mehr → S. 112

● *Unterm LED-Himmel spazieren*
The Place ist am Abend wohl der spektakulärste Ort in Peking, wenn Fantasy-Bilder und Spielfilmszenen über den größten LED-Schirm Asiens laufen. Der Videospaß kostet keinen Eintritt (Foto) → S. 52

● *Kulturschätze bestaunen*
Vielerorts muss man Eintritt bezahlen, um klassische chinesische Kunst zu genießen. Aber das *Shanghai Museum* mit seinen vorzüglich präsentierten Schätzen aus über 3000 Jahren chinesischer Kultur können Sie gratis besuchen → S. 86

●●●● Diese Punkte zeichnen in den folgenden Kapiteln die Best-of-Hinweise aus

TYPISCH CHINA
Das erleben Sie nur hier

● *Die Fahne hoch!*
Für chinesische Pekingtouristen ist es fast eine patriotische Pflicht: beim *Flaggenhissen* auf dem Tian'anmen-Platz dabei zu sein, pünktlich zum Sonnenaufgang. Auch Ausländer dürfen zuschauen und sich über die Verbindung von Nationalstolz und Sozialismus Gedanken machen → S. 50

● *Bergbesteigung auf Kaisers Spuren*
Nirgends zeigt sich der altchinesische Bergkult eindrucksvoller als am und auf dem heiligen Ostberg *Tai Shan* mit seinem imposanten Tempel Dai Miao → S. 57

● *Kung-Fu bestaunen*
In den waffenlosen Kampfkünsten haben es die Chinesen weit gebracht, und die berühmtesten Schulen siedeln am Kloster Shaolin Si. Die *Vorführungen* zeigen ein verblüffendes Maß an Körperkontrolle → S. 46

● *Nach angreifenden Reiterhorden spähen*
Wo wäre das alte China typischer als auf der *Großen Mauer?* Nach Norden blickt man durch die Zinnen Richtung Mongolei. Der Ansturm erfolgt heutzutage jedoch von Süden her: durch Touristen wie du und ich. Auch das ist typisch für das China von heute (Foto) → S. 52

● *China modern*
In den spektakulären Neubauten der *Zhujiang New Town* setzt Kanton seine traditionelle Weltoffenheit selbstbewusst in Szene – größer und schicker als Shanghai und typisch für Chinas Anspruch, weltweit an der Spitze der Avantgarde zu stehen → S. 124

● *Respekt vor der Schrift*
Dieser prägte den Konfuzianismus, der seine heiligen Texte schon früh in Stein verewigte. Der *Beilin (Stelenwald)* in Xi'an dokumentiert, welche Exklusivität die Schrift der chinesischen Tradition verlieh → S. 70

● *Tee und Reis und Westseefisch*
Essen und Trinken halten auch in China Leib und Seele zusammen. Stilbildend war seit Jahrhunderten die untere Jangtseregion, deren kulinarische Traditionen im Hangzhouer Restaurant *Louwailou* besonders gepflegt werden → S. 80

6 | 7

BEST OF ...

SCHÖN, AUCH WENN ES REGNET
Aktivitäten, die Laune machen

REGEN

● *Supershopping*
Einkaufsbummel im Trocknen – und klimatisiert! –, das ist der Vorteil überdachter Einkaufspassagen. Deren größte steht in Shanghai: die *Super Brand Mall* → S. 87

● *Gartenspaziergang*
Chinesische Gärten machen's möglich: Dank Pavillons und Wandelgängen können Sie ihre besondere Regenästhetik trocknen Hauptes erleben. Besonders schön gelingt dies im vielgestaltigen *Liu Yuan* in Suzhou → S. 88

● *Bilderschau auf 728 Meter*
Der Pekinger Sommerpalast Yihe Yuan rühmt sich des längsten bemalten *Wandelgangs* des Globus – ein Bilderbuch, das sich gerade bei Regen dank geringerer Besucherscharen mit mehr Muße studieren lässt als sonst (Foto) → S. 50

● *Kultur und Geschichte in allen Facetten*
Das riesige *Nationalmuseum* in Peking bietet mit seiner erstklassigen Sammlung und den Wechselausstellungen genug für eine mindestens halbtägige Entdeckungsreise durch Geschichte und Kultur → S. 49

● *Speisen mit Gartenblick*
Und zwar im *Qinshanzhai* in Chengdu. Essen gehen ist bei Regen sowieso eine gute Idee, aber hier können Sie dabei von einer Galerie in den grünen Innenhof blicken und es sich dank der Gesundheitsküche richtig wohl ergehen lassen → S. 103

● *Jangtseschluchten nass und trocken*
Im regenreichen Chongqing erfreut es besonders, dass ein Museum trockenes Reisen durch Raum und Zeit ermöglicht. Hier ist es das *Drei-Schluchten-Museum* mit seiner Sammlung zur Kulturgeschichte der Region sowie zur Stadtgeschichte → S. 105

ENTSPANNT ZURÜCKLEHNEN
Durchatmen, genießen und verwöhnen lassen

● *Neun Windungen barfuß*
Wer auf einem Bambusfloß den *Fluss der neun Windungen* im Gebirge Wuyi Shan hinabgleitet, tut dies am besten barfuß. Während das Auge die malerischen Ansichten genießt, umspielt klares, frisches Wasser die Sohlen → S. 119

● *Fußmassage und Pediküre*
Es gibt unzählige Angebote überall im Land. Wenn es solide, schön und genussreich, doch nicht zu teuer sein soll, empfiehlt sich in Peking das *Long Island Spa.* Nach dem Stadtbummel macht eine wohltuende Massage müde Füße wieder munter → S. 51

● *Bergbesteigung mit baumelnden Beinen*
Seilbahnen erfreuen sowieso schon, aber so richtig schön entspannend wird es erst bei einer längeren Fahrt. Wer mit dem *Sessellift* bei Dali auf den Cang Shan emporschwebt, kann seinen Beinmuskeln fast eine halbe Stunde Pause gönnen – und das Gleiche noch mal auf dem Rückweg → S. 108

● *Tee mit Ohrpinsel*
Chengdus *Teegärten* sind nicht nur zum Teetrinken da. Dort können Sie sich auch massieren lassen, das Beste aber sind die professionellen Ohrenputzer, die mit Löffelchen und Pinselchen ein überaus wohliges Kitzeln verursachen → S. 101

● *Karstkegel ohne Motorlärm*
Die Vier-Stunden-Kreuzfahrt auf dem weltberühmten Li Jiang ist schön, aber noch schöner wird es bei einer *Floßfahrt auf dem Yulong-Fluss*: Dort gleiten Sie ganz ohne Motorlärm durch die Zauberlandschaft von Guilin (Foto) → S. 121

● *Am Strand liegen*
Ganz im Süden: Die Strände von Sanya, vor allem der endlos lange Traumstrand an der *Yalong-Bucht,* sind bestens geeignet, sich im warmen Sand zu strecken und die sprichwörtliche Seele baumeln zu lassen → S. 122

AUFTAKT

ENTDECKEN SIE CHINA!

„Il Milione" nannten die Venezianer ihren Landsmann, der so viel von einem reichen und prächtigen Land im Osten zu berichten hatte – einen Aufschneider also. Dabei war jener Marco Polo kein Phantast, sondern ein nüchterner Berichterstatter. 17 Jahre lang, von 1275 bis 1292, reiste er mit Vater und Onkel als Kaufmann durch das China des Mongolenreichs. Sein Name steht bis heute für ein Fernweh besonderer Art: für die Sehnsucht nach dem Reich der Mitte.

Wer von China spricht, redet von einem Kontinent. Der nördlichste Punkt liegt auf der Höhe von Hamburg und gehört klimatisch zu Sibirien, ganz im Süden, auf der Höhe der Südsahara, wiegen sich an den Tropenstränden der Insel Hainan die Palmen bei ganzjährig über 20 Grad Wärme. Von Ningbo im Osten bis zur Westgrenze bei Afghanistan sind es rund 4500 km – gut 1000 km mehr als von Madrid bis Moskau, fast 500 mehr als von New York bis San Francisco und nur 120 km weniger als der kürzeste Abstand zwischen Deutschland und China. Mit dem Flugzeug braucht man dafür gut fünf Stunden. Die längste Bahnfahrt, von Kanton nach Lhasa, geht

Bild: Blick auf den Yulong Xueshan in Lijiang

über 4980 km und dauert 54 Stunden. Dazwischen liegt ein Land, dessen Kultur und Landschaft dem Wunschzettel eines verwöhnten Touristen zu entstammen scheinen.

Die Tonsoldaten des „Ersten Erhabenen Kaisers", die Große Mauer (das größte Bauwerk der Menschheit!) und der Pekinger Kaiserpalast sind nur einige Kulturdenkmäler von Weltrang. In den Grottentempeln von Dunhuang, Dazu und Longmen findet sich buddhistische Kunst von unschätzbarem Wert. Die Gärten von Chengde und Suzhou begeistern mit fein durchdachter Architektur. Die Karstkegel Guilins und die schroffen Felsnadeln des Huang Shan sind nur zwei von zahllosen landschaftlichen Attraktionen; zwölf von ihnen wurden von der Unesco bereits als Stätten des Weltnaturerbes anerkannt. Überall im Land zeigen Tempelklöster mit uralter Tradition neue Aktivität oder werden sogar großzügig ausgebaut und erweitert, traditionelle Feste wie das Drachenboot- und das Laternenfest werden wieder in überlieferter Manier gefeiert.

> **Wer von China spricht, redet von einem Kontinent**

Zugleich entsteht in vielen Regionen des Landes eine moderne, von Technik und Dienstleistungen geprägte Volkswirtschaft. Die Folgen dieser wirtschaftlichen Revolution sind unübersehbar: Nirgends in der Welt manifestiert sich die Sehnsucht nach dem Fortschritt so konsequent in Stahl und Beton wie in den chinesischen Metropolen. Ganze Stadtlandschaften wurden längst umgepflügt und im Zeitraffertempo neu gestaltet. Wo um 1990 noch Radfahrer durch beschauliche Altbauviertel trödelten, rauscht heute vielerorts der Autoverkehr, oft gleich auf mehreren Ebenen. Baustellen, Wolkenkratzer und ein oft ungehemmt zur Schau gestellter Luxus in Hotels, feinen Restaurants und Boutiquen prägen die Schauseite des neuen China. Das Land ist zum Dorado internationaler Architekten geworden. Nirgends sonst wurden seit der Jahrtausendwende so ambitionierte, spektakuläre Bauprojekte verwirklicht wie hier, und ein Ende des Booms ist noch nicht abzusehen. Freilich, auch die Schattenseiten sind Realität: krasse Einkommensunterschiede, oft inhumane Arbeitsbedingungen und die weit verbreitete Korruption.

Aus ökonomischer Sicht ist Chinas Wirtschaftsboom dagegen eine fast makellose Erfolgsgeschichte. In wenigen Jahren hat sich das Land in den Kreis der führenden

| 17. Jh.–11. Jh. Shang-Dynastie | Um 1025–249 Zhou-Dynastie | 221 v. Chr. Reichseinigung unter Qin Shi Huangdi | 206 v.Chr.–9 n. Chr. Westliche Han-Dynastie | 25–220 Östliche Han-Dynastie | 221–263 Drei Reiche | 304–589 Reichsteilung: Nördliche und Südliche Dynastien | 581–618 Sui-Dynastie |

AUFTAKT

Xiang Shan: Die „Duftberge" bei Peking sind ein beliebtes Ausflugsziel

Wirtschaftsnationen katapultiert: China ist schon heute Exportweltmeister bei der Informationstechnik, sein Energie- und Rohstoffhunger treibt die Weltmarktpreise, hier fahren die schnellsten Eisenbahnen des Globus auf dem weltgrößten Hochgeschwindigkeitsnetz, und als Automarkt hat China schon die USA überflügelt. Seit 2010 ist China die zweitgrößte Volkswirtschaft nach den Vereinigten Staaten, und nach manchen Prognosen wird es schon um 2020 die Nummer 1 werden.

Überall zeigen Tempelklöster neue Aktivität

Es ist nicht schwer, von China auf den ersten Blick begeistert zu sein. Wer sich einer Reisegruppe anvertraut und sich zwei, drei Wochen lang von einer Sehenswürdigkeit zur nächsten führen lässt, bringt sicher ein Bündel von Erlebnissen mit und wird für seine Digitalkamera unterwegs noch eine Speicherkarte nachgekauft haben. Daran ist, von den Strapazen abgesehen, nichts auszusetzen – doch wer etwas genauer hinschaut, wird seine touristischen Glanzlichter vielleicht am Wegesrand finden.

- **618–907** Tang-Dynastie. Blütezeit der Lyrik (8. Jh.)
- **947–1125** Liao-Reich der Kitan
- **960–1279** Song-Dynastie (ab 1127: Südliche Song)
- **1126–1234** Jin-Reich der Dschurdschen (Nordchina)
- **1271–1367** Yuan-Dynastie der Mongolen
- **1368–1644** Ming-Dynastie
- **1644–1912** Qing-Dynastie der Mandschuren

Südchina, wie man es sich vorstellt: Reisfelder in der Provinz Guangdong

Daher ein Rat: Lassen Sie ab und zu eine Pagode Pagode sein. Setzen Sie sich ins nächste Teehaus und beobachten bei Grüntee und Knabbereien die Umgebung. Wenn Sie ein schön gelegenes Tempelkloster finden: Warum nicht die Stippvisite zu einer Übernachtung ausdehnen? Wenn im Morgengrauen Gebete und Klosterglocken ertönen, macht das den fehlenden Zimmerservice doppelt wett. Wer sich Zeit lässt, kann sich dem Pilgerstrom auf die heiligen Berge anschließen, anstatt mit Bus und Seilbahn eine hastige Gipfeltour zu absolvieren. Er kann die Szeneviertel der Großstädte durchstreifen oder abends sein Tsingtau-Bier in einer Karaokebar schlürfen. Und er kann im Morgengrauen durch die Parks schlendern, bei der Morgengymnastik zuschauen und darüber philosophieren, warum die Chinesen trotz der dynamischsten Wirtschaft der Welt zum Abschied gern *manman zou* sagen: „Gehen Sie schön langsam."

In China sagt man auch: „Einmal sehen ist besser als hundertmal hören!" Schauen wir also genauer hin: Da eröffnet sich ein Gebiet der landschaftlichen Extreme. Das

1722 China unterstellt Tibet seiner Oberherrschaft

1839–1842, 1858–1860 Opiumkriege

1911/12 Revolution und Gründung der Republik China

1919 4.-Mai-Bewegung für Wissenschaft und Demokratie

1931–1945 Besetzung großer Landesteile durch Japan

1949 Gründung der VR China

1958–61 „Großer Sprung nach vorn"; Kollektivierung führt zu

AUFTAKT

"typisch chinesische" Bild endloser Reisfelder ist nur in einer verhältnismäßig kleinen Region im Südosten zu finden. Dafür nimmt das Hochland Tibets, mit 4000 bis 5000 m das höchste Plateau der Welt, fast ein Viertel der Gesamtfläche Chinas ein. An seinem Südrand ragt die Kette des Himalaya empor, dessen höchsten Gipfel (8848 m) die Chinesen Zhumulangma Feng nennen: den Mount Everest.

Ein weiteres Sechstel des Landes, immerhin 1,5 Mio km^2, entfällt auf die Hochgebirge und Wüsten Xinjiangs im Nordwesten und die mongolischen Grassteppen im mittleren Norden. Die mandschurische Ebene, die im Nordosten weit nach Russland hineinragt und an deren Südrand Korea grenzt, hat die kältesten Winter Chinas aufzuweisen. Im Januar kann das Thermometer hier bis auf 50 Grad unter Null fallen – das sind rund 70 Grad weniger als gleichzeitig im äußersten Süden.

Von Peking bis Shanghai erstreckt sich entlang der Ostküste die fruchtbare chinesische Tiefebene. Diese äußerst dicht besiedelte Region ist das jahrtausendealte Kernland der chinesischen Kultur.

Endlose Reisfelder finden sich nur im Südosten des Landes

Hier lebte und lehrte Konfuzius, hier münden die beiden Riesenströme des Huang He (Gelber Fluss) und des Chang Jiang ins Meer. *Chang Jiang,* Langer Strom: So nennen die Chinesen den Jangtse. Er ist mit 6300 km Chinas längster Strom (der drittlängste der Welt), durchläuft neun Provinzen und bewässert mit 700 Nebenflüssen etwa ein Viertel der gesamten chinesischen Anbaufläche. Gleichzeitig bildet er in etwa die

- Hungersnot mit mehr als 20 Mio. Toten
- 1965–1969 Kulturrevolution
- 1976 Tod Mao Zedongs
- 1978 Beginn der wirtschaftlichen Liberalisierung
- 1989 Niederschlagung der Demokratiebewegung
- 2008 Olympische Spiele in Peking
- 2010 China ist zweitgrößte Volkswirtschaft der Welt; Expo in Shanghai

14 | 15

Nordgrenze der subtropischen Klimazone, die mit warmen, regnerischen Sommern und milden Wintern den größten Teil Südchinas einnimmt. Hier dominiert hügeliges Karstland, das in den Südwestprovinzen Guizhou und Yunnan bis zu den Ausläufern des tibetischen Berglands ansteigt. Tropische Vegetation und Temperaturen herrschen an der Südküste und auf Hainan.

Die Provinz Henan ist bevölkerungsreichster als jeder Staat Europas

China umfasst 22 Provinzen, die in Ausdehnung und Bevölkerungszahl mitteleuropäischen Staaten entsprechen. Hinzu kommen fünf Autonome Gebiete (Tibet, Xinjiang, Ningxia, Guangxi, Innere Mongolei) sowie die regierungsunmittelbaren Städte Peking, Tianjin, Chongqing und Shanghai. 1,3 Mrd. Menschen, mehr als ein Fünftel der Weltbevölkerung, leben hier – die Provinz Henan mit über 96 Mio. Einwohnern ist bevölkerungsreicher als jeder Staat Europas.

Nicht nur die Landschaften, auch die Städte und Siedlungen sind voller Abwechslung. Von der gravitätischen Strenge der Pekinger Kaiserbauten zur geschäftigen Buntheit eines südchinesischen Straßenmarkts, von der Weite des tibetischen Hochlands zu den Stahl-und-Marmor-Palästen Shanghais – China ist Vielfalt. Es ist ein Land mit ausgeprägten regionalen Traditionen, Kulturen und Interessen und keinesfalls der monolithische Einheitsstaat, als der es (nicht ohne eigenes Zutun) immer wieder missverstanden wurde.

Das alte China hatte sich in der Rolle einer politischen Hegemonialmacht und der einzigen Kulturnation gefallen. In der Kolonialzeit machte das Land jedoch eine traumatische Erfahrung: den Niedergang des mächtigsten Reichs der Welt zum Entwicklungsland. Anfang des 19. Jhs. hatte die britische Ostindische Kompanie ihr Handelsbilanzdefizit gegenüber China durch die Verbreitung des Opiums ausgeglichen, das in der britischen Kolonie Indien angebaut wurde. Als ein Abgesandter des chinesischen Kaisers das Gift in Kanton beschlagnahmen und verbrennen ließ, setzten die Briten mit Kanonenbooten durch, was sie für ihr Recht auf freien Handel hielten. Der erste Opiumkrieg endete 1842 mit der erzwungenen Öffnung von fünf Küstenstädten (darunter Shanghai) und leitete Chinas mühevollen Weg in die Gegenwart ein.

Das „sinozentrische" Weltbild des alten Kaiserreichs wurde nun Zug um Zug zerschlagen. Die technologisch und militärisch weit überlegenen Kolonialmächte erzwangen Handels- und Niederlassungsrechte und provozierten damit gewaltsame Reaktionen. Der fremdenfeindliche „Boxeraufstand", wie er im Westen genannt wurde, führte im Jahr 1900 zu einem gewalttätigen Rachefeldzug und astronomischen Reparationsforderungen der alliierten Westmächte. Damit war der Kaiserhof am Ende. Die chinesische Republik (seit 1912) litt unter blutigen Unruhen, Bürgerkrieg und dem Vordringen der japanischen Besatzer, die bis 1945 weite Teile des Landes kontrollierten. Das „Jahrhundert der Demütigungen" endete mit der Machtergreifung Mao Zedongs im Jahr 1949. Die chinesischen Kommunisten stellten die Souveränität des Landes wieder her – zum Preis der erneuten Abschottung. Besonders während der „Großen

AUFTAKT

Kerzen und Räucherwerk erfreuen die Götter – wie hier in Chongqing

Proletarischen Kulturrevolution", als Maos Rote Garden unbarmherzig Jagd auf vermeintliche Reaktionäre und Revisionisten machten, war das Land praktisch von der Außenwelt abgeschnitten. Nach Maos Tod 1976 öffnete sich China erneut, diesmal unter dem Motto des Wirtschaftsreformers Deng Xiaoping: „Es ist egal, ob eine Katze schwarz oder weiß ist – Hauptsache, sie fängt Mäuse!"

Chinas Weg in die Moderne blieb nicht ohne Rückschläge. Dies zeigte vor allem die blutige Niederschlagung der Demokratiebewegung am 4. Juni 1989, die viele Hunderte Menschenleben kostete. Bis heute fordern regionale Proteste, die sich meist gegen die Willkür von Lokalbeamten richten, immer wieder Opfer. Dennoch hat das Land seit Beginn der Reformbewegung nicht nur an Wohlstand, sondern ganz allmählich auch an Freiheit gewonnen. Trotz bestehender Einschränkungen, was demokratische Selbstbestimmung, Meinungs- und Versammlungsfreiheit angeht, genießen Chinesen heute faktisch wohl mehr Freiheiten als je zuvor, und als Gewerbe- und Reisefreiheit nutzen sie sie intensiv.

Ein kaum gehemmter Modernisierungsboom hat China zwar die meisten Altstädte und damit viel von einer Romantik geraubt, die ausländischen Gästen gefällt, doch profitieren diese auch von

Das Reisen in China ist bequemer denn je

neuen Freiheiten: Das Reisen ist bequemer denn je, das ganze Land steht individuellen Entdeckungstouren offen, und immer mehr erschließen sich auch die Chinesen die Schönheiten ihrer Heimat. Ein ganzes Leben reicht nicht aus, Chinas zahllose Facetten kennenzulernen.

16 | 17

IM TREND

1 Generation Bio

Schmackhaft In China ist vegetarische Bio-Küche der große Essenstrend. Die Großstädter beißen bevorzugt bei *Vegan Hut (Gebäude 9, Jianwai Soho, Dongsanhuan Zhonglu 39)* in Peking oder bei den Bio-Leckereien vom Bringdienst *Organic Kitchen Shanghai* zu *(www.organickitchenshanghai.com)*. In Pekings *The Veggie Table* gibt es nicht nur leckere Speisen, sondern auch regelmäßige Vorträge rund um das Thema gesunde Ernährung *(Wudaoying Hutong 19)*.

Gute Nacht!

2

Im Spa Auch lange nach Sonnenuntergang gibt es im *Dragonfly* noch Massagen, Masken und Co. Das Spa hat bis 2 Uhr nachts geöffnet *(Donghu Lu 20, Shanghai, Foto)*. Die Nacht nutzt auch das *Zenspa* in Peking – täglich bis 23 Uhr. Wer braucht da noch Schönheitsschlaf *(Gebäude 1, Xiaowuji Lu 8a)?* In *Helen's Nail Spa* gibt es nicht nur nächtliche Maniküre, sondern eine ganze Vielzahl von Beautyanwendungen *(Nanchang Lu 120, Shanghai)*.

Ferien mit Fahrrad

3

Zweirad-Begleiter Das Fahrrad entwickelt sich vom reinen Fortbewegungsmittel zum Sport- und Spaßgerät. In Peking leihen Sie die Drahtesel bei *Bicycle Kingdom (Donghuangchenggen Nanjie 34)*. Wer eine längere Reise im Sinn hat, sieht sich bei *Giant Bicycles* um. In dem Pekinger Laden gibt es eine Riesenauswahl an hochwertigen Rädern *(Jiaodaokou Dong Dajie 4–18)* – fast wie geschaffen für eine Entdeckungstour kreuz und quer durch das Reich der Mitte. Bei so einer Reise stehen Ihnen die Guides von *China by Bike* zur Verfügung. Sie organisieren eindrucksvolle Touren, zum Beispiel entlang der Seidenstraße *(www.china-by-bike.de, Foto)*.

In China gibt es viel Neues zu entdecken. Das Spannendste auf dieser Seite

Buch-Boutique

Abtauchen Stecken Sie Ihre Nase doch einmal in eine „Buch-Boutique". Anders als im gewöhnlichen Buchladen gibt es dort zusätzlich zu chinesischer und ausländischer Literatur Cafés, Veranstaltungen und Kunst. Bei der jungen Generation liegen diese Geschäfte im Trend. So wie das *The Bookworm.* In dem Laden gibt es regelmäßig Lesungen, ein montägliches Quiz, Weinproben und mehr. *The Bookworm* ist sowohl Veranstaltungshalle und Bücherei als auch Restaurant und Bar *(Gebäude 4, Nan Sanlitun Lu, Peking, Foto).* Der *Wan Book Store* hat eine Faulenzecke und eine Cafélounge mit entspannter Musik und kuscheligen Sofas *(Xiaozhai Donglu 28, Xi'an).* Für Leseanfänger ist *Poplar Kid's Republic* ein Paradies. Der Kinderbuchshop hat eine eigene Lesegruppe, macht Vorführungen zu literarischen Themen – und eine Spielecke fehlt auch nicht *(Gebäude 13, Jianwai Soho, Dongsanhuan Zhonglu 39, Peking).*

Kreative Zelle

Kunst Mitten in der Industrie-Tristesse des *Dashanzi Art District (Foto)* ist die Pekinger Kunstszene zu Hause. Sehenswert ist die zeitgenössische Kunst der *Galerie 798 Space,* wo regelmäßig ausgefallene Künstlerpartys steigen *(Jiuxianqiao Lu 4, www.798space. com).* Eine weitere gute Anlaufstelle ist die *Red Gate Gallery (im Dongbianmen-Wachturm, Chongwenmen Dong Dajie).* Auf 3000 m² breiten sich mehr als 100 vielversprechende Kreative im *Arario Bejing* aus. Der alte Industriebau ist zur kreativen Keimzelle der Metropole geworden *(in der Chaoyang-Fabrik, Jiuchang Art Complex, Beihuqu Lu, Anwaibeiyuan Lu).*

STICHWORTE

ARCHITEKTUR UND STÄDTEBAU

Chinas alte Baukunst war nur wenig von Stilwechseln geprägt. Vielmehr beruht sie, ebenso wie der Städtebau, auf gleichbleibenden Konventionen und Prinzipien, die Ausdruck eines Weltbildes sind. Besonders klar wird dies in Nordchina: Vom Bauernhaus bis zum Buddhakloster öffnen sich die Hauptbauten nach Süden, zum „größten Yang", der Sonne, hin, um möglichst viel von dessen positivem Einfluss einzufangen. Auch die schachbrettartigen Stadtgrundrisse entstanden aus dieser Südorientierung. Diese ist eng verknüpft mit dem Prinzip der Symmetrie, das dem Vorbild des Himmels folgt, wo Mond und Sonne ostwestlich symmetrische Bahnen beschreiben.

Die Hauptgebäude größerer Wohn- oder Tempelkomplexe stehen darum auf einer Nord-Süd-Achse. Auch Berg und Wasser, das Erhabene *(yang)* und das Tiefe *(yin)*, werden in Entsprechung gesetzt. Im gebirgigen Süden bestimmen professionelle Wahrsager (Geomanten) das *fengshui* („Wind und Wasser") von Bauten und Gräbern, das heißt: deren ideale Lage und Ausrichtung, sodass sich die günstigen Einflüsse sammeln und die unheilvollen, die Armut, Krankheit und Kinderlosigkeit bringen, fernbleiben. Der Kontrast von Berg und Wasser prägt auch die Gartenarchitektur. Der Mensch, so die Idee, soll durch seine Bauten der Harmonie des Kosmos teilhaftig werden.

Die Mitte, wo Ost und West, Yin und Yang, in segensreichem Einklang stehen,

Bild: Tianjin

Von Konfuzius bis Pekingoper:
Warum blicken die Buddhas nach Süden?
Wissenswertes zum Land im Überblick

ist innerhalb der Gebäude ein Ort von weihevoller Qualität. Hier steht der Thron oder der Altar. Daher sind die Bauten auch Ausdruck einer geistigen wie einer gesellschaftlichen Hierarchie.

Zu einer großen Halle gehören stets Seitengebäude und ein Tor oder eine zweite Halle. Gemeinsam umschließen sie einen Hof. Haupt- und Nebenhallen sind in Holzskelettbauweise errichtet; die Balken, Dachsparren usw. werden ohne Nägel miteinander verzapft. Die Anzahl der Säulen an der Schauseite ist stets gerade, sodass ein Mittelfeld als Haupteingang entsteht.

Je bedeutsamer ein Gebäude, desto höher ist der Steinsockel, auf dem es steht, desto größer ist die Zahl der Säulen und desto prächtiger ist das geschwungene Dach, das mehr als alles andere das allgemeine Bild chinesischer Baukunst bestimmt hat. Gelb glasierte Ziegel decken ein kaiserliches oder vom Kaiser privilegiertes Gebäude. Tierfiguren auf den Dachgraten halten Unheil vom Bau fern.

20 | 21

Pagoden sind ein mit dem Buddhismus aus Indien gekommener Bautyp. Zur feuersicheren Verwahrung von Reliquien und heiligen Schriften wurden sie meist aus Stein errichtet; als „Kirchturm" machen sie den heiligen Bezirk weithin sichtbar.

Chinesische Wohnbauten sind regional sehr verschieden. Das Spektrum reicht von den Lösshöhlen des Nordens bis zu kreisrunden Wohnburgen und schmucken Natursteinhäusern in Fujian. Nimmt man die Architektur der nichtchinesischen Volksgruppen hinzu, so ergibt sich eine noch größere Bandbreite, in der sich islamische Traditionen ebenso wiederfinden wie die mächtigen steinernen Tempelbauten Tibets.

Nachdem fast alle historischen Altstädte abgerissen wurden, beherrschten zunächst gesichtslose Neubauten mit Kachelfassaden die Stadtbilder, ehe man internationale Architekten ins Land holte, die für mehr Abwechslung sorgten und teils spektakuläre Projekte realisierten. Dabei wurden sich die von Hochhäusern geprägten Innenstädte immer ähnlicher, auch wenn prestigebewusste Stadtoberhäupter inzwischen international viel beachtete Hinguckerarchitektur ermöglicht haben. Gleich zwei Shanghaier Satellitenstädte (Lingang und Anting) wurden von deutschen Architekturbüros entworfen.

BEVÖLKERUNGS-POLITIK

1,3 Mrd. Einwohner machen China zum bevölkerungsreichsten Land der Erde. Die seit 1979 geltende Ein-Kind-Politik vermochte das Wachstum stark zu bremsen. Heute trägt auch die zunehmende Verstädterung dazu bei, dass weniger Kinder geboren werden und manche Paare im Interesse ihrer Karriere gleich ganz auf Kinder verzichten. Bauern dürfen ein zweites Kind bekommen, wenn das erste ein Mädchen ist – mangels eines Rentensystems sind Jungen die einzige Altersversorgung. Wer mehr Kinder bekommt, hat wirtschaftliche Sanktionen zu erwarten.

BUDDHISMUS

Chinas wichtigste Religion. Die Lehre gelangte vor 2000 Jahren ins Land und erlebte ihre Blütezeit im 7./8. Jh. Wie in Japan und Korea wird in China der Mahayana-Buddhismus gelehrt, der auch dem Laien die Möglichkeit zugesteht, dem Kreislauf der Wiedergeburten in einer als leidvoll empfundenen Welt zu entkommen. Dabei helfen ihm der Erlöserbuddha Amitabha und die Bodhisattvas, erleuchtete Wesen, die auf ihren eigenen Eintritt ins Nirwana verzichten, um die Menschen zu retten. Populärster Bodhisattva ist die Guanyin, die als „Göttin der Barmherzigkeit" besonders von Frauen verehrt wird.

Die wichtigste Institution des Buddhismus ist das Tempelkloster. Alle Tempelklöster unterstehen dem Staat, der die Religion dadurch kontrolliert. Mönche und Nonnen sind (auch in Tibet) dessen Angestellte. Ein typisches Tempelkloster hat mindestens drei Hallen, die entlang einer Symmetrieachse aufeinanderfolgen. Hinter einem äußeren Tor folgt der Vorhof mit Glocken- und Trommelturm.

Die erste Halle ist die der Himmelskönige. In ihrer Mitte sitzt der lachende Dickbauchbuddha, Sinnbild von Lebensenergie und Weisheit. An den Seiten zürnen die vier gewaltigen Himmelskönige, mit Panzern bewehrt, allem Bösen, das sich in Gestalt von Dämonen meist schon unter ihren Füßen windet. Auf der Rückseite wacht Weituo, des Glaubens General, über das Tempelinnere.

Im nächsten Hof steht das Hauptweihrauchgefäß, dahinter folgt die Haupthalle, in der auf stilisierten Lotosblüten

www.marcopo o.de/china

STICHWORTE

meist drei Buddhas thronen. In ihren schlichten Mönchsgewändern verkörpern sie die höchste und reinste Form der Existenz, die ein Mensch erreichen kann. Die häufigsten Altarfiguren sind die Buddhas der drei Zeitalter: in der Mitte Shakyamuni, der historische Buddha aus gebrannten Ziegeln, sondern aus Stampflehm, und wo es praktischer war, aus Naturstein. Ihre Funktion war mehr die eines stabilen Grenzzauns als eines Bollwerks. Hauptsache, sie hielten berittene Nomaden und ihr Vieh vom Ackerland fern. Die heutige Große Mauer ent-

Gepanzerte Autorität: zwei der vier Himmelskönige im Longhua-Tempel in Shanghai

Gautama, der für die Gegenwart steht, links Dipamkara, der Buddha der Vergangenheit, und rechts Maitreya, der Buddha der Zukunft. Die dritte Halle ist die Lehrhalle, in der sich die Mönche versammeln. Zuweilen bergen auch die Seitenhallen bedeutende Bildwerke.

GROSSE MAUER

Was verkörpert „China" besser als dieser Grenzwall? Aber so berühmt er ist, so irrige Vorstellungen herrschen über ihn. Ähnliche Grenzbefestigungen bauten Chinesen zwar schon vor über 2300 Jahren, aber die bestanden nicht stand erst im 16./17. Jh. Es gibt auch nicht nur eine Große Mauer. Jede Dynastie, die überhaupt eine baute, musste sich nach dem jeweiligen Grenzverlauf richten. Die meisten älteren Mauern sind bis auf grasüberwachsene oder von Sandstürmen zernagte Reste verschwunden.

KONFUZIANISMUS UND STAATSKULT

Von der Staats- und Gesellschaftslehre des alten China hat das 20. Jh. wenig Relevantes übrig gelassen. Die Opferstätten des Staatskults – die Pekinger Altäre, die Konfuziustempel und andere – sind

22 | 23

Die Kunst der Kalligrafie erfordert ein hohes Maß an Übung und Konzentration

Zeugen einer Tradition, die bis in vorkonfuzianische Zeit zurückreicht. Sie diente dazu, Mensch und „Himmel" (Natur und Kosmos) in ein harmonisches Verhältnis zu setzen sowie die Verehrung des Menschen für Höheres – darunter für den Lehrer Konfuzius – auszudrücken. Diese Riten werden seit etwa 100 Jahren nicht mehr praktiziert. Zwei Elemente der konfuzianischen Philosophie, zu der nach Konfuzius (bis 479 v. Chr.) auch andere Philosophen maßgeblich beitrugen, prägen China jedoch bis heute: die Wertschätzung des Lernens und der Bildung – ein Schlüssel zu Chinas atemberaubendem Wandlungstempo – sowie eine starke Diesseitsorientierung. Konfuzius soll dazu gesagt haben: „Wenn du noch nicht den Lebenden dienen kannst, wie dann den Geistern?"

MALEREI UND KALLIGRAFIE

Kalligrafie ist in China nicht nur Schönschreibkunst, sondern eine eigenständige Kunstform. Die Namen der berühmtesten Meister zählen bis heute zum allgemeinen Bildungsgut. Ihren persönlichen Stil versuchte man nachzuahmen. Professionelle Kalligrafen beherrschen verschiedene Schriftstile von der altertümlichen Kanzleischrift (oder gar der archaischen Siegelschrift) bis zur sehr persönlichen „Grasschrift", bei der die Zeichen ineinanderfließen und nicht mehr je ein imaginäres Quadrat ausfüllen. Chinesische Kalligrafie erfordert jahrelange Übung, wobei die Kenntnis der Schriftzeichen vorausgesetzt wird.

Wie die Kalligrafie wurde auch die Tuschmalerei einst weniger von professionel-

STICHWORTE

len Künstlern als vielmehr von den Literaten praktiziert, die ihr Einkommen als Beamte oder Rentiers bezogen und ihre Werke nicht verkauften, sondern verschenkten. Aus westlicher Sicht sind schon die Formate ungewöhnlich: Querrollen, Hängerollen, Albumblätter, Fächer. Vielfach wurde nur mit schwarzer Tusche, also monochrom, gemalt. Ölfarben und Grundierungen waren unbekannt. Weißes – Wolken, Wasser – ergibt sich durch Freilassen des Untergrunds aus Papier oder Seide.

In der Landschaftsmalerei verkörpert sich eine daoistisch inspirierte Weltsicht: winzig der Mensch, überwältigend groß die Natur, in der sich Gegensätze harmonisch miteinander verbinden. Beim Ab- und Aufwickeln meterlanger Querrollen vollzieht der Betrachter virtuelle Reisen. Andere Motive zeigen Pflanzen und Blumen, Vögel, Fische, Insekten und Steine. Kalligrafierte Widmungen, Verse und Reminiszenzen sind oft integraler Bestandteil. Stets tragen die Bilder einen roten Künstlerstempel und oft auch Sammlerstempel. Der professionelle Porträt- und Genremaler dagegen galt als Handwerker. Die besten Stücke dieser Richtung sind manchmal im Palastmuseum ausgestellt.

Sehr aufregend ist die moderne Kunstszene, die sich teils mit der Tradition auseinandersetzt, teils sich schroff von ihr abwendet und die individuelle Kreativität betont.

PLASTIK UND SKULPTUR

Chinas frühe Bildhauerkunst steht in enger Verbindung zum Jenseitsglauben. Schon in der Jungsteinzeit wurden den Toten stilisierte Tierfiguren mit ins Grab gegeben. Von der Zhou- bis zur Tang-Zeit begleiten Keramikfiguren von Dienern, Wagenlenkern und anderem Personal hochrangige Verstorbene ins Totenreich. Die meisten dieser Figuren sind lebensecht gestaltet, jedoch kaum einen Meter hoch; als bedeutendste Ausnahme, was die Dimensionen angeht, wurde die unterirdische Streitmacht des „Ersten Kaisers" Qin Shi Huangdi bekannt. Nur wenig jünger ist die Tradition der „Geisteralleen", an denen überlebensgroße Steinfiguren dem Toten die letzte Ehre auf dem Weg ins Grab erweisen.

Schon im 2. Jahrtausend v. Chr. tritt die Bronzeplastik mit außerordentlich kunstreichen Ritualgefäßen hervor. Oft sind sie

Keramikfigur einer Lautenspielerin

mit stilisierten Tierfiguren verziert und zuweilen als Ganzes in Tierform gestaltet. Von besonderer Bedeutung ist die Jadeschnitzerei. Das Material – zunächst nur Nephrit, später auch Jadeit – übte von Anbeginn der chinesischen Kultur an eine große Faszination aus. Daraus gefertigt wurden anfangs vorwiegend Herrschaftsinsignien, später allerlei Schmuck und dekorative Figürchen.

Die plastische Darstellung des Menschen erreichte ihre Blütezeit etwa ab dem 5. Jh. durch den Buddhismus. Er brachte über die Seidenstraße nicht nur die Monumentalskulptur und den Grottentempelbau, sondern auch klassisch-griechische Einflüsse ins Land. Auch später blieb der Buddhismus ein Quell künstlerischer Inspiration, wie die Bildwerke in vielen Tempeln bezeugen.

Trotz aller Meisterschaft errangen Plastik und Skulptur in China nie das Ansehen von Malerei, Kalligrafie und Dichtkunst. Gründe waren die religiöse Bindung der Bildhauerei sowie der Umstand, dass künstlerisches Schaffen auf diesem Sektor schweißtreibende Arbeit bedeutete.

SPRACHE UND SCHRIFT

Die chinesische Sprache hat den Vorteil einer simplen Grammatik ohne Konjugation und Deklination. Vergangenheit oder Zukunft, Singular oder Plural, Wirklichkeit oder Möglichkeit ergeben sich teils aus dem Kontext oder werden durch angehängte Partikeln ausgedrückt. Satzbau und Wortbildung ähneln dem Deutschen. So ergibt sich aus *huo,* „Feuer", und *che,* „Wagen", der Feuerwagen, nämlich die Eisenbahn.

Als sehr exotisch gelten die Tonakzente, von denen es im Hochchinesischen vier gibt: gleichbleibend, steigend, fallend-steigend, fallend. Doch nicht immer sind sie für das rechte Verständnis von Belang. Was dem Chinesischen aber seine eigentliche Faszination verleiht, ist die Schrift. Etwa 2500 Zeichen sollte man lernen, um beispielsweise eine Zeitung zu lesen. Jedes Zeichen ist eine Silbe, meist bilden zwei oder mehr Zeichen (bzw. Silben) ein Wort. Die meisten Zeichen setzen sich aus zwei Elementen zusammen, von denen eins den Sinn klassifiziert (z. B. Hand für Handlungen, Holz für Geräte und Bäume), während das zweite die ungefähre Aussprache andeutet. Eine Bilderschrift ist das Chinesische schon seit 3000 Jahren nicht mehr.

THEATER

Chinas Bühnenkunst ist das Singspiel, sei es mit lebendigen Darstellern wie bei der Pekingoper, sei es beim Puppen- oder beim Schattenspiel. Sprechtheater war im alten China unbekannt und kam erst im 20. Jh. auf.

www.marcopolo.de/china

STICHWORTE

Alte Bühnenkunst: Prachtvolle Kostüme sind Bestandteil der chinesischen Oper

Die Pekingoper – die Theaterform, die Ausländer am ehesten zu Gesicht bekommen – entstand erst um 1800. Die Mitwirkenden sind oftmals Sänger, Sprecher, Tänzer, Pantomimen und Akrobaten in einer Person. Das fehlende Bühnenbild fordert die Phantasie der Zuschauer heraus, auch werden nur wenige Requisiten verwendet. Und tastet sich jemand zum Beispiel bei hell erleuchteter Bühne mit ausgestreckten Armen voran, so weiß man: In Wahrheit herrscht gerade finstere Nacht. Arien, reich an Koloraturen, wechseln mit gesprochenen Dialogen und Monologen ab. Beachten Sie die Rollentypen: positive männliche Helden mit leichter Schminke *(sheng)*, Frauenrollen *(dan,* zuweilen mit prunkvollem Kopfputz), Clowns und Narren *(chou)*, die schon durch die weiße Nase lustig wirken, und die prachtvollen Schminkmaskenrollen *(jing)* für starke, aktive Temperamente (stets Männer, z. B. Generäle), die auch negativ sein können. Während das Optische jedem Theaterliebhaber spontan gefällt, haben westliche Zuhörer oftmals wenig Zugang zur Bühnenmusik. Doch das ist eine Frage der Hörgewohnheiten.

In der Provinz Guangdong wird nach wie vor die Kantonoper gepflegt. Puppentheater, einst die Bühnenkunst für die Dörfer, ist heute akut vom Aussterben bedroht. Jedoch haben alle traditionellen Theaterformen heute einen schweren Stand. Die Jugend geht nicht mehr hin, die Theater müssen ohne staatliche Subventionen auskommen. Oft wird das Programm auf ausländische Touristen zugeschnitten – mit viel Akrobatik und wenigen Dialogen, sodass ein recht einseitiges Bild der Bühnenkunst entsteht.

ESSEN & TRINKEN

Keine andere Nation hat sich so sehr der Koch- und Esskultur verschrieben wie die chinesische. Extravaganzen wie Haifischflossen und Schwalbennester gehören ebenso dazu wie die einfache, aber schmackhafte Nudelsuppe vom Straßenstand.

Wenn Chinesen essen gehen, tun sie das selten allein: Je mehr Leute, desto größer die Auswahl der Gerichte, von denen sich jeder bedienen kann. Man lässt sich Zeit, plaudert und raucht. Die Etikette unterwirft sich der Behaglichkeit, Schmatzen und Schlürfen sind gestattet (nur sich zu schneuzen gilt als unfein). In der feinen Küche gibt es Reis erst zum Schluss – wenn überhaupt.

Die berühmteste Spezialität ist natürlich die Pekingente, die nach einem komplizierten Verfahren aufgepumpt, getrocknet, mariniert und über dem offenen Feuer gegart wird. Alle Teile können verzehrt werden, doch was die Ente zur Pekingente macht, ist die knusprige Haut, die man sich stückchenweise in hauchdünne Fladen rollt.

Dies ist jedoch erst der Anfang einer schier unerschöpflichen Speisekarte mit vielen regionalen Spezialitäten. Lammfleisch wird vor allem im Norden gegessen. Kleine scharfe Lammfleischspieße, oft am Straßenrand gegrillt, sind ein Produkt der moslemischen Küche, im Süden werden die Nester von Höhlenschwalben zu einer Dessertsuppe verarbeitet.

An der Küste stehen Fisch und Meeresfrüchte ganz oben auf dem Speiseplan.

Bild: Feuertopf

Mit einfachen Mitteln Raffiniertes auf die Stäbchen zaubern – so lautet das Credo der chinesischen Küchenchefs

In Shanghai dominiert die mild-salzige Yangzhou-Küche, Spezialitäten sind Krebse, Aal und *changyu,* eine Plattfischart. Suzhou ist für süße Leckereien bekannt, wie roten Klebreis mit Lotoskernen. „Drachenbrunnen-Krabben" aus Hangzhou dünstet man in grünem Tee.
Kantonesische Köche sind weltberühmt, ihre kulinarische Phantasie ist grenzenlos. Eine „Drachen-Tiger-Phönix-Suppe" besteht zum Beispiel aus Schlange, Katze und Huhn. Hundefleisch ist als Aufbaunahrung beliebt, doch keine Angst: Niemand denkt daran, diese Köstlichkeit ungefragt an einen Ausländer zu verschwenden.
Eine besondere Annehmlichkeit Kantons sind die vormittags servierten Snacks (kantonesisch *dim sum*). Setzen Sie sich in ein Dimsum-Restaurant, lassen Sie sich Tee servieren und verbringen Sie Ihre Zeit damit, aus den auf Servierwagen herumgereichten Tellerchen mit bunten Reisteigkugeln und herzhaften Teigtaschen Ihre Lieblingssorten herauszufinden. Kosten Sie in aller Ruhe: An-

SPEZIALITÄTEN

SPEISEN AUS DER GARKÜCHE

▶ **baozi** – große gedämpfte Hefeklöße, gefüllt mit Hackfleisch, Gemüse oder süßer Bohnenpaste *(dousha)*

▶ **jiaozi** – halbmondförmige Teigtaschen, zumeist mit Schweinefleisch gefüllt, die gekocht *(shuijiao)*, gedämpft *(zhengjiao)* oder knusprig gebraten *(guotie,* „Pfannenkleber") angeboten werden

▶ **miantiao** – dünne Nudeln, meist in der Brühe und mit Fleisch, Huhn oder Gemüse serviert; in Sojasauce gebraten heißen sie *chaomian*

▶ **xiaolong bao** – die Miniaturvariante der *baozi*, besonders köstlich mit Krabbenfleisch (Foto li.)

SPEISEN IM RESTAURANT

▶ **beijing kaoya** – Pekingente; besonders lecker: die knusprige Haut (Foto r.)

▶ **gongbao jiding** – Hühnchenwürfel „auf Palast-Art" mit Erdnüssen und Chilischoten

▶ **gulaorou** – frittiertes Schweinefleisch, süßsauer

▶ **guoba** – knusprige Reiskrusten, mit einer aromatischen Sauce übergossen

▶ **huiguorou** – zweimal gebratenes Schweinefleisch

▶ **huoguo** – Feuertopf, ein Fondue mit Fleisch und Gemüse, mit hauchdünn geschnittenem Lammfleisch eine nordchinesisch-mongolische Winterspezialität (auch *shuan yangrou* genannt), als Sichuan-Feuertopf oft höllisch scharf

▶ **jiaohuazi ji** – „Bettlerhuhn", zart in Lehm oder Folie gebacken

▶ **luohan zhai** – buddhistische Fastenspeise aus verschiedenen Gemüsen

▶ **mapo doufu** – scharfer „Tofu nach Art der pockennarbigen Alten" mit Hackfleisch, Bohnenpaste und Chilischoten

▶ **shizitou** – „Löwenköpfe": Hackfleischklöße mit Kohl in dunkler Sauce

ders a s im übrigen China frühstückt man hier gern den ganzen Vormittag.

Das chinesische Frühstück begeistert sonst nicht jeden. Man kann wässrigen Reisbrei mit Erdnüssen und eingelegtem Gemüse am frühen Morgen schätzen, viele Touristen bleiben aber doch lieber bei Toast und Marmelade im Hotelrestaurant. Dimsum bieten da eine erfreuliche Abwechslung.

www.marcopolo.de/china

ESSEN & TRINKEN

Ebenso renommiert wie die Kanton-Küche ist die der Provinz Sichuan. Hier zaubern die Köche mit Sichuanpfeffer und scharfen Saucen. Hühnerfleischwürfel mit Erdnüssen, süßscharfe Fleischstreifen „mit Fischgewürz" und der wunderbare Doufu „nach Art der pockennarbigen Alten" lassen Gourmets das Wasser im Mund zusammenlaufen. Was die Kunstfertigkeit im Umgang mit Zutaten angeht, gebührt die Krone womöglich den buddhistisch-vegetarischen Kochtraditionen mit ihren oft verblüffenden Fleisch- und Fischimitaten. Um das zu erleben, muss man nicht ins Kloster gehen. Gute vegetarische Restaurants gibt es auch außerhalb.

Doch es muss nicht immer die „große Küche" sein. Warme Hefeklöße in hoch aufgetürmten Dämpfkörben, Nudeln aus dem Wok, die frisch per Hand gezogen wurden, kalte Reisnudeln, vom glänzenden Teigblock geschabt: Köstliche Kleinigkeiten gibt es für wenig Geld an jeder Straßenecke.

Der Wok, eine tiefe Eisenpfanne, dient zum Kochen, Dünsten, Dämpfen, Frittieren und Braten. Beim kurzen Garen auf hoher Flamme bleibt das Fleisch zart, und Gemüse behält seine Nährstoffe.

Zu trinken gibt es von morgens bis abends grünen Tee *(lücha)*, stets aufgebrüht mit heißem (nicht kochendem) Wasser. Die Blätter bleiben im Teegefäß und können noch mehrmals aufgegossen werden. Der Espresso unter den chinesischen Tees ist der „braune", halbfermentierte Oolong, wie er in der Küstenregion Fujian getrunken wird. Kleine Kännchen werden zur Hälfte mit Teeblättern gefüllt, die nur etwa 30 Sekunden lang ziehen dürfen. Dann nippt man den starken Aufguss genießerisch aus fingerhutgroßen Schalen. Zum Essen schätzt man Bier *(pijiu)*, Limonade und Hochprozentiges. Und auch Weinliebhaber müssen nicht verzichten: Eine Probe der meist roten Tropfen aus Chinas Westen kann angenehm überraschen. Zu den führenden Marken zählen Grace Vineyard aus Shanxi und Lou Lan aus Xinjiang.

Am besten frisch aus dem Wok: Zutaten in einer Garküche

Leider sind viele Restaurants nicht auf ausländische Gäste eingestellt. Sehr verbreitet sind jedoch schön bebilderte Speisekarten; ansonsten schaut man einfach, was die anderen essen, und verständigt sich mit dem Kellner notfalls per Fingerzeig.

30 | 31

EINKAUFEN

China ist ein Paradies für Andenkenjäger. Ob Lack, Jade, Email, Fächer, Stickereien, Schnitzarbeiten, Porzellan, Teppiche, Seide, Mineralien: Jedes Material ist gut für Traditionelles und Modernes, Hochwertiges und Erschwingliches. Aber Vorsicht: An Straßenständen ist Feilschen Pflicht! Oft sind die Preise um das Fünffache oder mehr überhöht. Prüfen Sie auch genau Material und Qualität, ehe Sie den Preis aushandeln. Und glauben Sie nie einem Straßenhändler, irgendetwas sei echt antik. Ziehen Sie qualitätvolles Kunsthandwerk aus neuer Produktion vor.

ANTIQUITÄTEN & KUNST

Der seriöse Antiquitätenhandel verlangt hohe Preise, aber selbst der ehrlichste Händler ist beim Einkauf nicht hundertprozentig vor Fälschungen geschützt, ein Risiko ist daher immer vorhanden. Kaufen Sie nur, was Sie legal exportieren dürfen; zu erkennen ist dies an einem roten Siegel. Was älter ist als 200 Jahre, ist nicht exportfähig. Tuschbilder in traditionellem Stil werden serienweise hergestellt. Wenn's etwas Klassisches sein soll, gilt auch hier: Die werkgetreue Reproduktion aus dem Museumsladen ist meist die bessere Wahl.

Ästhetisch spannende und handwerklich perfekte moderne Kunst findet sich in Galerien, vor allem in Peking und Shanghai. Für renommierte Künstler werden freilich Weltmarktpreise verlangt.

KLEIDUNG

Nicht nur Seide und Kaschmirwolle sind attraktiv. Auf Billigmärkten müssen Sie feilschen und sich die Stücke auf Mängel ansehen. Tipp: Mode junger chinesischer Designer, wie man sie in Boutiquen in Peking, Shanghai oder Kanton, womöglich aber auch in gehobenen Kaufhäusern findet. Auch qualitätvolle Schuhe (vor allem Sportschuhe) werden angeboten.

KUNSTHANDWERK

Cloisonné: Diese farbenprächtige Emailkunst wurde zwar nicht in China erfunden, aber dort zu handwerklicher Perfektion gebracht.
Fächer: Preisgünstig, leicht, schön zu sammeln. Künstlerische Fächer sind handbemalt und teurer. Ein Faltfächer sollte auch aufgeklappt steif sein und nicht klappern.
Holzschnitzereien: Dekorative Schnitzereien wie Fensterornamente, Bettzierrat

Seide, Tee und Porzellan: Die uralten Verkaufsschlager des Landes stehen wieder hoch im Kurs

etc. werden nach alten Vorlagen auch neu gefertigt und vergoldet.

Jade: Ein Sammelbegriff für Nephrit und das sehr harte und teure Jadeit. Die Farben sind Weiß bis grünlich, das Material soll durchscheinend sein; zuweilen machen Verfärbungen den besonderen Reiz eines Stückes aus. Achten Sie auf die Feinheit der Schleifarbeit und kaufen Sie möglichst in den Läden der Manufakturen, wo die Qualität stimmt.

Kristallkugeln: Belasten das Gepäck, aber nicht die Geldbörse.

Lackwaren: Chinesen ziehen bemalten Lack vor; schlichte Stücke sind seltener. Daneben gibt es Lack mit Perlmutteinlage sowie Schnitzlack, dessen Herstellung viel Zeit erfordert.

Pinsel, Tusche, Reibsteine: Die Tusche kommt in Blöcken und wird auf Reibsteinen, die je nach Größe und Verzierung sehr teuer sein können, mit Wasser angerieben. Pinsel gibt es in verschiedenen Stärken. Dazu gehören ein Pinselbänkchen und echtes Tuschpapier *(xuanzhi).*

Teppiche: Chinateppiche haben einen eigenen Stil mit Ornamenten, deren Ränder eingeschnitten werden.

Siegelstempel: Lassen Sie sich einen chinesischen Namen geben und in Stein schneiden! Der Preis hängt vom Material ab. Dazu gehört ein Porzellandöschen mit roter Stempelfarbe.

Volkskunst: Achten Sie auf Scherenschnitte und Stickarbeiten. Jede Region hat ihren eigenen Stil.

Ziersteine sind ein typisches Mitbringsel, wenn auch nicht das leichteste. Die natürliche Maserung geschliffener Platten zeigt Bäume oder Landschaften.

TEE & TEEGESCHIRR

Die besten Teesorten erhält man nur in den Anbaugebieten. Sie sind sehr teuer, aber ergiebig und geschmacklich ein Erlebnis. Hübsches Teegeschirr (aus Porzellan oder Yixing-Ton) führen alle Teegeschäfte. Qualitätsmerkmal: Der Kannendeckel muss genau passen.

DIE PERFEKTE ROUTE

1./2. TAG: SHANGHAI

In ❶ *Shanghai* → S. 84 katapultiert Sie die Fahrt vom Pudong Airport mit dem Trans-rapid ins China des 21. Jhs., zu erleben auch auf der Aussichtsplattform des World Finance Centers in Pudong (Foto li.). Außerdem stehen der Volksplatz und das Shang-hai Museum auf dem Programm. Ein Besuch der Altstadt mit dem Garten Yu Yuan und dem Teehaus Huxinting sowie ein abendlicher Bummel am Bund runden die Eindrücke ab – die sich dank der Größe der Stadt noch erweitern ließen.

3. TAG: AUSFLUG NACH HANGZHOU

Ab Hongqiao-Bahnhof schaffen die Expresszüge die 200-km-Stre-cke nach ❷ *Hangzhou* → S. 76 in weniger als einer Stunde. Früh geht's los, damit ausreichend Zeit bleibt, Hangzhous Schönhei-ten zu genießen – der Westsee lieferte immerhin Chinas Ideal-bild einer Stadtlandschaft.

4. TAG: AUSFLUG NACH SUZHOU

❸ *Suzhou* → S. 88, die Stadt der Literatengärten und der Seide, darf nicht fehlen! Per Express ab Shanghai-Hauptbahnhof benö-tigt man nur eine halbe Stunde – so bleibt genug Zeit für zwei, drei Gärten und einen Bummel an den Kanälen.

5./6. TAG: SHANGHAI – TAI SHAN

Am Morgen ist in Shanghai noch Zeit für Frühsport am Bund. Dank neuem Superexpress ab Hongqiao-Bahnhof erreichen Sie Tai'an trotzdem früh genug, um noch den Bergtempel Dai Miao zu besichtigen. Die „Eroberung" von Chinas heiligem Ostberg, dem ❹ *Tai Shan* → S. 57, benötigt dann den ganzen nächsten Tag.

7.–9. TAG: PEKING

Vom Tai Shan bringt Sie der Superexpress in 110 Mi-nuten nach ❺ *Peking* → S. 47. Für den Auftakt emp-fehlen sich Tian'anmen-Platz und Kaiserpalast, tags darauf folgen der Himmelsaltar und das Lamakloster Yonghe Gong, vielleicht mit dem nahe gelegenen Kon-fuziustempel. Danach darf man bummeln, z. B. zum Ein-kaufen auf der Wangfujing oder zur Kneipentour an den Hinteren Seen. Am dritten Pekingtag ist ein Ausflug zur Großen Mauer Pflicht; wer früh aufgebrochen ist, kann noch eins der Ming-Gräber (Foto re.) besichtigen und eine Stippvisite beim Sommer-palast einlegen.

www.marcopolo.de/china

Erleben Sie die vielfältigen Facetten Chinas von Ost nach Süd mit einem Ausflug zur Großen Mauer und einer Li-Jiang-Flussfahrt

10./11. TAG: XI'AN

Frühmorgens geht's per Flieger aus Chinas jüngster Hauptstadt in die älteste, ❻ *Xi'an* → S. 69. Anschließend ist Zeit für die innerstädtischen Ziele: Geschichtsmuseum, Stelenwald, Stadtmauer. Ausflugsziel am nächsten Tag ist die Grabwächterarmee des Ersten Kaisers. Auf der Rückfahrt machen Sie im „Kaiserbad" Huaqing Chi Station, am Abend geht es ins Shaanxi Opera House.

12./13. TAG: GUILIN

Wieder heißt es früh aufstehen. Der 90-Minuten-Flug zum letzten Höhepunkt der Reise steht an: ❼ *Guilin* → S. 119. Die Karstkegel, die die Landschaft prägen, bilden auch Besichtigungsziele im Stadtgebiet. Beim Bummel um die Stadtseen Shan Hu und Rong Hu erfreut eine fast mediterrane Atmosphäre.

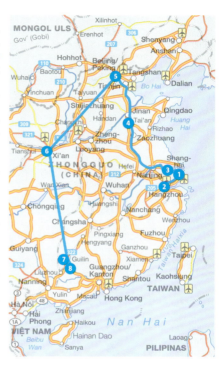

13./14. TAG: LI JIANG UND YANGSHUO

Deswegen vor allem reist alle Welt nach Guilin: um auf der Li-Jiang-Flussfahrt die Karstlandschaft zu erleben. Nachdem Sie am frühen Nachmittag in ❼ *Yangshuo* → S. 121 angekommen sind, ist Erholung angesagt, vor allem, wenn Sie sich außerhalb der Stadt einquartieren. Dann können Sie am nächsten Tag eine Radtour oder eine geruhsame Floßfahrt auf dem Yulong-Fluss unternehmen. Krönender Abschluss: das Wasserbühnenspektakel *Impression Liu Sanjie*.

4120 km. Reine Fahrzeit 22 Stunden. Detaillierter Routenverlauf auf dem hinteren Umschlag, im Reiseatlas sowie in der Faltkarte

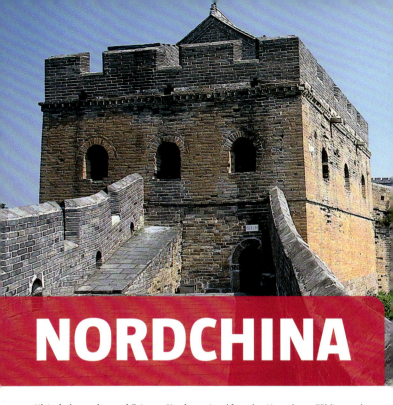

NORDCHINA

Historisch gesehen gehört zum Norden des Landes nicht nur das Grenzgebiet, sondern auch die Wiege der chinesischen Kultur.

Am Rand der Schwemmebene des Gelben Flusses (Huang He) gruben Archäologen in Tierknochen geritzte Zeichen aus – die ältesten Schriftzeugnisse Ostasiens. In der Region residierten die meisten Kaiser. Hier liegen drei der fünf heiligen Berge, hier ist die Heimat des Konfuzius.

Hier begründete China seine Tradition des Baus großer Verteidigungsmauern und -wälle. Dennoch wurde Nordchina immer wieder von „Barbaren" überrannt. Attraktionen wie die Grottentempel von Datong und den mandschurischen Sommersitz Chengde verdankt das Land fremden Herrschern. Zählt man den Buddhismus hinzu, so geht in Chinas Kernland sogar die Mehrzahl der Sehenswürdigkeiten auf ausländischen Einfluss zurück.

Genuin chinesisch aber ist das terrassierte gelbe Lössbergland in der Provinz Shanxi – eine der ältesten und mit ihren tief eingeschnittenen Erdschluchten auch erstaunlichsten Kulturlandschaften der Erde *(171 F5, 178 A1) (⌘ H4–5)*. Die typischen Höhlenwohnungen werden zunehmend aufgegeben, viele traditionelle Dörfer sehen Sie jedoch noch entlang der **INSIDER TIPP ▶ Bahnstrecke, die durch das Fen-Tal führt** *(178 A1–2) (⌘ H4–5)*. *Siehe hierzu auch das Kapitel „Ausflüge & Touren": „Durchs Lössgebiet zu Chinas Wurzeln"*

Bild: Große Mauer

Gelber Fluss und Große Mauer: An Chinas Wiege hinterließen Konfuzius und buddhafromme Kaiser gleichermaßen ihre Spuren

CHENGDE

(173 D4) *(J3)* ⭐ **Die Stadt (350 000 Ew.), 250 km nordöstlich von Peking gelegen, entstand ab 1703 als Sommerfrische der Mandschu-Kaiser.**
Fast das ganze 18. Jh. hindurch wurde gebaut, doch nach 1820 blieb der Hof dem Ort fern. Palast und Klöster sind Unesco-Welterbe.
Wer die Residenz und mindestens drei Klöster besucht, spart Geld mit der gemeinsamen Eintrittskarte zu 190 Yuan für acht Ziele in drei Tagen.

SEHENSWERTES

ACHT ÄUSSERE TEMPELKLÖSTER

Die Mandschus, die außer dem chinesischen Kernland noch die Mongolei sowie Innerasien beherrschten und ab dem 18. Jh. auch Tibet als Protektorat behandelten, betrieben eine Art „Klosterbaudiplomatie", deren beste Zeugen in Chengde stehen: Um den Vasallen das

36 | 37

CHENGDE

Gefühl zu geben, im Mandschu-Reich zu Hause zu sein, errichtete der Kaiser ihren Gesandten prächtige Klöster, zum Teil im Stil ihrer Heimat. Von den noch bestehenden lohnen vier den Besuch. Sie sind gut per Fahrrad erreichbar.

Puning Si: Erbaut 1755–58 für mongolische Gesandte zur Feier eines siegreichen Feldzugs. Der Bau folgt dem Vorbild des Samye-Klosters in Tibet. Hier sind die großartigsten der Bildnisse in Chengde zu sehen, so die vier Himmelskönige in

Das Kloster Putuozongsheng Miao wurde dem Potala-Palast in Lhasa nachempfunden

Östlich des Flusses Wulie He liegt der *Pule Si*, ein Lamatempel, errichtet 1766 für dsungarische Gesandte. Die zwei ersten Hallen bergen schöne alte Figuren. Das Hauptgebäude mit dem doppelten gelben Kegeldach bildet mitsamt seiner mächtigen Plattform ein Mandala, das Innere birgt wiederum ein kleineres Mandala in Form eines Gebäudes. *Tgl. 8–18 Uhr (Einlass bis 17 Uhr), im Winter 8.30–17 Uhr (Einlass bis 16 Uhr) | Eintritt 30 Yuan*

Unten an der Zufahrtstraße können Sie in einen Sessellift steigen und zum auffälligen ☼ *Knüppelberg* hinauffahren. Folgende Bauten liegen nördlich des Palasts (von Osten):

der ersten Halle nach dem Eingang, die Buddhas, die Luohan (Heilige) und die Wandmalereien in der unteren Haupthalle, vor allem aber im größten Gebäude die 22,30 m hohe Figur der tausendarmigen Guanyin – die 25 Arme der Göttin der Barmherzigkeit sind mal vierzig zu nehmen. Diese vielleicht größte Holzfigur der Welt ist am besten von der mittleren Galerie aus zu betrachten. *Tgl. 7.30–18, im Winter 8.30–17 Uhr | Eintritt 50 Yuan*

Xumifushou Miao: Der imposante Nachbau des tibetischen Tashilhunpo-Klosters von Shigatse, 1780 errichtet für den 6. Panchen Lama, wurde um 1996 restauriert. Auf den Graten der vergoldeten

www.marcopolo.de/china

NORDCHINA

Bronzedächer reiten Drachen. Es gibt eine kleine Ausstellung von Sakralkunst. *Tgl. 8–18, im Winter 8.30–17 Uhr | Eintritt 30 Yuan*

Putuozongsheng Miao: Das gewaltigste der acht Klöster ist ein 1771 fertiggestellter Nachbau des Potala-Palasts in Lhasa. Nachdem es Ende der 1990er-Jahre renoviert wurde, erstrahlt vor allem der zentrale Rote Palast mit seiner innen liegenden Goldenen Halle wieder in alter Pracht. *Tgl. 8–18 Uhr (Einlass bis 17 Uhr), im Winter 8.30–15.45 Uhr | Eintritt 40 Yuan*

SOMMERRESIDENZ

Der „Bergsitz zur Sommerfrische" ist größtenteils ein ummauerter Landschaftspark. Mit 5,6 km^2 Fläche ist er der größte kaiserliche Park Chinas. Zu vier Fünfteln besteht er aus bewaldeten Hügeln, einst ein Wildgehege. Die baumbestandene Ebene im Osten diente als Pferdeweide, Turniergelände und Zeltplatz. Gartenarchitektonisch gestaltet ist

nur der Südostteil des Parks. Hier führen schmale Dämme durch stille Lotosteiche, kleine Brücken krümmen den Buckel, am Ufer und auf Inseln laden Pavillons und Lustschlösschen zur Rast. Hier ließen die Kaiser Landschaftsszenen aus Südchina imitieren, so die beiden Dämme vom Hangzhouer Westsee. Elektrokarren fahren zu herrlichen **INSIDER TIPP** Aussichtspunkten auf der nördlichen Palastmauer (40 Yuan).

Von den Palastbauten am Südende des Parks ist nur ein Teil erhalten. Anders als in Peking ist hier nichts pompös oder verspielt; es waltet würdige Schlichtheit. Man gab sich volksnah und verzichtete auf roten Lack und gelbe Dachziegel. Selbst der 1754 auf Geheiß des Qianlong-Kaisers erbaute Audienzsaal wahrt bescheidene Maße. Das Material – kostbares Nanmuholz – und die Schnitzereien sind aber vom Feinsten. In den sechs Hallen sind Porzellan und Cloisonné, Möbel, Uhren und andere Preziosen zu sehen. *Palast im Sommer 7–18, sonst*

MARCO POLO HIGHLIGHTS

⭐ **Chengde**
Sommerresidenz der Mandschu-Kaiser mit Lotosteichen und Lamaklöstern → S. 37

⭐ **Yungang-Grotten**
Die Höhlentempel frommer Kaiser → S. 40

⭐ **Kaiserliche Bauten**
Architektur von einzigartiger Perfektion und Schönheit in Peking → S. 47

⭐ **Tian'anmen-Platz**
Das zentrale Monument der Mao-Ära prägt die Mitte der Hauptstadt → S. 50

⭐ **Große Mauer und Ming-Gräber**
Weltberühmter Grenzwall und imposante kaiserliche Mausoleen → S. 52

⭐ **Qufu**
Konfuziusstadt mit alter Musik → S. 54

⭐ **Tai Shan**
Hinauf auf Chinas heiligsten Berg – Stufe für Stufe oder mit Bus und Seilbahn → S. 57

⭐ **Wutai Shan**
Klösterliches Bergidyll auf fünf Gipfeln → S. 61

DATONG

7.30–17 Uhr, Park bis Sonnenuntergang | Eintritt für beide 90 Yuan, im Winter 60 Yuan

ÜBERNACHTEN

INSIDER TIPP **QIWANGLOU HOTEL**
Ein Seitenkomplex des Palasts. 75 Zimmer gruppieren sich um Gartenhöfe. *Bifengmen Donglu bei-1 | Tel. 0314 2 02 21 96 | €€*

DATONG

(172 B5) (*ω J4*) **Die Kohlestadt (550 000 Ew.), einst ein Dreckloch, erfreut außer mit mehr Reinlichkeit mit kunsthistorischen Schätzen ersten Ranges.**

Von 398 bis 494 beherrschten die Könige des Toba-Volks von hier aus halb China. Vom 10. bis zum 13. Jh. diente der Ort den Kitan und den Dschurdschen als Nebenhauptstadt. Während der Ming-Dynastie wieder chinesische Grenzstadt, wurde Datong mit einer Mauer befestigt, die teilweise erhalten geblieben ist.

SEHENSWERTES

KLOSTER HUAYAN SI
Das bedeutende Tempelkloster wurde im 11. Jh. von den Kitan gegründet. Ihr Einfluss zeigt sich an der Ausrichtung der Anlage nach Osten. Auch die beiden Haupthallen wahren den Stil jener Epoche. Die meisten übrigen Bauten datieren von 2009. Zwei Komplexe liegen nebeneinander:
Oberes Kloster: Die im Jahr 1140 erbaute Haupthalle ist eine der zwei größten Tempelhallen Chinas. Sie birgt die Buddhas der fünf Himmelsrichtungen (mittlere drei Statuen aus Holz, 15. Jh.), flankiert von zwei mal zehn lebensgroßen Wächterfiguren aus derselben Ära. Das Innere wurde um 1900 mit Buddhaszenen farbig ausgemalt.
Unteres Kloster: Die Haupthalle mitsamt ihrem Figurenschmuck stammt aus der Gründungszeit des Klosters. Wie die 31 in drei Gruppen beisammenstehenden Buddhas, Bodhisattvas, Mönche und andere Gestalten teils lehrend, teils mahnend die Finger heben, scheinen sie um unser Seelenheil besorgt zu sein. *Bei Redaktionsschluss wegen Umbau geschlossen | im Westen der Altstadt*

KLOSTER SHANHUA SI
Die drei im 12. Jh. erbauten Hallen des Tempelklosters zeigen den schlicht-monumentalen Stil jener Zeit. Die vier Himmelskönige in der südlichen sowie der Vairocana-Buddha mit zwei Bodhisattvas in der mittleren Halle sind schöne Beispiele mingzeitlicher Bildhauerkunst. Der größte Schatz des Tempels ist der Figurenschmuck der nördlichen Halle, der aus der Bauzeit erhalten blieb. Es sind die Buddhas der fünf Himmelsrichtungen, flankiert von 24 lebensechten Wächtergestalten. Gegenüber dem Haupttor steht eine Fünf-Drachen-Mauer. *Tgl. 8.30–17.30, im Winter bis 17 Uhr | Eintritt 20 Yuan | im Südwesten der Altstadt*

NEUN-DRACHEN-MAUER
Einst die Geistermauer einer Prinzenresidenz. Farbige Reliefziegel stellen drei mal drei der segensreichen Fabelwesen dar – Yang-Qualität in Potenz! *Östlich der Stadtmitte*

YUNGANG-GROTTEN ★
Die gewaltigen Höhlentempel, entstanden 460–94 als Stiftungen der Toba-Herrscher, ziehen sich über 1 km Länge hin. Aus vielen Darstellungen spricht

NORDCHINA

eine heitere Frömmigkeit. Durch ihre teils monumentalen Maße fallen die Buddhas und Bodhisattvas am meisten auf. Kleine Buddhas bilden zuweilen ganze Serien. Tanzende Apsara-Feen und Musikanten drücken das Glück des Erleuchteten aus.

Trommeln. In Nr. 9 werden Bodhisattva-Figuren von Apsaras umschwebt. Die Figur mit Dreizack im Eingang zu Nr. 8 gilt als Zeichen eines hellenistischen Einflusses, der ebenso über die Seidenstraße kam wie die mehrköpfigen und -armigen indischen Götter Indra und Shiva ebenda.

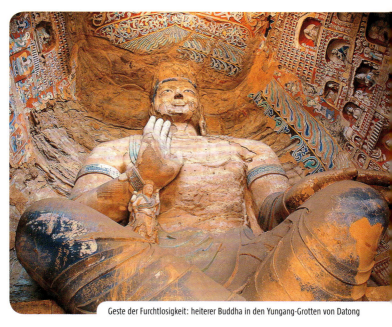

Geste der Furchtlosigkeit: heiterer Buddha in den Yungang-Grotten von Datong

Der Eingang befindet sich gerade gegenüber von Grotte 20, deren vorderer Teil eingestürzt ist, sodass der 14 m große Buddha im Freien steht. Dies ist zugleich einer der ältesten – mit seinen Nachbarn zur Rechten, den Grotten 16 bis 19, die alle jeweils einen Monumentalbuddha mit zwei Begleitern bergen. Weiter nach rechts folgen Grotten mit jeweils einem zentralen Pfeiler; sie wurden Ende des 19. Jhs. koloriert. Nr. 12 zeigt klassisch-chinesische Palastansichten und himmlische Musikanten mit Flöten und

Zum Schutz der Grotten 5 bis 7 wurden im Jahr 1651 hölzerne Vorbauten errichtet. Grotte Nr. 6 ist die beste von allen, gemessen am Erhaltungszustand, an der Fülle und Qualität der Darstellungen sowie hinsichtlich der architektonischen Anlage. Zu sehen sind vor allem Szenen aus dem Leben Gautamas. Grotte 5 enthält die mit 17 m größte Buddhafigur. Auch die Begleiter sind monumental.

Tgl. 8.30–18, im Winter bis 17 Uhr (Einlass bis 17 bzw. 16 Uhr) | Eintritt 60 Yuan | 16 km westlich der Stadt

HARBIN

ÜBERNACHTEN

GARDEN HOTEL
Das 108-Zimmer-Haus in idealer Zentrumslage erhielt schon einen Preis als bestes der Provinz. Guter Service, gute Küche. *Da Nan Jie 59 | Tel. 0352 58 65 58 88 | €€*

HARBIN

(174 C2) (*L2*) **Harbin (3,2 Mio. Ew.), eine russische Gründung, ist die Hauptstadt von Chinas nördlichster Provinz.** Das sibirische Klima mit langen, sehr kalten Wintern beschert der Stadt und ihren

Nur für Schwindelfreie: das hängende Kloster Xuankong Si bei Hunyuan

ZIEL IN DER UMGEBUNG

HÄNGENDES KLOSTER (172 B5) (*J4*)
Auf spindeldürren Stelzen balancieren die winzigen Hallen und Schreine des Klosters Xuankong Si an einer überhängenden Felswand. In der obersten Halle sitzen Laozi, Buddha und Konfuzius einträchtig zusammen. Eine Staumauer in der wildromantischen Schlucht raubt dem kuriosen Bau leider einen Großteil seines einstigen Reizes. *Eintritt 60 Yuan | 62 km südöstlich von Datong bei der Kreisstadt Hunyuan*

Besuchern alljährlich das phantastische Eisfest, das vom 5. Januar bis Mitte Februar dauert. Dann sind in den Parks teils riesige, bei Dunkelheit bunt beleuchtete Eisskulpturen zu bewundern.

SEHENSWERTES

Dass Harbin ab 1896 als russische Eisenbahnerstadt entstand, spürt man am Ortsbild, besonders in der *Zhongyang Dajie* mit ihren restaurierten Fassaden. Die *Sophienkathedrale* von 1907 beherbergt heute ein Architekturzentrum, das

NORDCHINA

historische Fotos der Stadt zeigt. Nordwärts gelangt man zum beliebten *Zhaolin-Park* und zum Ufer des Sungari mit dem *Stalin-Park*. Im Sommer kann man von hier aus Bootsfahrten unternehmen. Der *Sonneninselpark* gegenüber bietet allerlei Freizeitspaß.

ÜBERNACHTEN

INSIDER TIPP **MODERN HOTEL (MADI'ER BINGUAN)**

Hotelnostalgie von 1906. Einige Zimmer haben noch Flair der alten Zeit, die meisten sind modernisiert, aber die Lage ist ausgezeichnet. *141 Zi. | Zhongyang Dajie 89 | Tel. 0451 84 88 40 00 | €€*

LUOYANG

(178 A3) (♨ H–J5) Unweit vom Gelben Fluss liegt diese Provinzstadt (1,4 Mio. Ew.) mitten im ältesten chinesischen Kulturland.

Vom 8. Jh. v. Chr. an war Luoyang mehrfach Sitz von Königen und Kaisern. Zur Sui- und Tang-Zeit zweite Hauptstadt neben Xi'an, stieg der Ort zu einem kulturellen und religiösen Zentrum auf. Damals, im 7. bis 9. Jh., lebten hier eine Million Menschen. Im Ort selbst ist aus jener glorreichen Zeit nichts zu spüren. Schön ist aber ein Bummel durch die Altstadt, eine Freude auch die Päonienblüte im April. Immerhin trägt Luoyang den Beinamen „Päonienstadt", und das seit über einem Jahrtausend!

SEHENSWERTES

GRÄBERMUSEUM

22 Grabkammern aus dem 1. Jh. v. Chr. bis zum 12. Jh. n. Chr., entdeckt in und um Luoyang, wurden hier zusammengelegt, sodass man sie von einem unterirdischen Gang aus bequem besichtigen kann. Zu sehen sind Wandmalereien, Reliefs, Grabbeigaben und kunstvolle Gewölbe. Ein separater Grabhügel birgt die Gruft des Toba-Kaisers Xuanwu vom Jahr 516. Sie war mit dem Sternenhimmel ausgemalt. *Tgl. 9–17 Uhr | Eintritt 20 Yuan | Jichang Lu (6 km nördlich der Stadt)*

KLOSTER BAIMA SI

Das „Kloster der weißen Pferde", Chinas ältestes Buddhakloster, wurde im Jahr 68 gegründet. Nachdem der Kaiser im Traum Buddha gesehen habe, seien zwei Männer auf Schimmeln bei Hofe erschienen und hätten die erste Sutrenabschrift aus fernem Lande mitgebracht, besagt die Gründungslegende. Daraufhin habe der Kaiser ihnen dieses Kloster gestiftet. Zwei Steinponys am Eingang erinnern an die Pferde, ihre Reiter liegen, so heißt es, unter den Grabhügeln auf den Nebenhöfen rechts und links hinter dem Tor. Die heutige Anlage stammt aus der Ming-Zeit. Bereits im 13./14. Jh. entstanden die schönen Figuren der 18 Urmönche in der dritten Halle. 500 m östlich steht die elegante Qiyun-Pagode (12. Jh.). *Tgl. 7–19 Uhr | Eintritt 35 Yuan | 13 km östlich der Stadt*

LONGMEN-GROTTEN

Als die Toba ihre Residenz im Jahr 494 aus Datong nach Luoyang verlegten, setzten sie am „Drachentor" (Longmen), einer nahen Talkerbe des Yi-Flusses, die bei Datong begonnene Sitte des Grottentempelbaus fort. Doch auch unter der Sui- und der Tang-Dynastie, zur Blütezeit des chinesischen Buddhismus, entstanden hier Grottentempel. Als Stifter traten Mönche, Nonnen und Beamte ebenso auf wie Laienvereinigungen. Die größten und eindrucksvollsten Arbeiten aber finanzierte wieder der fromme und ruhmsüchtige Kaiserhof. Im 20. Jh. richteten

42 | 43

LUOYANG

Kunstdiebe große Schäden an. Die leeren Nischen und geköpften Figuren sprechen eine deutliche Sprache. Ein Teil des Diebesguts steht heute in den ostasiatischen Museen Europas, Japans und Amerikas.

Aus dem Fels gemeißelte Wächterfigur in den Longmen-Grotten

Der Figurenschmuck der größeren Grotten, etwa ein Dutzend, variiert stets ein Schema, das sich am klarsten gleich in der ersten Grotte, Qianxi Si, zeigt: Grimmige Wächter mahnen bei jedem Eintretenden Läuterung an. Drinnen blicken Sie zur personifizierten Weisheit und Vollendung, einem zentralen, übermenschlich großen Buddha, auf. Während dieser sitzt, bleiben die anderen zu seinen Seiten ehrfürchtig stehen: links und rechts außen, kleiner dargestellt, die Heilandsgestalten zweier Bodhisattvas sowie in den Zwischenräumen in fast menschlicher Größe Buddhas engste Jünger Ananda und Kashyapa – Vorbilder für den Betrachter, soll er doch wie diese vom Buddha lernen, um einst mit Hilfe der Bodhisattvas erlöst zu werden. Überall ist auch das Symbol der Lotosblüte zu sehen: Sie zeigt, dass Reinheit möglich ist, selbst wenn man im Sumpf wurzelt. Hinter der Qianxi-Si-Grotte gelangen Sie zu einer Gruppe von drei Höhlen, deren mittlere, Binyang Zhongdong, vielleicht die schönste von allen ist. Das Grundschema ist hier zu elf Figuren erweitert. Drei Buddhas, sechs Bodhisattvas und die beiden Jünger schenken dem Betrachter ihr schönstes Lächeln. Die Grotte entstand in den Jahren 500 bis 523; wie eine Chronik vermerkt, wurden 802 366 Tagewerke hineingesteckt. Die übernächste Treppe führt zur Grotte der 10 000 Buddhas aus dem Jahr 680. Rund 15 000 Figürchen – die Buddhas aller Äonen – bedecken dort die Seitenwände. Fünf Jahre zuvor war die berühmteste Grotte der Anlage fertig geworden. Es ist der „Tempel der Ahnenverehrung" am Ende einer breiten, neu angelegten Treppe. Er übertrifft die anderen Grotten gleich um ein Mehrfaches an Größe, dabei ist die Bildhauerkunst vom Feinsten. Stifter waren der Tang-Kaiser Gaozong und seine ebenso ehrgeizige wie fromme Hauptfrau Wu Zetian, die später als eine von zwei offiziellen Monarchinnen in Chinas Geschichte einging. Die zentrale, 17 m hohe Figur des Locana-Buddha soll ihre Züge tragen. Seine Fettfalten am Hals schmeichelten dem damaligen

NORDCHINA

Schönheitsideal. Da die Anlage oben offen ist, kann sie eigentlich nicht als Grotte gelten. Ursprünglich besaß sie ein großes Holzdach. Das ikonografische Schema ist um zwei Himmelskönige erweitert, von denen nur der rechte erhalten blieb; er trägt eine Pagode auf der Handfläche. *Tgl. 7–18, im Winter 7.30–17 Uhr | Eintritt 120 Yuan | 12 km südlich der Stadt*

LUOYANG-MUSEUM

Archäologische Funde und Kunsthandwerk aus fünf Jahrtausenden, präsentiert in einem architektonisch interessanten, 2010 eröffneten Neubau südlich des Luo-Flusses. *Di–So 9–17 Uhr, im Sommer 9–17.30 Uhr (Einlass bis 16 bzw. 16.30 Uhr) | Eintritt frei | Suitangcheng Lu*

LUZE-GILDENHAUS

Die prächtige Anlage mit der typischen Theaterbühne über dem Tor birgt heute eine volkskundliche Sammlung (Hochzeit, Religion, Schattenspiel, Kunsthandwerk). Der Altar stammt aus einem Tempel. *Tgl. 8.30–12 und 13–17.30 Uhr | Eintritt 20 Yuan | Jiudu Donglu | im Südosten der Altstadt*

ÜBERNACHTEN

CHRISTIAN'S HOTEL

Zentral gelegenes Haus mit 96 exquisit gestalteten Zimmern. *Jiefang Lu 56 (Haus steht an der Querstraße Tanggong Xilu!) | Tel. 0379 63 26 66 66 | www. 5xjd. com/en | €€*

ZIELE IN DER UMGEBUNG

Alle im Folgenden genannten Ziele liegen am heiligen Berg der Mitte, dem Song Shan, und sind von Luoyang aus im Rahmen eines Tagesausflugs zu erreichen. *80 km südöstlich von Luoyang*

KLOSTER SHAOLIN SI (178 A3) (*J5*)

Das im Jahr 495 gegründete buddhistische Kloster wurde durch zahlreiche Kung-Fu-Filme weltberühmt. In Ostasien kennt man es noch aus einem zweiten Grund: Ab 527 soll hier Bodhidharma, ein indischer Mönch, gelehrt und die Schulrichtung des Zen (chinesisch: Chan) gegründet haben, die alle Bücherweisheit ablehnt und statt dessen die eigene, unmittelbare Erfahrung mit dem Ziel der Erleuchtung betont. Die Mönche machten in besonderer Weise Ernst mit der Praxis: Sie drillten sich bald zu schlagkräftigen Recken. Die 1400 Jahre alte Kampfkunsttradition des Ortes ist heute

LOW BUDGET

▶ *Shun Yi Fu:* Eine bebilderte englisch-chinesische Karte erleichtert die Auswahl in diesem Pekinger Teigtaschenlokal, in dem man schon ab 3 Euro satt wird – und das im gehobenen Ambiente des Shoppingpalasts *APM! Wangfujing 138 | Laden 513–515* (U D4) (*0*)

▶ *Sanlitun Youth Hostel:* Im teuren Peking übernachten ab 50 Yuan pro Schlafsaalbett, dazu gratis Internet und Fahrradvermietung – so spart man gleich dreifach. *160 Betten | Chunxiu Lu 1 (im Hinterhof) | Tel. 010 51 90 92 88 | www.sanlitun.hostel. com* (U F2–3) (*0*)

▶ *Jujia Hostel:* Sehr kleine, freundliche Privatpension in Luoyang. Übernachtung ca. 60 Yuan (schwankt nach Saison). *Longlin Lu Qiaonan, Bereich D | Tel. 0379 62 86 10 09 | www. luoyangjujia.hostel.com*

LUOYANG

lebendiger denn je. Neben der renommierten Kloster-Kampfschule – es werden lohnende ● INSIDER TIPP Vorführungen angeboten! – profitieren in der Gegend noch über 20 weitere Schulen mit zusammen mehr als 10 000 Schülern vom Shaolin-Renommee.

Die erste und einige andere Hallen sind Rekonstruktionen aus jüngster Zeit. Das Bronzebildnis Bodhidharmas in der Abthalle kam als Geschenk aus Japan. Die nördlich anschließende Dharma-Halle enthält ein weiteres Bildnis des Zen-Stifters. Als Letztes folgt die alte Tausend-Buddha-Halle, in der ein großes mingzeitliches Wandbild die „Fünfhundert heiligen Mönche bei der Verehrung des Buddha Vairocana" darstellt. Die Vertiefungen im Fußboden sollen übende Kämpen im Lauf der Zeit durch Abnutzung verursacht haben. Deren Ruhmestaten zeigen Wandmalereien in der rechten Seitenhalle. Sie entstanden gegen Ende der Kaiserzeit. 300 m westlich des Klostertors liegt der „Pagodenwald", Chinas berühmtester Mönchsfriedhof. Seine 260 Grabpagoden bergen die Asche der Äbte. *Tgl. 8–18, im Winter bis 17 Uhr | Eintritt 100 Yuan inkl. halbstündiger Kung-Fu-Show | 15 km nordwestlich der Kreisstadt Dengfeng*

PAGODE SONGYUESI TA
(178 A3) (*J5*)

Chinas älteste erhaltene Pagode, ein Backsteinbau aus dem Jahr 520, ist zwölfeckig und 40 m hoch. *5 km nördlich von Dengfeng*

Auf die richtige Haltung kommt es an: Kung-Fu-Schüler beim Kloster Shaolin Si

TEMPEL ZHONGYUE MIAO
(178 A3) (*J5*)

Der kaiserliche „Tempel des heiligen Mittelbergs" ist mit 650 m Länge und elf Bauten entlang der Mittelachse der größte Tempel der Provinz Henan. Die heutige Haupthalle von 1653 ist ebenfalls die größte der Provinz, die übrigen Bauten stammen aus dem 18. Jh. Aus der Song-Zeit blieben vier gewaltige gusseiserne

www.marcopolo.de/china

NORDCHINA

Wächter erhalten. Da der Berg als Kaiser personifiziert wurde, erhielt er auch eine Ehefrau zugesellt, mit der er nun die „Schlafhalle" teilt. Dort sieht man die Figuren des Paars sowie zur Linken und Rechten deren alkovenartige Betten. Große, bunt bemalte neue Figuren in zwei seitlichen Galerien stellen das Personal des Bergkaisers dar. Der Tempel wird von daoistischen Mönchen bewohnt. *Tgl. 7.30–18 Uhr | Eintritt 30 Yuan | 4 km östlich von Dengfeng*

PEKING

> **CITY WOHIN ZUERST?**
> Aus drei U-Bahn-Stationen (Tian'anmen-West, Tian'anmen-Ost und Qianmen) haben Sie Zugang zum zentralen **Tian'anmen-Platz (U D4) (📖 0)**. Hier, am „Platz des Himmelsfriedens", stehen die Symbolbauten des chinesischen Sozialismus beisammen, und von hier geht's nordwärts zum Kaiserpalast. Der Tian'anmen-Platz ist der Angelpunkt nicht nur der Hauptstadt, sondern des gesamten Landes.

KARTE IM HINTEREN UMSCHLAG (172 C5) (📖 J4) **Kubilai Khan war ab 1280 der Erste, der von dieser einstigen Garnisonsstadt an Chinas Nordgrenze aus das ganze Reich regierte.**
Ihm folgten die Kaiser der Dynastien Ming und Qing. 1949 knüpften die Kommunisten an die verflossene imperiale Größe an.
Vieles von dem, was Peking (chinesisch Beijing) früher so unvergleichlich machte, fiel seit Ende der 1970er-Jahre einem beinah schrankenlosen Bauboom zum Opfer. Doch hinter einem Kranz gesichtsloser Hochhaussiedlungen verbergen sich nach wie vor Bauwerke und Kunstschätze, die einzigartig sind – allen voran natürlich die *kaiserlichen Bauten:* Kaiserpalast, Sommerpalast und Himmelstempel.
Ausführliche Informationen finden Sie im MARCO POLO Reiseführer „Peking".

SEHENSWERTES

BEIHAI-PARK (U C3) (📖 0)
Pekings beliebtester Park war einst kaiserlicher Lustgarten. Sein Wahrzeichen ist die weiße Flaschenpagode; sie wurde 1651 zu Ehren des Dalai Lama errichtet. Der 68 ha große See lockt zum Bootfahren und im Winter zum Schlittschuhlaufen. Besonders schön: der Fünf-Drachen-Pavillon am Nordwestufer. *Eintritt 5 Yuan*

HIMMELSALTAR UND HIMMELSTEMPEL (U D5–6) (📖 0)
Von den einst sechs kaiserlichen Altären ist dies der größte und bedeutendste. Das Areal ist mehr als doppelt so groß wie der Kaiserpalast. Die Anlage entstand um 1420 und erhielt ihr heutiges Aussehen im 16. Jh. Drei Gestaltungsmerkmale sind bestimmend: Der Kreis ist die Form des Himmelsrunds, das Blau seine Farbe, und die Zahl Drei steht für seine männliche *yang*-Qualität.
Die Opferterrasse im Süden ist kreisrund und dreifach gestuft. Die Zahl der Marmorplatten in den konzentrischen Ringen beträgt stets ein Vielfaches von drei. Hier brachte der Kaiser in der längsten Nacht des Jahres stellvertretend für die Menschenwelt ein aufwendiges Tieropfer dar.
Wem dieses Opfer galt, erfährt man in der nördlich gelegenen kreisrunden Halle des „Kaiserlichen Himmelsgewölbes": Die dort verwahrten „Geistertafeln" des Himmels, der Sterne, des Wetters und

46 | 47

PEKING

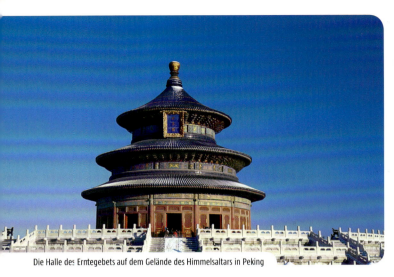

Die Halle des Erntegebets auf dem Gelände des Himmelsaltars in Peking

der Amtsvorgänger wurden zum Opfer hervorgeholt. Ein aus weißem Marmor erbauter Dammweg führt nach Norden zur Halle des Erntegebets, dem wohl vollkommensten Bau klassischer chinesischer Architektur. Er ist rund, steht auf einer dreifachen Terrasse und trägt ein dreifaches blaues Dach. Im Inneren symbolisieren die vier innersten Säulen die Jahreszeiten, der innere Ring von zwölf Säulen steht für die Monate, der äußere für die zwölf Doppelstunden des Tages. *Tgl. 8.30–17.30 Uhr (Einlass bis 16 Uhr) | Eintritt 35 Yuan*

KAISERPALAST (U D3–4) (*m 0*)

Mitten in Peking, doch durch eine mächtige Mauer und einen breiten Wassergraben abgeschirmt, liegt die einstige Verbotene Stadt. Unter kaisergelb glasierten Dächern wohnte hier der Himmelssohn mit der Kaiserin, mit Konkubinen, Zofen und Eunuchen – insgesamt einige Tausend Personen. Die Anlage entstand von 1406 bis 1420. Zwar wurden viele Gebäude später erneuert, doch blieb der Stil der Ming-Zeit bis heute gewahrt.

Durch das südliche Haupttor *Wu Men* und ein weiteres Tor gelangen Sie zu den drei gewaltigen Thron- und Audienzhallen, dem baulichen Zentrum. Überall sind schmückende Drachen zu erkennen, Symbole des Kaisers.

Nach Norden hin folgen die Wohnbereiche. In der Mitte liegen wiederum drei Thronhallen; die erste war der Wohnpalast des Kaisers, die anderen dienten der Kaiserin. Die westlichen Palastteile veranschaulichen mit der erhaltenen Einrichtung, wie man damals wohnte – ziemlich beengt und nicht sehr komfortabel.

In einigen anderen Hallen ist ein Teil der kaiserlichen Kunstschätze ausgestellt. Besonders schön ist der ganz im Osten gelegene „Palast des Altwerdens in Frieden" *(Ningshou Gong)*. Vor seinem Südtor passiert man eine prächtige Neun-Drachen-Mauer aus farbig glasierten Reliefziegeln. In den Seitenhallen des

www.marcopolo.de/china

NORDCHINA

Ningshou Gong und den nördlich folgenden Gebäuden befinden sich die Schatzkammern des Palastmuseums. Ein Tag reicht nicht, um alles zu sehen. Besonders die kaiserlichen Kunst- und Kuriositätensammlungen lohnen einen zweiten Besuch. *Tgl. 8.30–17, Nov.–Feb. bis 16.30 Uhr (Einlass bis 16 bzw. 15.30 Uhr) | Eintritt 60, im Winter 40 Yuan | lohnende Audioführung auch auf Deutsch 40 Yuan*

LAMAKLOSTER YONGHE GONG
(U E2) *(𝄢 0)*

Pekings größtes Tempelkloster entstand 1744/45 als eine Art kaiserlicher Hofkirche. Lamaistische Mönche bewohnen und führen es. Die prächtige Ausstattung blieb vollständig erhalten.

Der 450 m lange Komplex zeigt den typischen Aufbau einer buddhistischen Weihestätte, jedoch in erweiterter Form. Nach Passieren zweier Höfe gelangen Sie in die Halle der Himmelskönige mit eindrucksvollen Figuren dieser vier Wächtergottheiten. Das Innere der folgenden Haupthalle beherrschen die goldenen Buddhas der Drei Zeitalter. Es folgt eine zweite Haupthalle mit drei weiteren Buddhas: dem des langen Lebens in der Mitte, flankiert vom Medizinbuddha und vom „Buddha des Löwengebrülls", der den weltweit vernehmbaren Erweckungsruf der Lehre verkörpert. Als nächstes folgt die große Lehr- und Versammlungshalle. Sie ist mit Wandbildern ausgemalt. In ihrer Mitte steht eine 6 m hohe Statue des tibetischen Reformators Tsongkhapa.

Der Abschluss der Anlage im Norden ist auch der Höhepunkt. Dort umgibt eine drei Etagen hohe Halle eine hölzerne Kolossalfigur des Maitreya-Bodhisattva. Der mächtige Sandelbaumstamm, aus dem sie in tibetischem Stil geschnitzt wurde, war eine Dankspende des 7. Dalai Lama an den Kaiser.

Zahllose weitere Schätze sind in den Seitenhallen ausgestellt. Das wohl schönste Kunstwerk ist ein hölzerner Altar mit einem predigenden Buddha in der östlichen Seitenhalle im letzten Hof. *Tgl. 9–16.30 Uhr | Eintritt 25 Yuan*

NATIONALMUSEUM ● **(U D4)** *(𝄢 0)*

Nach Umbau und Modernisierung angeblich das größte Museum der Welt. Natürlich sind die Dauerausstellungen erstklassig bestückt. Besonders zu empfehlen: „Ancient China", ein Gang durch Chinas Geschichte auf Ebene −1, die buddhistische Kunst und die Porzellansammlung mit betörend schönen Exemplaren (beide im 3. Stock). *An der Ostseite des Tian'anmen-Platzes | Di–So 9–17 Uhr | Eintrittskartenausgabe bis 15.30 Uhr | Eintritt frei (Pass vorlegen!) | www.chnmuseum.cn*

In kaiserlichem Gelb: Dachreiter am Lamakloster Yonghe Gong

PEKING

SOMMERPALAST YIHE YUAN
(172 C5) (*J4*)

Die berühmt-berüchtigte Kaiserinwitwe Cixi war es, die sich die 1860 von Engländern und Franzosen verwüstete Anlage Ende des 19. Jhs. im eklektischen Stil ihrer Zeit als Alterssitz herrichten ließ. Dementsprechend dominieren im Bewuchs und im Gebäudeschmuck Symbole des langen Lebens und fortdauernder Lebenskraft: Kiefern, Kraniche, Winterkirsche, Bambus.

Der Osteingang führt auf die Audienzhalle zu. Nördlich davon liegt die einst größte Theaterbühne Chinas. Nach Westen schließen sich die Wohngebäude Cixis an. Von dort zieht sich der 728 m lange, mit Landschafts- und Romanszenen bemalte ● *Wandelgang* am Ufer des großen Kunming-Sees hin. An seinem Ende liegt die steinerne Attrappe eines Raddampfers. Viel intimer ist der Garten INSIDER TIPP *Xiequyuan* im Nordosten des Areals. Dort blicken Pavillons auf einen idyllischen Lotosteich. *Tgl. 8–17, im Winter 8.30–16 Uhr, einzelne Bauten 9–16 Uhr | Eintritt 60 Yuan, im Winter 50 Yuan | nordwestlich der Stadt*

TIAN'ANMEN-PLATZ ★ (U D4) (*0*)

Zum zehnjährigen Staatsjubiläum entstand 1959 ein monumentales städtebauliches Kontrastprogramm zur Kaiserzeit: der Tian'anmen-Platz als Ort für Jubelaufmärsche (er gilt als größter innerstädtischer Platz der Welt), die Volkskongresshalle (Chinas Parlament) im Westen sowie das Nationalmuseum im Osten. In der Mitte, genau auf Pekings Nord-Süd-Achse, erhebt sich die Gedenkstele der Volkshelden. Den nördlichen Abschluss des Platzes bildet das Tor des Himmelsfriedens (Tian'an Men) aus dem Jahr 1417. Seit Mao hier 1949 die Gründung der Volksrepublik China verkündete, wurde es zum Staatssymbol. Vor ihm verläuft quer die „Straße des langen Friedens" (*Chang'an Jie*), Pekings großer Ost-West-Boulevard. Im Süden des Platzes steht seit 1977 das Mao-Mausoleum. ● Bei Sonnenaufgang wird auf dem Platz die Landesflagge gesetzt –

Der steinerne Raddampfer – eine kuriose Attraktion im Sommerpalast Yihe Yuan

www.marcopolo.de/china

NORDCHINA

Volkshelden und Volk am Tor des Himmelsfriedens: der Tian'anmen-Platz in Peking

eine Zeremonie, bei der jeder zuschauen darf. Der Platz ist jedoch nicht nur bauliches Zentrum des neuen China, sondern auch Sinnbild demokratischen Engagements. Schon 1919 demonstrierten vor dem Tian'an Men patriotische Studenten. Durch die Niederschlagung der Studentenbewegung im Juni 1989 wurde die Symbolkraft des Orts noch verstärkt. Wer die innere Platzfläche betreten will, muss Sicherheitskontrollen passieren. Auch die Umgebung wird streng bewacht. Hier wird die Angst der Partei vor dem Volk unmittelbar spürbar.

ESSEN & TRINKEN

INSIDER TIPP BEIJING DA DONG ROAST DUCK RESTAURANT
(U F3) (∩ 0)
Bestes Pekingenten-Restaurant der Stadt, aber auch die anderen Speisen haben Klasse. Unbedingt zeitig reservieren! *Dongsi Shitiao 22 | Xinnancang (Südseite des Hochhauses, Eingang außen) | Tel. 010 5169 03 28 | €€*

EINKAUFEN

Pekings Haupteinkaufsstraße ist die *Wangfujing* (U D4) (∩ 0). Mit historischem Ambiente bummeln Sie in der Kunst- und Antiquitätengasse *Liulichang* (U C5) (∩ 0), wo die Kunsthandlung *Rongbao Zhai (Liulichang-West 19-1 und 19-4)* besondere Beachtung verdient, sowie im Qianmen-Viertel, vor allem in der *Dashalan* (U D5) (∩ 0), die auch für preiswerte Kleidung gut ist (zweigt westlich von der Qianmen Dajie ab).
Sind die Füße müde, empfiehlt sich eine Massage, z. B. im schönen ● INSIDER TIPP *Long Island Spa (Jiahui Center | Jiqingli 6 | Jishikou Donglu/Ecke Chaowai Beijie | Tel. 010 65 51 61 12 | www.longislandspa.com.cn)* (U E3) (∩ 0).

AM ABEND

Pekings Ausgehviertel sind die nördlichen Seen um *Qianhai* und *Houhai*; dort wird es am Wochenende sehr laut. Etwas ruhigere Kneipen finden sich am West-

50 | 51

PEKING

ufer des Houhai (U C–D 2–3) (ᗰ O). Pekingoper erleben Sie am schönsten in der Teehausatmosphäre des *Hu-Guang-Gildenhauses (Hufangqiao 3 | Tel. 010 63 51 82 84 | Karten ab 180 Yuan)* (U C5) (ᗰ O).

Ein spektakuläres Videovergnügen bietet ● *The Place (tgl. 18.30–21.30 Uhr | Eintritt frei | Dongdaqiao Lu nördlich der Guanghua Lu)* (U F4) (ᗰ O), ein überdachter öffentlicher Platz mit einem 200 mal 30 m großen LED-Bildschirm – dem größten Asiens oder sogar weltweit –, der in 25 m Höhe über den Köpfen der Zuschauer schwebt.

ÜBERNACHTEN

CAPITAL HOTEL ☃ (U D4) (ᗰ O)
Für das Haus sprechen die Lage nahe dem Tian'anmen-Platz und dem Qianmen-Viertel sowie ein toller Blick über die Stadt, aus einem Teil der 237 Zimmer auch über den Kaiserpalast. *Qianmendong Dajie 3 | Tel. 010 58 15 99 88 | www.capitalhotel.com.cn/en | €€*

RAFFLES BEIJING (U D4) (ᗰ O)
Der 1917 eröffnete Altbau des einstigen Peking-Hotels bietet Luxus in unvergleichlicher Lage und mit historischem Ambiente. *171 Zi. | Dong Chang'an Jie 33 | Tel. 010 55 26 33 88 | www.raffles.com | €€€*

ZIELE IN DER UMGEBUNG

GROSSE MAUER UND MING-GRÄBER ★ (172 C5) (ᗰ J4)
Dass Peking einst eine Grenzstadt war, erkennt man noch an der Nähe zur ● *Großen Mauer,* die in ihrer heutigen Form erst im 16. Jh. entstand. Mehrere Abschnitte sind heute restauriert. Meist fährt man nach ☃ *Badaling,* wo es sehr voll ist. Weniger überlaufen und landschaftlich schöner ist das Mauerstück bei ☃ *Mutianyu. Eintritt Badaling 45 Yuan, Mutianyu 35 Yuan | 60 bzw. 70 km nördlich der Stadt*

Ming-Gräber: Ein üblicher Abstecher auf dem Weg nach Badaling führt zu den gewaltigen Grabtempeln von 13 Kaisern der Ming-Dynastie (1368–1644). Die meisten sind verfallen und gesperrt. Im Grab *Dingling* sind die marmornen Grabkammern zu besichtigen. Das Grab *Changling,* das größte, ist das Einzige, dessen Opferhalle erhalten blieb – ein imposantes Bauwerk mit 32 Säulen aus kostbarem Nanmuholz. Auf dem Zugang zur Nekropole passiert man die berühmte *Geisterallee,* an der steinerne Tiere und Beamte den Toten die letzte Ehre erweisen. *Eintritt Dingling 65 Yuan, Changling 45 Yuan | 50 km nördlich der Stadt*

INSIDER TIPP ▶ KLOSTER DULE SI UND ÖSTLICHE QING-GRÄBER
(173 D5) (ᗰ J4)
Ein Tagesausflug per Taxi führt zu zwei erstrangigen Zielen:

Dule Si: Die Torhalle und die dreigeschossige Guanyin-Halle dieses Buddhaklosters zählen zu Chinas bedeutendsten architektonischen Schätzen. Mitsamt den Bildwerken stammen sie aus dem Jahr 984. Hauptattraktion ist die 16 m hohe Tonfigur der elfgesichtigen Guanyin. *Eintritt 37 Yuan | 85 km östlich von Peking | am Westtor der Stadt Jixian*

Qing-Gräber: Hier liegen fünf der zehn Mandschu-Kaiser mit Frauen und Konkubinen. Die Grabtempel sind neuer und wesentlich besser erhalten als die der stadtnäheren Ming-Gräber. Die Grüfte des Qianlong-Kaisers (1711–99) und der Kaiserinwitwe Cixi (1835–1908) sind zu betreten, und es werden Grabbeigaben ausgestellt. *Eintritt 150 Yuan | 30 km nordöstlich von Jixian*

www.marcopolo.de/china

NORDCHINA

QINGDAO

(179 E2) (K4) **Die Hafenstadt (2 Mio. Ew. ohne Umland) ist ein steingewordenes Stück Kolonialgeschichte. 1897/98 zwang das Deutsche Reich China, die Jiaozhou-Bucht, an der „Tsingtau" liegt, samt Umland auf 99 Jahre an Deutschland zu verpachten.**

1914 eroberte Japan die Kolonie. 1922 ging sie an China zurück. Teile der Altstadt wahren bis heute ihr wilhelminisches Aussehen. Auch für Neubauten werden oft noch Mansarddächer und Fachwerkimitation verwendet – deutsche Stilelemente von vor 100 Jahren. Qingdao ist heute eine der boomenden Küstenstädte, wie besonders die neue Entwicklungszone, ein riesiges Hochhausviertel im Osten, zeigt. Daneben ist es als Fischereihafen bekannt und ein beliebter Seebadeort.

SEHENSWERTES

ALTSTADT

INSIDER TIPP *Rundgang* (ca. 1 Std.): Sie beginnen an der 440 m weit in das Meer hinausragenden *Landungsbrücke*. Von dort führt die Hauptgeschäftsstraße *Zhongshan Lu* (Sun-Yat-sen-Straße, einst Friedrichstraße) nach Norden. An der Ecke zur vierten Querstraße steht rechts das frühere *Seemannshaus* von 1902. Zwei Straßen weiter biegen Sie nach rechts ein: Vor Ihnen ragt die katholische Kathedrale (erbaut von 1931 bis 1934) auf. Der Weg knickt vor ihrem Portal nach rechts ab; dann geht's die nächste Straße links, die nächste schräg links voraus, die nächste scharf rechts zurück (bergauf) und gleich wieder links die Treppen hoch.

Nun gehen Sie geradeaus, bis hinter Hausnummer 11A eine Treppe zu einem versteckten Park hinaufführt. Hier, auf dem Gipfel des einstigen *Gouvernementshügels*, haben Sie von einem kleinen Aussichtsturm eine tolle Rundsicht auf die Altstadt.

Über dieselbe Treppe gehen Sie nun wieder zurück und die nächste Treppe weiter bergab. Die unten nach rechts bergab

Blick vom Gouvernementshügel auf die Altstadt von Qingdao

führende Straße läuft genau auf die protestantische *Christuskirche* (erbaut 1908–10) zu. Von dieser geht die Yishui Lu am Südhang des Gouvernementshügels entlang zum *Gouvernementsgebäude* (später Rathaus, erbaut 1904–1906), dem repräsentativen Höhepunkt des Rundgangs. 1989 wurde es nach Norden zu spiegelbildlich im gleichen Baustil verdoppelt. Nach Süden hin durch die Grünanlagen gelangen Sie schließ-

52 | 53

QUFU

lich zurück zur *Uferpromenade* (einst Kaiser-Wilhelm-Ufer).

GOUVERNEURSRESIDENZ

Spektakulärstes der deutschen Gebäude, 1905–07 in rustikalem Heimatstil errichtet. Die Innenausstattung ist fast komplett erhalten. *Tgl. 8.30–17 Uhr | Eintritt 15 Yuan | am Signalhügel | Longshan Lu 26*

EINKAUFEN

An der Uferstraße westlich der Landungsbrücke bietet allabendlich ein Markt maritimen Kitsch und Kuriositäten, darunter hübsche Holzmodelle von Wohnhäusern im deutsch-tsingtauer Baustil.

ÜBERNACHTEN

OCEANWIDE ELITE HOTEL

Wohnen an der Uferpromenade, dem einstigen Kaiser-Wilhelm-Ufer! Das Haus mit 87 Zimmern (viele mit Meerblick) ist allerdings ein Neubau. *Taiping Lu 29 | Tel. 0532 82 99 66 99 | www.oweh.com | €€*

ZIEL IN DER UMGEBUNG

LAO SHAN ☸ (179 E2) (*ⓂK4*)

Eine malerische Bergregion (bis zu 1133 m hoch) mit bizarren Felsen, Schluchten, Wasserfällen und Chinas bekanntester Mineralquelle. Schöne Blicke aufs Meer. Von oberhalb des Tempels Taiqing Gong geht's per Seilbahn hinauf. *40 km östlich der Stadt | Ausflugsbusse ab Bahnhof*

QUFU

(178 C2) (*ⓂJ5*) ⭐ **Der Geburts- und Sterbeort (100 000 Ew.) des Konfuzius ist ganz vom Konfuziuskult geprägt, und das seit über 2000 Jahren.**

Die Sehenswürdigkeiten nehmen fast die Hälfte der Altstadt ein, von der auch der Stadtgraben und einige Tore erhalten blieben. Zum 16 km entfernten Bahnhof Yanzhou verkehren Busse und Taxis. *Eintritt für Friedhof, Konfuziustempel und Residenz 150 Yuan*

SEHENSWERTES

FRIEDHOF KONG LIN

Auf Chinas schönstem Friedhof werden seit Urzeiten die Mitglieder der Kong-Sippe bestattet. Überall in dem 2 km² großen, lichten Wald entdeckt man alte und neue Grabhügel. Steinerne Grabfiguren, Altartische und Stelen kennzeichnen die Herzogsgräber. Nahe dem Tor ruhen angeblich Konfuzius (551–479 v. Chr.), sein Sohn und sein Enkel. Die große Stele vor dem links hinten liegenden Konfuziusgrab nennt den Ehrentitel des Weisen: „Großer Vollender, höchster Heiliger, Kultur verbreitender König". Zu empfehlen ist eine Rundfahrt mit dem Elektrobus. *Tgl. 8–17 Uhr | 2 km nördlich der Stadt*

KONFUZIUSTEMPEL (KONG MIAO)

Über 690 m erstreckt sich vom mächtigen Stadttor aus Chinas größter Konfuziustempel mit knorrig-ehrwürdigem Baumbestand nach Norden. Das erste Tempeltor stimmt mit der Inschrift „Schall der Gongs und Vibrieren der Jade-Klingsteine" auf das Opfergeschehen ein. Nach weiteren sieben Toren gelangt man zur ersten Halle, der Bibliothek Kuiwenge aus dem Jahr 1191. Wie viel früher der Konfuziuskult begann, zeigen Steininschriften, deren älteste 56 n. Chr. entstand. Die bedeutendsten sind im folgenden Hof durch Pavillons geschützt.

Nördlich davon wird die Anlage dreizügig. Der westliche Trakt ist gesperrt. Aus dem Brunnen im zweiten Hof des

www.marcopolo.de/china

NORDCHINA

Osttrakts soll schon der Meister selbst getrunken haben.

Der mittlere Trakt mit seinen kaisergelben Ziegeln wurde 1730 nach einem Brand erneuert. Eine Galerie, in der Inschriften und Steinreliefs verwahrt werden, umschließt einen Hof, in dem sich zur Opferfeier einst 1000 Mitwirkende versammelten. Die „Aprikosenterrasse" unter dem Pavillon in der Mitte spielt auf eine alte Textstelle an, wonach der Weise einst auf erhöhter Stelle im Kreis seiner Jünger saß und musizierte.

abreibungen in der Bibliothek Kuiwenge sind sie wesentlich besser zu erkennen.
Tgl. 8–17 Uhr

KONG-RESIDENZ (KONG FU)

Die Konfuziusopfer waren stets Sache der Stammhalter des Weisen. Als Herzöge geadelt, versahen sie die Feiern im kaiserlichen Auftrag, dazu belehnte der Kaiser sie mit gewaltigen Ländereien und Tausenden von Pachtbauern. Spezielle „Hoflieferanten" mussten Schlachttiere, Wein, Musik, Feuerwerk und andere Din-

Vornehmer Wohnsitz: Die Nachkommen des Konfuzius residierten ihrem Adelsstand gemäß

Der beherrschende Bau ist jedoch die Opferhalle Dacheng Dian mit ihren prächtigen Drachensäulen. Die Innenausstattung fiel der Kulturrevolution zum Opfer; die pompösen goldenen Schreine und Figuren sind Nachschöpfungen der 1980er-Jahre.

Die anschließende „Schlafhalle" enthält einen Schrein für Konfuzius' Frau. Als Letztes folgt die „Halle der Spuren des Weisen" mit in Stein geschnittenen Szenen aus seinem Leben. Auf den Stein-

ge beitragen oder Spanndienste leisten. All das wollte verwaltet werden, und so verfügten die Herzöge, die alle wie Konfuzius selbst den Familiennamen Kong trugen, über eine entsprechend dimensionierte Residenz. Im vorderen Teil befinden sich Audienz- und Amtsräume samt zugehöriger Staffage für Empfänge und Gerichtssitzungen. Dahinter liegen die Frauengemächer. Durch die Fenster erkennt man die Ausstattung mit westlichen Sesseln und Uhren, wie sie bestand,

SHENYANG

als der Stammhalter der 77. Generation 1937 vor den Japanern floh. Am Ende führt ein Seitentor in den großen Garten. *Tgl. 8–17 Uhr*

SHAOHAO-GRAB
Die steinerne Pyramide (18 m hoch) entstand zur Song-Zeit als „Grab" eines legendären Urkaisers, der als Vorfahr des Konfuzius gilt. *Tgl. 8–16.30 Uhr | Eintritt 15 Yuan | 5 km östlich der Stadt*

Hier grüßt Mao immer noch: Sun-Yat-sen-Platz in Shenyang

YAN-HUI-TEMPEL
Schöner Tempel für Konfuzius' Lieblingsjünger. Die Anlage ähnelt dem Konfuziustempel, ist aber nicht so überlaufen wie dieser. *Tgl. 8–16.30 Uhr | nordöstlich der Kong-Residenz*

AM ABEND
Vom Queli-Hotel ostwärts gelangt man zu einem kleinen Nachtmarkt.

ÜBERNACHTEN

QUELI BINSHE
Gleich östlich des Konfuziustempels ideal gelegen. Zuweilen gibt es Musik- und Tanzaufführungen. *160 Zi. | Tel. 0537 4 86 68 18 | www.quelihotel.com/index.php?Locale=en-us | €*

SHENYANG

(174 A5) (*K3*) **Einst unter seinem mandschurischen Namen Mukden bekannt, ist Shenyang (4,8 Mio. Ew.) Hauptstadt der Provinz Liaoning und Zentrum der südmandschurischen Industrieregion.**

Von hier aus organisierten der erste Mandschu-Herrscher Nurhaci und sein Sohn Abahai 1625–43 die Expansion ihres Reichs, die mit der Eroberung Chinas endete.

SEHENSWERTES

KAISERPALAST
China als kulturelles Vorbild, aber auch das Bewusstsein der eigenen Stärke – beides schlägt sich gleichermaßen im Palast der Mandschu-Herrscher nieder. Er entstand großteils in den Jahren 1625–1636, noch ehe die Mandschus ab 1644 China eroberten.

Der mittlere Trakt lehnt sich mit seiner Audienzhalle und den Wohnhöfen dem Pekinger Palast an. Dagegen spiegelt der originelle Osttrakt nach Art eines Feldlagers die militärische Organisation der Mandschus wider: In den südlichen acht der zehn gleichartigen Pavillons residier-

www.marcopolo.de/china

ten die Heerführer der „acht Banner" (Berufsarmeen der Mandschus), die nördlichen zwei dienten den beiden obersten Prinzen, und im achteckigen Pavillon in der Mitte liefen die Befehlsstränge beim Kaiser zusammen. Das Ensemble ergänzen zwei Musikpavillons im Süden und die kaiserliche Wagenremise im Norden. Im Westtrakt, der erst 1782 vollendet wurde, wohnten die späteren Qing-Kaiser, wenn sie zu Besuch kamen. Die Bibliothek und eine Theaterbühne zeigen, dass ihnen chinesische Kultur unterdessen ebenso viel bedeutete wie einst ihr Berufssoldatentum. In den Wohnräumen wurde die ursprüngliche Ausstattung rekonstruiert. *Tgl. 8.30–17, im Winter 9–16 Uhr | Eintritt 50 Yuan | östlich der Stadtmitte*

NORDGRAB (BEILING)

Das Mausoleum des Mandschu-Herrschers Abahai (1592–1643) ist heute Teil einer weitläufigen Parkanlage. *Tgl. 7.30–17.30 Uhr | Eintritt 46 Yuan | am Nordrand der Stadt*

AM ABEND

Unter der großen Mao-Figur auf dem zentralen *Sun-Yat-sen-Platz* (vor dem Liaoning Hotel) trifft man sich abends zu Tanz, Federball und Wasserkalligrafie und am Wochenende zur INSIDER TIPP *English Corner* – die Gelegenheit, viel über China zu erfahren. *Zhongshan Guangchang*

ÜBERNACHTEN

INSIDER TIPP LIAONING HOTEL

In dem 1927 eröffneten Haus befindet sich ein stilvoller Speisesaal mit originaler Einrichtung. 79 modernisierte Zimmer, zentrale Lage. *Zhongshan Lu 97 | Tel. 024 23 83 91 66* | €

TRADERS HOTEL

Einst ein Haus der Shangri-La-Kette, ist die 407-Zimmer-Herberge immer noch eine gute Wahl, auch dank der Nähe zu Hauptbahnhof und U-Bahn. *Zhonghua Lu 68 | Tel. 024 23 41 22 88* | €€

TAI'AN

(178 C2) (J4) **Wenn die Stadt (380 000 Ew.) als Reiseziel und Tagungsort bedeutsam ist, so nur aus einem Grund: wegen des Bergs Tai Shan, an dessen Fuß sie liegt.**

Pilger rasten hier schon seit 2500 Jahren! Kombinieren Sie den Besuch mit einer Fahrt ins nahe gelegene Qufu.

SEHENSWERTES

TAI SHAN ★ ●

Der 1545 m hohe Ostberg, bedeutendster der fünf heiligen Berge, galt einst als Herr über Leben und Tod. Seine Popularität rührt jedoch ebenso sehr von der Prinzessin der azurnen Wolken her, die im Volksmund „Mutter des Tai Shan" heißt, auf dem Berg zu Hause ist und besonders von Frauen in Fragen von Heirat und Geburt um Hilfe angefleht wird. Der Glaube an sie ist noch lebendig, wie man an den Babypuppen sieht, die am Berg als Votivgaben verkauft werden.

Der Aufstieg erfolgt über einen breiten Weg mit soliden Steinstufen. Wer mag, kann bis zur halben Höhe mit dem Bus fahren und von dort die Seilbahn nehmen, doch zum echten Tai-Shan-Erlebnis gehört nun mal eine Portion Schweiß. Die Hauptroute führt nördlich des Tempels *Dai Miao* zunächst durch eine Folge von Toren, vorbei an kleinen Tempeln. Erst auf halber Höhe, beim „Mittleren Himmelstor", eröffnet sich der Blick auf den Gipfel. Hier liegt die Talstation

TAI'AN

der Seilbahn. Das anstrengendste Wegstück ist die endlos scheinende „Treppe der 18 Windungen". Am „Südlichen Himmelstor" beginnt die ❄ Gipfelregion. Hier stehen zwei Straßenzeilen aus Restaurants und Gasthöfen. Der weitere Weg führt durch den Tempel der Tai-Shan-Mutter hindurch. Sie gelangen zu einigen kuriosen Felsformationen und links hinauf zum höchsten Punkt, der mit dem Tempel des Jadekaisers – der obersten daoistischen Gottheit – umbaut wurde. Der ganze Weg ist innerhalb von elf Stunden zu schaffen. Wollen Sie oben bleiben, um den Sonnenaufgang zu erleben, empfiehlt sich das auf Ausländer eingestellte *Shen Qi Hotel (€€)*. Eintritt 125 Yuan, im Winter 100 Yuan

TEMPEL DAI MIAO

Der imposante Tai-Shan-Tempel wurde über zwei Jahrtausende hinweg immer wieder erweitert und neu gestaltet. Hier brachten die Kaiser dem heiligen Berg aufwendige Opfer dar – einige waren die größten der chinesischen Geschichte. In der Haupthalle sind ein Standbild des Berggotts – sein Titel: Großer Tai-Shan-Kaiser – und ein 62 m langes Wandbild zu sehen, das auf die Bauzeit der Halle (1009) zurückgeht. Dargestellt ist eine Inspektionsreise des Gotts – mit Hunderten von Personen im Gefolge. *Tgl. 7.40–18.20, im Winter bis 17.20 Uhr (Einlass bis 90 Minuten vorher) | Eintritt 20 Yuan*

ÜBERNACHTEN

TAISHAN HOTEL

Komforthotel am Fuß des Berges mit 110 Zimmern. *Hongmen Lu 26 | Tel. 0538 8 22 46 78 | €*

ZIELE IN DER UMGEBUNG

INSIDER TIPP ▶ KLOSTER LINGYAN SI
(178 C2) (*M J4*)

Das Buddhakloster, eine Gründung aus dem 4. Jh., erfreut durch seine Lage mit Blick auf die Felswände eines Nebenbergs des Tai Shan. Zu ihm gehören eine 54 m hohe Pagode und ein Mönchsfriedhof mit 167 Grabpagoden (die älteste aus dem 8. Jh.). Sein größter Schatz aber sind 40 außergewöhnliche Mönchsfiguren (Song-Zeit), die in der Haupthalle wie lebendige Menschen auf einer umlaufen-

Mönchsfigur im Lingyan Si

NORDCHINA

den Bank sitzen. *Tgl. 8–18 Uhr | Eintritt 45 Yuan | 40 km nordwestlich von Tai'an*

TAIYUAN

(178 A1) (⏷ J4) Eisen- und Stahl- sowie chemische Industrie prägen das Gesicht der Provinzhauptstadt Shanxis.
Der Ort (rund 2,4 Mio. Ew.) liegt am Fen-Fluss inmitten einer fruchtbaren Ebene und wurde außerhalb der Altstadt sehr großzügig angelegt.

SEHENSWERTES

INSIDER TIPP ▸ TEMPEL JIN CI
Der Name „Jin-Gedenktempel" bezieht sich auf den Herzog des alten Lehns-staats Jin. Das eigentliche Thema der daoistischen Anlage hat jedoch mehr mit dem Flüsschen gleichen Namens zu tun, das hier entspringt. Quellendes Wasser bedeutet unerschöpfliche Erneuerung, es ist Leben spendend wie der Schoß der Frau: Die Schwiegermutter einer jungen Bauersfrau niedete dieser die Zauber-kraft, mit der sie ihren Wasserkübel nach Belieben füllen konnte, und missbrauch-te den Zauber. Die resultierende Über-schwemmung konnte die Tochter zwar unter Kontrolle bringen, indem sie sich auf den Kübel setzte, doch unter ihr her-aus strömt hier seither unaufhaltsam der ergiebige „Quell ewiger Jugend". Die Bauersfrau, die gerade beim Frisieren war, als das Unglück geschah, wird hinter dem Quellbecken im „Turm der Wasser-mutter" verehrt, wo man sie auf ihrem Kübel sitzen sieht. Im Obergeschoss ist die Wassermutter mit acht Dienerinnen dargestellt. Figuren und Wandbilder stammen aus der Ming-Zeit.
Der kunsthistorische Schatz des Tempels sind jedoch die songzeitlichen Frauenge-stalten in der Haupthalle. Hier sitzt die „Heilige Mutter" des Herzogs von Jin im Kreis von 43 Dienerinnen und Eunuchen. Die kolorierten Holzfiguren sind außerge-wöhnlich schön. Auch hier geht es um Weib und Wasser: Den Hintergrund der Heiligen Mutter bilden gemalte Wellen, und gleich vor der Halle liegt ein Teich, über den die kreuzförmige „fliegende Brücke" führt. Einige mächtige Baumve-teranen zeugen in anderer Weise von der Lebenskraft des Orts. Zum Eingang hin wachen vier songzeitliche „Eisenmänner" über den Bezirk; am anderen Bachufer steht eine mit kunstvollen, farbigen Holz-schnitzereien verzierte Theaterbühne. *Tgl. 8–18 Uhr, im Winter 8.30–17 Uhr | Eintritt 70 Yuan | 25 km südwestlich der Stadt*

ÜBERNACHTEN

TIANRUI BUSINESS HOTEL
Modernes Haus im Zentrum. Angeneh-me Größe, schöne Zimmer, preisgünstig. *146 Zi. | Shuiximen Jie 26 | Tel. 0351 8 28 71 68 | €€*

TIANJIN

(172 C6) (⏷ J4) Seit dem 13. Jh. Han-delsstadt am Großen Kanal, wurde Tian-jin 1860 für Ausländer und den Übersee-handel geöffnet.
Bald stieg es zur nach Shanghai wichtigs-ten Hafenstadt auf und ist heute mit 4,5 Mio. Einwohnern (ohne Umland) Chinas zweitgrößte Küstenmetropole. Die Bauten der Kolonialzeit prägen viele Straßen, denn England, Frankreich, Bel-gien, Deutschland, Japan, Italien, Öster-reich-Ungarn und Russland besaßen hier Niederlassungsrechte. Die meisten alten Bankpaläste stehen in der Straße Jiefang Beilu. „Kulturstraße", Konfuziustempel und Theatermuseum liegen in Spazier-wegentfernung voneinander.

TIANJIN

SEHENSWERTES

INSIDER TIPP CHINA HOUSE

Das verrückteste Haus Chinas – eine dreistöckige Villa, die völlig mit Porzellan bedeckt ist: mit Abermillionen von Scherben und 13 000 ganzen Gefäßen. Auch das porzellanhaltige Innere ist nicht zu versäumen! *Tgl. 9–18 Uhr | Eintritt 35 Yuan | Chifeng Dao 72*

darbietungen unterhalten. *Tempel Di–So 9–16 Uhr | östlich der ehemaligen Altstadt*

KONFUZIUSTEMPEL

Die großzügige Anlage stammt aus dem 15. Jh. Sie wird optisch geradezu erschlagen von riesigen Wohnblocks in ihrem Rücken. *Di–So 9–16 Uhr | am einstigen Osttor der Altstadt*

Handel und Wandel im alten Stil: Kunstgewerbeläden in der „Kulturstraße" von Tianjin

GU WENHUA JIE („KULTURSTRASSE") MIT TEMPEL TIANHOU GONG

Eine ganze Straße aus Gebäuden im alten Stil mit Kunstgewerbe- und Nippesläden. Das bauliche Zentrum ist der „Palast der Himmelskaiserin", ein Tempel, in dem einst die Schutzgöttin der Seefahrer verehrt wurde; er birgt eine volkskundliche Ausstellung. Gegenüber dem Eingang, auf der Tempelbühne über dem Tor zum Vorplatz, wurde die Göttin an ihrem Geburtstag mit Opern-

THEATERMUSEUM

Die wohlhabende Gilde der Kantoner Kaufleute gönnte sich 1907 ein standesgemäßes Theater. Der prachtvolle Saal wird noch benutzt. In den übrigen Räumen ist eine theatergeschichtliche Sammlung untergebracht. *Di–So 9–16 Uhr | Eintritt 15 Yuan | Nanmennei Dajie 31*

TIANJIN-MUSEUM

Die Form des spektakulären Neubaus soll einem fliegenden Schwan ähneln. Das

www.marcopolo.de/china

NORDCHINA

erste Obergeschoss präsentiert alte Kunst. Eine Treppe höher wird die Stadtgeschichte veranschaulicht. *Di–So 9–16.30 Uhr (Einlass bis 16 Uhr) | Eintritt frei | Youyi Lu | Ecke Pinjiang Dao*

ESSEN & TRINKEN

GOUBULI BAOZIPU

Stammhaus der Goubuli-Teigtaschen – eine Tianjiner Spezialität. Gehen Sie in die 3. Etage. *Shandong Lu 77 | €*

EINKAUFEN

Zwei Tianjiner Spezialitäten erhalten Sie in der Kulturstraße: Yangliuqing-Neujahrsbilder, die im Mehrfarb-Blockdruck hergestellt werden, sowie mild-karikaturistische Tonfigürchen von Menschen aus dem täglichen Leben. Attraktiv ist der Antiquitäten- und Flohmarkt **INSIDER TIPP** *Guwu Shichang* in der *Shenyang Dao (tgl. | neben Heping Lu 244 reingehen)*.

ÜBERNACHTEN

NIKKO

Die japanische Hotelkette bürgt für Qualität. Auch die Lage des 373-Zimmer-Hauses ist günstig. *Nanjing Lu 189 | Tel. 022 83 19 88 88 | www.nikkotianjin.com | €€*

WUTAI SHAN

(172 B6) (*J4*) ⭐ **Schon vor 1900 Jahren sollen sich Mönche in die Einsamkeit des „Fünf-Terrassen-Gebirges" zurückgezogen haben.**

Bald entstand dort eines der großen buddhistischen Zentren Chinas mit bis zu 300 Klöstern. Rund 1300 Mönche leben heute in den 58 verbliebenen Klöstern, von denen 20 beim Flecken Taihuai nahe beisammenliegen. Die meisten der Bauten stammen aus der Ming- und Qing-Zeit.

Die wichtigste Heiligengestalt des Wutai Shan ist Manjushri, der Bodhisattva der Weisheit, der hier einmal gewohnt haben soll. Er wird oft auf einem Löwen reitend dargestellt. Die fünf bis zu 3058 m hohen Gipfel des Gebirges entsprechen, so heißt es, seinen fünf Fingern. *Eintritt 168 Yuan zuzüglich Busfahrt 50 Yuan | die Klöster öffnen von Sonnenaufgang bis Sonnenuntergang (Eintritt bis 10 Yuan)*

EINWOHNERZAHLEN

Chinesische Städte sind riesig, Orte mit 100 000 Einwohnern gelten als Kleinstädte. Für Peking weisen die offiziellen Statistiken 14,3 Mio., für Shanghai 16,3 Mio., für Chongqing gar 31,1 Mio. Einwohner aus. Unvorstellbar? Dann schauen Sie mal auf die Flächenangaben! Peking ist mit 16 800 km² größer als Schleswig-Holstein, Shanghai mit 6349 km² über siebenmal so groß wie Berlin (bei fünfmal so großer Bevölkerung). Chongqing gilt zwar als regierungsunmittelbare Stadt, hat aber 12 000 km² mehr als Deutschlands größtes Bundesland Bayern. Ähnliches gilt für kleinere Städte. Überall gehört so viel Umland samt weiterer Ortschaften dazu, dass die Gesamteinwohnerzahlen über die Größe der eigentlichen Stadt nichts aussagen.

WUTAI SHAN

SEHENSWERTES

KLOSTER PUSA DING ☸

Den **INSIDER TIPP** Ausblick vom Kloster „Bodhisattva-Gipfel" über das Tal mit seinen vielen Tempeln sollten Sie nicht versäumen. Schon zwei bedeutende Herrscher der Qing-Zeit, der Kangxi- und der Qianlong-Kaiser, waren hier zu Gast. *Auf dem Hügel im Norden von Taihuai*

KLOSTER SHUXIANG SI

Das „Kloster des Manjushri-Bildnisses" birgt die größte Darstellung dieses Bodhisattvas am Ort. Sie ist aus teils vergoldetem Ton und fast 10 m hoch. *Im Süden von Taihuai*

KLOSTER TAYUAN SI

Die 75 m hohe weiße Flaschenpagode im „Pagodenhof-Kloster" ist das Wahrzeichen des Wutai Shan. Gebetsmühlen umgeben ihren Sockel. In dem großen Bibliotheksgebäude befindet sich ein drehbares Sutrenregal, das über zwei Etagen reicht. *In Taihuai*

KLOSTER XIANTONG SI

Das im 1. Jh. gegründete älteste Kloster des Wutai Shan wartet mit ungewöhnlichen Bauten auf. Die „Balkenlose Halle" (Ming-Zeit) besteht aus Backstein mit gemauerten Gewölben. Dahinter folgen zwei kleinere balkenlose Hallen, ferner eine kleine, ganz aus Bronze bestehende

BÜCHER & FILME

▶ **Mein Weg verliert sich fern in weißen Wolken** – Eine Anthologie chinesischer Dichtkunst, herausgegeben von Günter Debon.

▶ **Zhuangzi** – Unter Chinas alten Philosophen ist der daoistische Meister Zhuang der interessanteste (Reclam Band 18 256).

▶ **Die Räuber vom Liang Schan Moor** – Chinas berühmtester Räuberroman, verfasst im 13. Jh., wird noch heute gern gelesen.

▶ **Richter-Di-Romane** – Voller historisch getreuer Details und spannend geschrieben sind die Kriminalromane von Robert van Gulik, die zur Tang-Zeit spielen.

▶ **Lebenserinnerungen** – Beleuchten die leidvolle Geschichte des 20. Jhs.,

z. B. *Wilde Schwäne* (Jung Chang) und *Mein Leben unter zwei Himmeln* (Y. C. Kuan).

▶ **Shanghai Baby** – Aufsehen erregte Wei Hui mit ihrem freizügigen Bericht aus dem Liebesleben der neureichen Großstadtjugend.

▶ **Der letzte Kaiser** – Den wohl bekanntesten Kinofilm über China drehte Bernardo Bertolucci 1986/87 über das Schicksal von Puyi (1906–67).

▶ **Lebe wohl, meine Konkubine** – Grandioses Filmepos über die Liebe auf der Pekingopernbühne und in den Wirren des 20. Jhs. (1993, Regie: Chen Kaige).

▶ **Rote Laterne** – Das Meisterwerk des Regisseurs Zhang Yimou spielt unter den Frauen eines Grundherrn (1991).

www.marcopolo.de/china

NORDCHINA

Reicher Bildschmuck und fromme Gaben: Buddha-Verehrung im Kloster Pusa Ding

Halle von 1609 – ihre Innenwände sind mit 10 000 Buddhareliefs geschmückt – sowie eine neue und zwei ältere Bronzepagoden. *Nördlich des Tayuan Si*

TEMPEL WANFO GE

Die „Zehntausend-Buddha-Halle" enthält unzählige vergoldete Buddhafigürchen. In der zweiten Halle wird der Drachenkönig verehrt. Davor steht Zeremonialgerät, gegenüber die Tempelbühne. *Südlich des Tayuan Si*

ÜBERNACHTEN

LIANGCHENG HOTEL

Schönes 175-Zimmer-Hotel im historischen Hofhausstil. *0,5 km südlich von Taihuai | Tel. 0350 6 54 24 18 | €*

ZIELE IN DER UMGEBUNG

Die Straße nach Taiyuan erlaubt Abstecher zu zwei Baudenkmälern allerersten Ranges.

INSIDER TIPP KLOSTER FOGUANG SI

(172 B6) (*J4*)
Die Haupthalle von 857 mit ihren mächtigen Konsolen und den schwach geneigten Dachflächen ist ein hervorragendes Beispiel für den Baustil der Tang. Auch die lebendigen, farbig bemalten Altarfiguren stammen aus der Bauzeit. Sehenswert sind ferner die Figuren und Wandbilder in der Manjushri-Halle (12. Jh.). *Tgl. 8–18 Uhr, im Winter Mittagspause 12–14 Uhr | 5 km nördlich von Doucun (ca. 50 km ab Taihuai)*

INSIDER TIPP KLOSTER NANCHAN SI

(172 A6) (*J4*)
In einer dörflichen Lössgegend steht seit dem Jahr 782 Chinas ältester erhaltener Holzbau. In der schlichten kleinen Halle befindet sich eine Gruppe eindrucksvoller und ebenso alter, bemalter Lehmfiguren, die den Besucher von drei Seiten her zu betrachten scheinen. *Tgl. tagsüber geöffnet | 22 km südwestlich von Wutai (ca. 100 km ab Taihuai)*

62 | 63

SHAANXI UND SEIDENSTRASSE

Am Saum von Wüsten, bewässert von Gebirgsbächen, reihen sich Oasen wie Perlen auf der Schnur. Dort verläuft der historisch bedeutendste Handelsweg des Globus, die Seidenstraße. Auf ihr trugen Karawanen mit Seide und anderen Schätzen einst Chinas Ruhm hinaus in die Welt.

In Gegenrichtung reisten Steppenpferde, Jade – und der Buddhismus. Viele Völker hinterließen dort ihre Spuren. Die Uiguren (Osttürken) und der Islam prägen bis heute die Autonome Region Xinjiang, das „Neue Grenzland". Ausgangspunkt der Seidenstraße war Chang'an, heute als Xi'an Hauptstadt der Provinz Shaanxi. Selten tritt die alte Zeit dem Reisenden so farbig vor Augen wie in den Höhlentempeln.

DUNHUANG

(169 E3) *(F3)* Bei dieser großen Oase (100 000 Ew.) gabelte sich die Seidenstraße einst in eine nördliche und eine südliche Route. Hier lag jahrhundertelang Chinas westlichster Außenposten.

Hatten die Karawanen aus Innerasien glücklich den gefährlichen Weg entlang der Taklamakan-Wüste geschafft und Dunhuang erreicht, so dankten sie den höheren Mächten, und zogen sie wieder hinaus gen Westen, so war hier der Ort des Bittgebets. Den Spenden von Kaufleuten, aber auch von hier stationierten Soldaten sowie der Kunst frommer Maler und Bildhauer ist daher die größte

Karawane nach Chang'an: Unterirdische Zeitreisen zu frommen Mönchen und todesfürchtigen Despoten

Attraktion der Seidenstraße zu verdanken: die Mogao-Grotten.

SEHENSWERTES

MOGAO-GROTTEN ★

Mitten in der topfebenen Wüste, über der gern Fata Morganen spuken, senkt sich die Straße zu einem überraschenden Einschnitt hinab. Ein Mönch namens Lezun soll hier im Jahr 366 die erste Grotte in den Fels geschlagen haben. Binnen 400 Jahren stieg die Zahl der aufwendig ausgeschmückten Höhlentempel auf über 1000. Bis heute blieben 492 Grotten erhalten.

Schon im 11. Jh. hatten Mönche die rund 50 000 Schriften umfassende Klosterbibliothek eingemauert, wohl um sie vor Eroberern zu schützen. Erst im Jahr 1900 wurde sie zufällig von einem Daoisten entdeckt, doch blieb ihr Wert unerkannt, bis europäische und japanische Orientalisten davon erfuhren und sie dem Daoisten nach und nach für lächerliche Beträge abkauften. Das meiste be-

DUNHUANG

Statuen und Wandmalereien im Inneren der Mogao-Grotten von Dunhuang

findet sich heute in London und Paris. Darunter ist das älteste gedruckte Buch der Welt (9. Jh.).

Dank des trockenen Wüstenklimas überdauerten neben der Bibliothek auch die kostbaren Wandmalereien (zusammen 4,5 ha) und 2000 Statuen die Zeiten. Um dem Verfall dieses unersetzlichen Bilderreigens vorzubeugen, sind die Grotten heute mit Türen fest verschlossen. Besucher werden nur gruppenweise in bestimmte Grotten eingelassen. Drinnen ist keine Beleuchtung installiert *(Taschenlampenverleih am Eingang)*.

Trotz aller Beschränkungen ist die Besichtigung ein Erlebnis. Abgesehen vom Rot, das zu Dunkelbraun oxidierte, sind die Temperafarben (keine Fresken) noch leuchtend. Die vor der Sui-Zeit entstandenen Darstellungen zeigen zentralasiatische und indische Merkmale, zum Beispiel sind die Apsara-Feen halbnackt. An allen vier Seiten prachtvoll verziert sind die Grotten der Tang-Zeit, aus der auch Dunhuangs Prunkstück stammt: ein 34,5 m hoher Maitreya-Buddha (Grotte 96). Er gilt als größte eingehauste Buddhafigur der Welt. Besonders schön: der Buddha in Nr. 158.

Thematisch dominieren vor allem bei den älteren Grotten Darstellungen aus dem Leben Buddhas. Oft bildet eine s-förmig zu lesende Folge von Bildern mit erläuternden Texten eine Art religiösen Comicstrip. Besonders schön sind die Paradiesdarstellungen mit Tänzern und Musikanten. In den Höhlen der Tang-Zeit (z. B. Nr. 148 und 202) bildet zentralperspektivische Palastarchitektur den Rahmen von Paradiesszenen. Unten auf den Wänden sind oft Reihen solcher Gläubigen dargestellt; sie stehen für die Stifter der Grotten. Neben rein religiösen Motiven finden sich viele profane Szenen wie Jagd und Ackerbau, Straßenräuber und Schlachten. *Tgl. 9–17 Uhr | Eintritt 160 Yuan | Kameras sind vor der Sperre abzugeben | 25 km südöstlich der Stadt (Busverbindung)*

Das *Grottenmuseum* am Eingang macht einen Teil der Besuchsbeschränkungen wett: Es präsentiert gute Repliken einiger Grotten in Originalgröße. *Gleiche Öffnungszeiten | Eintritt inbegriffen*

www.marcopolo.de/china

SHAANXI UND SEIDENSTRASSE

MONDSICHELSEE UND SANDDÜNEN

Hier können Sie Sanddünen wie aus dem Bilderbuch hinabrutschen und sich im Kamelreiten üben. Am Fuß der größten Düne (250 m hoch) liegt der kleine Mondsichelsee. *5 km südwestlich der Stadt | Eintritt 120 Yuan*

ÜBERNACHTEN

INSIDER TIPP▶ SILK ROAD DUNHUANG HOTEL

Eine nachempfundene Lehmburg, innen stimmungsvoll, mit freundlichem Personal. 300 Zimmer südlich der Stadt nahe den Sanddünen. *Tel. 0937 8 88 20 88 | www.the-silk-road.com/hotel/index. html | €€*

ZIEL IN DER UMGEBUNG

YUMEN GUAN (169 E3) (*ﾑﾑ F3*)
Das Fort „Pass des Jadetors" mit seinen 10 m hohen Lehmmauern ist ein Rest jener Grenzfestungen, die in der Han-Zeit Chinas westliches Ende markierten. Zu sehen sind auch Reste der Mauer und eine große Lagerhausruine. *80 km nordwestlich der Stadt*

KASHGAR

(168 A3) (*ﾑﾑ C2–3*) **Das osttürkische Zentrum an der Seidenstraße. Hier treffen sich Nord- und Südroute auf dem weiteren Weg ins Ferghana-Tal, nach Afghanistan oder Pakistan.**
Die Stadt (chinesisch Kashi, 350 000 Ew.) ist vorwiegend modern.

SEHENSWERTES

ABAKH-HOJA-MAUSOLEUM

Chinas bedeutendstes islamisches Mausoleum entstand um 1640. In 58 Gräbern wurden hier fünf Generationen der Hoja-Sippe bestattet. Glasierte Kacheln bedecken den symmetrischen Hauptbau. Ein Zenotaph (eine Erinnerungsstätte in Form eines Grabmals) wurde für die „duftende Konkubine" errichtet, eine Hoja, die im 18. Jh. an den Hof des Qianlong-Kaisers kam. *Nordöstlicher Stadtrand | Eintritt 40 Yuan*

ALTSTADT, BASAR UND SONNTAGSMARKT

Noch besteht ein gutes Stück Altstadt mit Lehmhäusern, Handwerkern, Kramläden und viel Atmosphäre. Östlich davon befindet sich der große Basar, das Zentrum des berühmten Sonntagsmarkts. Der zugehörige exotische **INSIDER TIPP▶ Viehmarkt** findet jedoch nicht hier statt, sondern auf einer Freifläche am östlichen Stadtrand.

MARCO POLO HIGHLIGHTS

⭐ **Mogao-Grotten**
Buddhas Paradiese mitten in der Wüste → S. 65

⭐ **Beilin (Stelenwald)**
Die steinerne Bibliothek von Xi'an → S. 70

⭐ **Geschichtsmuseum**
In Xi'an: Chinas archäologisches Schatzhaus – Kunst und Technik aus sechs Jahrtausenden Zivilisationsgeschichte → S. 71

⭐ **Tang-Gräber**
Anmutige Palastszenen in der Lösslandschaft → S. 74

⭐ **Tonarmee des Ersten Kaisers**
8000 überlebensgroße Krieger bewachen die kaiserliche Ruhestätte → S. 74

TURFAN

ÜBERNACHTEN

QINIBAGH HOTEL
Gutes 333-Zimmer-Haus. Zum Gelände gehört das ehemalige britische Konsulat von 1908. Es sind auch Schlafsaalbetten vorhanden. *Seman Lu 144 | Tel. 0998 2 98 21 03 | €*

TURFAN

(169 D2) *(ഗ E3)* **Die Oasenstadt (240 000 Ew.) an der nördlichen Route der Seidenstraße liegt auf Meereshöhe am Rand der zweittiefsten Senke der Erde.**

Sie ist kulturell schon mehr zentralasiatisch als chinesisch geprägt. Seit alters bestanden hier und in der Umgebung Zentren des Handels und der Gelehrsamkeit.

SEHENSWERTES

KARES-MUSEUM
Die uralten, bis heute genutzten Kares-Systeme führen das Wasser aus den Grundwasserschichten höheren Terrains durch Stollen verdunstungs- und verschmutzungsfrei zu den Siedlungen und Anbaugebieten der Oase. Hier erfährt man mehr darüber und kann in einen Stollen hinabsteigen. *6 km westlich der Stadt | Eintritt 20 Yuan*

TRAUBENTAL (PUTAO GOU)
Turfan ist ein altes Zentrum der Rosinengewinnung – hier können Sie es erleben. Man spaziert unter Weinlaub und blickt in ein traditionelles Darrhaus. *8 km nordöstlich der Stadt | Eintritt 60 Yuan*

ÜBERNACHTEN

GRAND TURPAN HOTEL
150 Zimmer, zentrumsnah und mit einem sehr guten Preis-Leistungs-Verhältnis. *Gaochang Zhonglu 422 | Tel. 0995 8 55 36 68 | €*

ZIELE IN DER UMGEBUNG

RUINENSTÄDTE (169 D2) *(ഗ E2)*
Das kleinere **INSIDER TIPP** *Jiaohe* (historisch: Yarkhoto) liegt auf einem schmalen, 1,7 km langen Plateau. Jiaohe wurde im 13. Jh. zur Wüstung. Es ist gut durch Fußwege erschlossen. Ziel im Norden ist die Ruine eines Buddhaklosters.

In Jiaohe ist insgesamt mehr zu sehen als im größeren *Gaocheng,* das jahrhundertelang das politische Zentrum der Region war. Bemerkenswert im doppelt ummauerten Gaocheng sind einige monumentale Ruinen in der Mitte, zu erreichen per

KURZE NAMENSKUNDE

Noch hat es sich nicht überall herumgesprochen: Chinesen stellen den Familiennamen voran. Mao Zedong war nicht Herr Zedong, sondern Vorsitzender Mao. Familiennamen sind meist einsilbig, persönliche Namen ein- oder zweisilbig. Bei geografischen Namen werden gern Gattungsbegriffe verwendet. So heißt *shan* Bergregion, *ding* und *feng* heißen Gipfel, *he* und *jiang* Fluss. *Hu* heißt See, aber mancherorts verfährt man wie die Ostfriesen und nennt den See „Meer": *hai* auf Chinesisch.

SHAANXI UND SEIDENSTRASSE

Eselomnibus. Der Weg nach Gaocheng führt an den *Flammenbergen* vorbei, die bei tief stehender Sonne rot leuchten. *Jiaohe liegt 10 km westlich, Gaocheng 41 km östlich der Stadt | Eintritt 40 Yuan* erschaffen ließ. Das Wei-Tal, in dem Xi'an liegt, ist – neben der Region Luoyang – eines zweier Kerngebiete, aus denen sich China entwickelte. Stets aber blieb in der Stadt die Nähe zur Steppe und ihrem

Verlassen seit über 700 Jahren: Abendstimmung in der Ruinenstadt Jiaohe bei Turfan

XI'AN

KARTE AUF SEITE 187
(171 E6) *(m H5)* **Nicht wegen einer Stadt namens „Westlicher Frieden", mit rund 4 Mio. Einwohnern Zentrum der Provinz Shaanxi, kommen Gäste aus aller Welt hierher.**

Denn das heutige Xi'an hätte wenig zu bieten, wären da nicht die Attraktionen aus jener Zeit, als Xi'an noch Chang'an (Langer Friede) hieß, oder aus noch früheren Tagen, als jener „Erste Kaiser", wohl der größte Despot in Chinas Geschichte, seine unterirdische Tonarmee kriegerischen Leben spürbar. Von hier aus eroberten die Zhou-Herrscher das Shang-Reich, von hier aus unterwarf der Erste Kaiser die anderen chinesischen Königtümer, und auch für die zweite Reichseinigung durch die Sui ab 581 diente Chang'an als Basis.

Von den Sui-Kaisern Ende des 6. Jhs. in großem Maßstab neu angelegt, wurde die Stadt unter der Tang-Dynastie zur Metropole von Weltgeltung. Ihr Mauergeviert von 8,2 mal 9,7 km Größe durchzogen Boulevards von bis zu 153 m Breite. Innerhalb der Mauern lebten bald eine Million Menschen und vor den Toren, so schätzt man, eine zweite Million. In

68 | 69

XI'AN

Chang'an trafen sich zur Blütezeit der Tang Menschen aus ganz Asien: japanische Pilger, türkische Gesandte, persische Kaufleute und indische Mönche. Von hier zogen chinesische Pilger über die Seidenstraße aus, in Indien nach den Wurzeln des Buddhismus zu forschen. Mit dem Verfall des Tang-Reichs ab dem 8. Jh. schwanden Chang'ans große Tage dahin.

SEHENSWERTES

BANPO-MUSEUM (O) (𝓜 O)

Am östlichen Stadtrand wurden 1953 die Spuren eines Dorfs der neolithischen Yangshao-Kultur entdeckt, einer Vorstufe der chinesischen. Auf der 4000 m² großen, großteils überdachten Stätte sind die Grundrisse von Töpferwerkstätten und etwa 100 Wohnhäusern zu erkennen. Auch zahlreiches Stein- und Knochengerät blieb erhalten. *Tgl. 9–17 Uhr | Eintritt 35 Yuan, im Winter 25 Yuan | Banpo Lu*

BEILIN (STELENWALD)
(187 E2) (𝓜 O)

Seit alters werden in China wichtige Texte in Stein graviert, um sie vor Totalverlust durch Feuer und vor Verfälschung zu schützen. Von Chinas Stelensammlungen ist diese die bedeutendste. Einige der 3200 Platten (1700 ausgestellt) sind 2000 Jahre alt. Das größte Projekt wurde 837 realisiert: der konfuzianische Schriftenkanon auf 114 Platten. Die mit einem Kreuz geschmückte „Nestorianische Stele" von 781 bezeugt die Existenz einer christlichen Gemeinde im damaligen Chang'an. Schön sind die vielen Kalligrafiestile. Interessant ist zu beobachten, wie Steinabreibungen hergestellt werden; Sie können sie hier auch kaufen.

Kaiserliche Zeitansage in Xi'an: Im Trommelturm wurden die Stunden geschlagen

www.marcopolo.de/china

SHAANXI UND SEIDENSTRASSE

Eine Seitenhalle birgt monumentale Steintiere und Grabreliefs aus der Han- bis Tang-Zeit sowie buddhistische Skulpturen. *Tgl. 8–18 Uhr | Eintritt 45 Yuan | am Ende der Kulturstraße | östlich des Südtors (im einstigen Konfuziustempel)*

GESCHICHTSMUSEUM ★ ●
(187 E4) (📖 O)

Was Archäologen an unvergleichlichen Kulturschätzen aus 6000 Jahren im geschichtsträchtigen Boden der Provinz entdeckten, hier ist es zu bestaunen: 3000 Jahre alte Ritualgefäße aus Bronze, das älteste erhaltene Papier der Welt (entstanden um 100 v. Chr.), ein ebenso altes Eisenzahnrad, Reliefziegel vom Palast des Ersten Kaisers und das älteste bekannte Porzellan, besonders aber die großartigen Kunstwerke der Tang-Zeit wie Gold, Jade, farbig glasierte, lebendige Keramikfiguren und Wandbilder aus Adelsgräbern. Münzen aus Persien, Arabien und Japan dokumentieren die Handelsbeziehungen des Tang-Reichs. Wer alles angemessen betrachten will, braucht zwei halbe Tage. *Di–So 16. März– 14. Nov. 8.30–18, sonst 9–17.30 Uhr (Einlass bis 16.30 bzw. 16 Uhr) | Eintritt frei, jedoch begrenztes Besucherkontingent, daher früh kommen und längeres Schlangestehen einplanen! | Wandbilder nur Mo, Mi, Fr nachmittags (Eintritt 150 Yuan) | Xiaozhai Donglu 91 | westlich der Großen Wildganspagode*

GLOCKEN-/TROMMELTURM
(187 E2) (📖 O)

Glocke und Trommel verkündeten einst die Tages- und Nachtzeiten. Der Glockenturm steht seit 1582 im Zentrum der mingzeitlichen Stadt: Die Hauptstraßen führen von den Stadttoren auf ihn zu. Oben hängt noch die große Glocke. Mehrmals täglich werden dort kleine Konzerte klassisch-chinesischer Musik

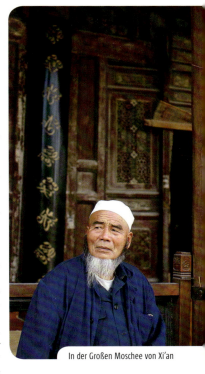

In der Großen Moschee von Xi'an

gegeben. Der Ältere Trommelturm steht am Westende des neu angelegten zentralen Platzes. *Im Sommer tgl. 8–22, Nov.–März bis 17.30 Uhr | Eintritt je 27 Yuan, Kombiticket 40 Yuan*

GROSSE MOSCHEE (187 D–E2) (📖 O)

Chinas schönste Moschee in chinesischem (Ming-)Stil ist das größte Gotteshaus der 60 000 Xi'aner Moslems und erfreut mit baumbestandenen Höfen und zarten Pflanzenreliefs. Das umliegende Moslemviertel ist der lebendigste Teil der Altstadt und lohnt einen Spaziergang. *Tgl. 8–19, im Winter 8.30–17 Uhr | Eintritt 25 Yuan | nordwestlich des Trommelturms*

XI'AN

GROSSE WILDGANSPAGODE
(187 F5) (*O*)
Als Chinas großer Indienpilger Xuanzang (602–664) im Jahr 649 aus Indien zurückgekommen war, ließ der Kaiser diese Pagode erbauen, um die mitgebrachten heiligen Schriften feuersicher zu verwahren. Auch wenn der wuchtige Turm mehrfach restauriert wurde, wahrt er noch den Stil der Tang-Zeit. Er gehört zum Tempel Ci'en Si (Gebäude 16. Jh.). *Tgl. 8–18 Uhr | Eintritt 25 Yuan, Aufstieg 20 Yuan | am Südende der Yanta Lu*

KLEINE WILDGANSPAGODE UND XI'AN-MUSEUM (187 D3) (*O*)
Auch die kleine Schwester der Großen Wildganspagode diente als Sutrenbibliothek. Der jetzt 43 m hohe Turm von 709 verlor im 16. Jh. bei zwei Erdbeben seine Spitze. Am Rand des Parks, der die Pagode umgibt, steht das Xi'an-Museum mit stadtgeschichtlicher Sammlung. *Tgl. 9–17 Uhr | Eintritt 50 Yuan für beide | Youyi Xilu*

STADTMAUER
(187 D–F 1–3) (*O*)
Das Mauergeviert mit 12 km Umfang vom Ende des 14. Jhs. ist mustergültig renoviert und mit schlichten Durchfahrten für den heutigen Straßenverkehr versehen. *Aufstieg u. a. am Nord-, West- und Südtor sowie am Stelenwald | im Sommer tgl. 8–21, sonst 8–19 Uhr | Eintritt 40 Yuan*

ESSEN & TRINKEN

INSIDER TIPP DEFACHANG
(187 E2) (*O*)
Ein altbewährter Spezialist für gefüllte Teigtaschen in allen Variationen. Sie sind in Form abwechslungsreicher Menüs erhältlich – auch für Einzelgäste. Dazu sollten Sie den milden *Mijiu* probieren, eine Reisweinspezialität der Gegend. *Xi Dajie 3 | am Glockenturm | Tel. 029 87 21 40 60 | €€*

EINKAUFEN

Beachten Sie die bunte INSIDER TIPP Volkskunst der Provinz, z. B. Kinderkleidung, bestickte Stofftaschen, Lampions

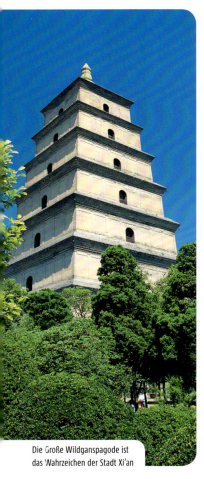

Die Große Wildganspagode ist das Wahrzeichen der Stadt Xi'an

www.marcopolo.de/china

SHAANXI UND SEIDENSTRASSE

und Scherenschnitte. Reiche Beute an Kunsthandwerk und scheinbar Antikem, aber auch echten Kuriositäten, Tuschbildern und Teegeschirr versprechen die Gassen, die zur Großen Moschee führen (187 E2) (*0*). Sie stehen voll mit Verkaufsständen. Ein gehobeneres Sortiment hält die *Kulturstraße* (187 E2–3) (*0*) östlich vom Südtor der Stadtmauer bereit.

AM ABEND

MUSIKFONTÄNE (187 F5) (*0*)
Auf dem Vorplatz der Großen Wildganspagode tanzen abends die Fontänen zu Musik – eine sehr aufwendige und sehenswerte Schau. *Mi–Mo 21 Uhr (auch mittags um 12 Uhr)*

SHAANXI OPERA HOUSE
(187 E3) (*0*)
Unter mehreren ähnlichen Angeboten ist dieses das beste: eine einstündige Show, die zu neuem Leben erweckt, was in Wandbildern aus der Tang-Zeit zu sehen ist an Kostümen, Frisuren, Tanzfiguren und Musikinstrumenten – streckenweise zwar etwas verkitscht, aber trotzdem sehenswert. *Tgl. 20 Uhr (Dauer 70 Minuten) | Eintritt 218 Yuan | Wenyi Lu 161 | Tel. 029 87 85 32 95*

ÜBERNACHTEN

CITADINES XI'AN CENTRAL
(187 E2) (*0*)
162 Studios bzw. Apartments in ruhiger und doch zentraler Lage beim Trommelturm, alle mit Küche. *Zhubashi 36 | Tel. 029 85 76 11 88 | www.citadines.com/de/index.html | €€*

SOFITEL (187 E2) (*0*)
Sehr schönes Fünf-Sterne-Luxushotel in Innenstadtlage zwischen Bahnhof und Glockenturm. 432 Zimmer, vier Restaurants, Hallenbad, Thalassotherapie. Oft werden hohe Rabatte eingeräumt. *Dong Xin Jie 319 | Tel. 029 87 92 88 88 | www.sofitel.com | €€€*

ZIELE IN DER UMGEBUNG

FAMEN SI (171 E6) (*H5*)
Shaanxis ältestes Buddhakloster (gegründet Ende der Han-Zeit) ist eine doppelte Attraktion, und das kam so: Nach dem Teileinsturz der Pagode 1987 wurde eine unterirdische Schatzkammer entdeckt. Darin fanden sich vier Fingerknochen Gautama Buddhas, von denen schon alte Berichte sprachen, sowie 400 Kleinode der Tang-Zeit: goldene Gefäße, Jade, Glas, Porzellan und andere Preziosen. Sie sind in einem dafür gebauten Museum zu sehen. Seither fließen die Spenden von Gläubigen aus ganz Ostasien derart üppig, dass neben das alte Kloster ein neues gesetzt werden konnte, und dies ist ein Monument buddhistischer Gigantomanie. Ein 1230 m langer Vorplatz, über den Elektrobusse verkehren, führt auf einen rautenförmi-

LOW BUDG€T

▶ Das *Xiangzimen Youth Hostel* in Xi'an hat Hofhausatmosphäre und liegt zentral beim Südtor. Ein Schlafsaalbett gibt's ab 40 Yuan. *Xiangzimiao Jie 16 | Tel. 029 62 86 79 99 | www.yhaxian.com* (187 E2) (*0*)

▶ Von Xi'an nach Huaqing Chi und zur Tonarmee des Ersten Kaisers: Die billigste Art hinzukommen ist mit der *Buslinie 306* ab Bahnhof. Auf derselben Route fahren auch Minibusse.

XI'AN

gen, 148 m hohen Riesenbau zu, der entsprechend riesige Bildnisse birgt. *Tgl. 8–17.30, Nov.–Feb. 8.30–17 Uhr | Eintritt 120 Yuan | 110 km westlich von Xi'an*

HUAQING CHI (171 E6) (*H5*)

Das Thermalbad mit gepflegtem Park ist seit alters ein beliebtes Ausflugsziel. Schon die Majestäten von den Zhou-Königen bis zu den Tang-Kaisern entspannten sich hier. In den 1980er-Jahren förderten Ausgrabungen große Steinbecken aus der Tang-Zeit sowie die Fundamente von Badehäusern zutage. Die Gebäude wurden in etwas vergrößertem Maßstab an derselben Stelle im Tang-Stil neu errichtet; in ihnen sind die Reste der Kaiserthermen zu besichtigen. Eine Ausstellung zeigt weitere Funde. Am Hang sprudelt das Quellwasser in ein Becken. Eine Gedenkstätte im Park erinnert an den berühmten Xi'an-Zwischenfall vom Dezember 1936. Damals wurde Generalissimus Chiang Kai-shek hier von einem seiner Generäle festgesetzt, der ihm die Zustimmung zu einem antijapanischen Bündnis mit den Kommunisten abpressen wollte. *Tgl. 9–17 Uhr | Eintritt 70 Yuan, im Winter 40 Yuan | 20 km östlich der Stadt*

HUA SHAN (171 F6) (*H5*)

Der Westberg ist der steilste der fünf heiligen Berge Chinas. Zwar ist keine Bergsteigerausrüstung nötig, sehr wohl aber Schwindelfreiheit und eine Portion Mut, um über die waghalsigen Pfade hinaufzukraxeln. Oben hocken kleine daoistische Klöster auf den Felsgraten, und Sie haben eine phantastische Aussicht ins Wei-Tal. Sie können den Blick aber auch ohne Anstrengung genießen, denn es gibt eine Seilbahn. Man kann oben auch übernachten: in den Klöstern und in einigen einfachen Hotels. *Eintritt 120 Yuan, Dez.–Feb. 60 Yuan | 120 km östlich der Stadt*

TANG-GRÄBER ★ (171 E6) (*H5*)

Xi'an ist umgeben von Kaisergräbern. Gewaltige Dimensionen besitzt das *Qianling*, die Ruhestätte des Tang-Kaisers Gaozong (628–684) und seiner Konkubine Wu (624–705), die ihm auf den Thron folgte. Ein natürlicher Berg ersetzt hier den üblichen Grabhügel. Steinfiguren, Schmucksäulen und Ehrentürme markieren die Hauptachse. Interessanter sind die Nebengräber von Kronprinz Yide, Prinz Zhanghuai und Prinzessin Yongtai. Die Ausmalung ihrer Grabkammern – dargestellt sind Jagd, Polospiel, Tributgesandte und vollschlanke Hofdamen – gibt einen schönen Eindruck vom höfischen Leben in jener Glanzzeit. Der Ausflug lohnt aber auch wegen der Lösslandschaft und der Dörfer, die man durchquert. *Eintritt 70 Yuan, Dez.–Feb. 40 Yuan (Hauptgrab und Nebengräber) | 80 km nordwestlich von Xi'an*

TONARMEE DES ERSTEN KAISERS ★
(171 E6) (*H5*)

Xi'an verdankt seine Attraktion Nr. 1 der panischen Todesfurcht jenes Despoten,

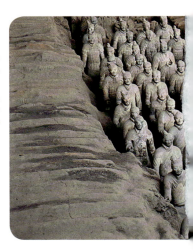

www.marcopolo.de/china

SHAANXI UND SEIDENSTRASSE

der 221 v. Chr. nach Niederringung aller Rivalen erster chinesischer Kaiser wurde: Qin Shi Huangdi. 700 000 Arbeiter wurden zum Bau der Grabanlagen verpflichtet. Die eigentliche Grabkammer, ein von Selbstschussanlagen gesichertes Abbild der Welt, wurde schon bald nach dem Ableben des Kaisers von Aufständischen geplündert. Die alten Quellen erwähnen jedoch nicht, worauf Bauern erst 1974 beim Brunnenbohren stießen: eine unterirdische Streitmacht aus 8000 überlebensgroßen Kriegern. (2000 wurden bislang restauriert.) Die Armee bewacht die Ruhestätte nach Osten hin und sollte auf magische Weise das Reich vor bösen Mächten des Jenseits schützen – und den Kaiser vor der Rache getöteter Rivalen.

Der Haupttrupp ist heute mit einer großen Halle überdacht (Grube 1). Man erkennt eine Vorhut, dahinter neun Marschsäulen mit Pferden – die hölzernen Wagen sind nicht erhalten – sowie ganz außen eine doppelte Reihe von Kriegern als Flankenschutz. Alle Figuren erhielten, obwohl in Serie gefertigt, individuelle Gesichter und waren bemalt; ihre Mützen lassen den Rang erkennen. (Offiziere tragen eine hoch stehende Querfalte.) Viele Figuren waren bewaffnet, die meisten der bronzenen Speere und Armbrüste wurden jedoch von den Rebellen geraubt. Diese zertrümmerten auch die Figuren, die bis auf die Beine hohl sind, und steckten zum Schluss die Holzdecke über dem unterirdischen Regiment in Brand.

Nächste Station ist Grube 2, in der Sie Archäologen bei der Arbeit sehen und einige Figuren aus der Nähe betrachten können. Durch den Westausgang kommen Sie zu Grube 3, einem Kommandostand. Einen Höhepunkt bietet die Museumshalle nördlich vor Grube 1: Hier sind Bronzefunde ausgestellt, die unmittelbar neben dem Grabhügel gemacht wurden, darunter als Prunkstücke zwei restaurierte Vierspänner mit Pferden. In einem Rundumkino südlich von Grube 1 informiert ein Film mit englischen Erklärungen über den Kaiser, sein Grab und dessen Zerstörung. *Tgl. 8.30–18 Uhr (Einlass bis 17.30 Uhr) | Eintritt 90 Yuan, Dez.–Feb. 65 Yuan | 30 km östlich der Stadt*

Tonarmee des Ersten Kaisers: Die unterirdischen Truppen dienten als magische Schutzmacht

74 | 75

SHANGHAI UND DER OSTEN

Die dicht besiedelte Region des Jangtsedeltas ist Kulturland im doppelten Sinn: Zum einen ermöglichte die fruchtbare Ebene eine intensive Landwirtschaft mit dem Anbau von Reis, Tee und der Gewinnung von Seide, zum zweiten gelangte hier Chinas Kultur zur höchsten Blüte.

Der Reichtum, der ebenso aus der Seidenkultur wie aus dem Salzhandel floss, ermöglichte mehr Menschen als anderswo ein hohes Bildungsniveau, und so kamen die meisten Literaten, Maler und kaiserlichen Beamten von hier – und setzten sich hier im Alter zur Ruhe. Heute sind Industrie und Handel der Region die Wachstumsmotoren Chinas – mit Shanghai, der Weltmetropole des 21. Jhs., als Zentrum.

HANGZHOU

(179 E6) (*K6*) **Die große Attraktion der Provinzhauptstadt (1,6 Mio. Ew.) ist der Westsee (Xi Hu), der im berühmtesten aller Hangzhou-Gedichte mit einer Schönheit des Altertums verglichen wird.**

Die Anmut des seit rund 1000 Jahren in eine Gartenlandschaft verwandelten Sees wird begleitet von künstlich angelegten Inseln und Dämmen, die mit Weiden und Aprikosenbäumchen bepflanzt sind. Pavillons und Teehäuser säumen das Ufer, im Hintergrund liegt eine sanfte Hügelkette. Hier wird „Drachenbrunnentee" *(longjingcha)* produziert – vielleicht der beste Grüntee Chinas.

Bild: Shanghai, Blick auf Pudong

Tradition und Business: Das wirtschaftliche Herz der Ostküste schlägt im Zentrum alter Gelehrsamkeit und Kunst

Unter dem Namen Lin'an war die Stadt zur Zeit der Reichsteilung von 1127 bis 1276 kaiserliche Residenz der Süd-Song. „Wann werden Gesang und Tanz am Westsee jemals enden?", seufzte damals ein patriotischer Dichter, der dem Kaiser wohl etwas mehr Engagement zur Rückeroberung Nordchinas gewünscht hätte. Hangzhou, das Marco Polo für die schönste Stadt der Welt hielt, ist traditionelles Zentrum von Literatur und Kunst und eines der beliebtesten Reiseziele Chinas.

SEHENSWERTES

APOTHEKE HU QINGYU TANG

Die wohlerhaltene pharmazeutische Manufaktur (gegründet 1874) liegt in einem neu aufgebauten Altstadtviertel, in dem sich schön bummeln lässt.

Das Anwesen mit mehreren begrünten Innenhöfen beherbergt heute ein **INSIDER TIPP** *Apothekenmuseum*. Das schönste Ausstellungsobjekt ist das reich mit vergoldeten Schnitzereien verzierte Gebäude selbst. Im prächtigen, traditio-

HANGZHOU

In der Apotheke Hu Qingyu Tang werden traditionelle Arzneimittel zubereitet

nell gestalteten Verkaufsraum kann man nicht nur chinesische Medizin erwerben, sondern auch bei der Herstellung zusehen. *Tgl. 8.30–17 Uhr | Hefang Jie, Dajing Xiang 95*

KLOSTER LINGYIN SI, HÜGEL FEILAI FENG

Das imposante Heiligtum wurde im Jahr 326 gegründet. Die heutigen Gebäude entstanden jedoch alle nach 1860, zum Teil erst in jüngster Zeit. Zu den Hauptattraktionen zählen die Himmelswächter in der ersten Halle, ebendort das prunkvolle Schreingehäuse mit dem Dickbauchbuddha und dem Tempelwächter, die gewaltige Haupthalle mit einer 20 m hohen Buddhastatue, die teils monumentalen Figuren in den bergauf folgenden Hallen, die Schatzkammer unter der vorletzten und besonders die riesige neue Halle der 500 Luohan westlich neben der ersten Halle. Der *Feilai Feng* (Herübergeflogener Gipfel) gegenüber birgt 380 exzellente buddhistische Felsskulpturen aus dem 10. bis 13. Jh. *(Eintritt 35 Yuan | Tempelkloster zusätzlich 30 Yuan).* Hinter der Anlage führt ein Weg über einen daoistischen Tempel bis zum INSIDER TIPP **Hohen Nordgipfel** *(Beigao Feng)* mit prachtvollem Seeblick und einem weiteren Tempelchen, das den Reichtumsgott beherbergt. Sie können auch mit der Seilbahn hinauffahren und von dort zum Lingyin Si hinabsteigen.

PAGODE LIUHE TA

Die wuchtige, 60 m hohe *Pagode der sechsfachen Harmonie* stammt im Kern von 1163, doch sind alle Holzteile und Dächer von 1900. Über dem Qiantang-Fluss erhöht gelegen, bietet sie ein prächtiges Panorama. *Eintritt 30 Yuan, Aufstieg 10 Yuan | 3 km südlich des Westsees*

PROVINZMUSEUM

Das Museum birgt eine große Vielfalt an schön präsentierten Exponaten: Funde

SHANGHAI UND DER OSTEN

von prähistorischen Kulturen, Keramik, Münzen, Kunsthandwerk, Skulpturen, Malerei und Kalligrafie. Mit englischer Beschriftung. *Mo 12–16.30, Di–So 8.30–16.30 Uhr (Einlass jeweils bis 16 Uhr) | Eintritt frei | auf der Insel Gu Shan | Gushan Lu 25*

SEIDENMUSEUM

Mode aus zwei Jahrtausenden: Seidenreste aus der östlichen Han-, Jacken aus der Song-Dynastie, feinster Satin und Roben aus der späten Kaiserzeit. Prunkstück ist eine goldglänzende Hofrobe des Qianlong-Kaisers (reg. 1736–95). Auch über Seidenraupen, Seidenweberei und Brauchtum erfährt man viel. Großer Verkaufsraum. *Tgl. 8.30–16.30 Uhr (Einlass bis 16 Uhr) | Eintritt frei | Yuhuang Shan Lu 73 | Südstadt*

WESTSEE (XI HU) ★

Der im Schnitt kaum 2 m tiefe See von rund 15 km Umfang ist das berühmteste aller Stadtgewässer Chinas. Er wird im Norden vom Weißen Damm *(Baidi)* durchschnitten, der erstmals in der Tang-Zeit angelegt wurde. Er führt von der Stadtpromenade am Nordostufer über die „Gebrochene Brücke" zur ☼ Insel *Gu Shan* mit ihren Attraktionen, darunter das Provinzmuseum und die Xiling-Siegelgesellschaft, die kostbare Kalligrafien und Gemälde ausstellt.

Vom Westzipfel der Insel gelangen Sie über eine Brücke wieder ans Seeufer. Von hier aus ist es nur ein Katzensprung zum *Yue-Fei-Tempel* und zum Nordende des 2,8 km langen *Su-Damms,* den der songzeitliche Dichterbeamte Su Dongpo (1037–1101) anlegen ließ. Er führt über sechs Brücken zum schönen *Huagang-Park.* Nun ist es nicht mehr weit bis zur ☼ *Lei-Feng-Pagode (Eintritt 40 Yuan).* 2002 über alten Fundamenten errichtet, erhebt sie sich unübersehbar am Südufer. Mit dem Lift schwebt man aufwärts zum besten Seepanorama.

Die größte und schönste der drei künstlichen Seeinseln ist die 1607 angelegte „Kleine Paradiesinsel" *Xiao Yingzhou (Überfahrt und Eintritt 45 Yuan).* Sie be-

---

★ **Westsee (Xi Hu)**
Der Stadtsee in Hangzhou ist für die Chinesen der Inbegriff landschaftlicher Harmonie → S. 79

★ **Sun-Yat-sen-Mausoleum**
Die riesige Anlage in Nanjing mit der beeindruckenden Treppe ist den alten Kaisergräbern nachempfunden → S. 83

★ **Altstadt Shanghai**
Die ehemalige „Chinesenstadt" in Shanghai, bunt und lebendig, hat noch viel typische Atmosphäre → S. 84

★ **Bund**
Wahrzeichen am Huangpu: Shanghais berühmte Flusspromenade mit Kolonialambiente und Blick auf die Skyline von Pudong → S. 85

★ **Shanghai Museum**
Schatzkammer des Altertums von Bronzen über Jadeschmuck bis Porzellan → S. 86

★ **Suzhou**
Feinsinnige Meisterwerke der chinesischen Gartenkunst in der von Kanälen durchzogenen Stadt → S. 88

MARCO POLO HIGHLIGHTS

HANGZHOU

steht aus vier von Dämmen umschlossenen Teichen. Südlich davon schauen drei Steinlaternen aus dem Wasser: „Drei Weiher spiegeln den Mond" heißt die Szenerie, sofern in einer stillen Mondnacht Lichter in den Laternen brennen.

ESSEN & TRINKEN

Speisen mit Westseeblick bietet das 1849 gegründete Traditionslokal ● *Louwailou (Insel Gu Shan | Südufer | Tel. 0571 87 96 90 23 | €€)*. Es ist berühmt für

Zartes Weidengrün schmückt im Frühjahr die Dämme des Westsees in Hangzhou

Zum klassischen Westsee-Erlebnis gehört eine Fahrt mit den von Hand geruderten INSIDER TIPP Gondeln. An Land kann man sich mit einem der offenen Elektrobusse das Ufer entlang fahren lassen – wenn man will, einmal ganz um den See.

YUE-FEI-TEMPEL UND -GRAB

Der patriotische Song-General Yue Fei (1103–42) kämpfte erfolgreich gegen die Dschurdschen, bis eine Intrige des Kanzlers und Erzschurken Qin Gui ihn das Leben kostete. Neben dem Grab Yue Feis und seines Sohnes steht seine Monumentalfigur in einem Gedenktempel. Die vor dem Grabhügel knienden Bronzefiguren Qins und dreier Komplizen werden traditionell angespuckt. *Tgl. 7.30–18 Uhr | Eintritt 25 Yuan | Nordende des Su-Damms*

die Spezialitäten der Hangzhou-Küche: Westseefisch in brauner Sauce, Bettlerhuhn, in Tee gekochte Krabben. Mit schickem, modernem Ambiente gefallen die Lokale des neuen Komplexes *Xihu Tiandi (Nanshan Lu 147 | €€€)* am Ostufer. Ein traditionsreiches Teehaus ist das zweigeschossige INSIDER TIPP *Wanghu Lou* („Haus Seeblick") kurz vorm Nordende des Bai-Damms, Ecke Baochu Lu.

EINKAUFEN

Die feinsten Qualitäten des grünen Longjing-Tees werden zum Qingming-Fest geerntet. Im Longjing-Dorf werden Sie leicht übervorteilt; gehen Sie lieber in die Läden der Innenstadt, z. B. *Yan'an Lu 223*.

www.marcopolo.de/china

SHANGHAI UND DER OSTEN

AM ABEND

IMPRESSION WEST LAKE

Spektakuläre Show auf einem Randgewässer des Westsees. Die Mitwirkenden bewegen sich auf der Wasseroberfläche. Dazu erklingt Musik von Kitaro. Zudem begeistern tolle Beleuchtungseffekte. *Gegenüber vom Yue-Fei-Tempel | tgl. 19.45 Uhr (Dauer 60 Minuten) | Eintritt ab 220 Yuan | Tel. 0571 87 96 22 22*

ÜBERNACHTEN

FOUR SEASONS

Neu (2010 eröffnet), klein und exquisit – nur 78 Zimmer – mit wunderschönem Garten. Das INSIDER TIPP Kanton-Restaurant hat Gourmetniveau. *Lingyin Lu 5 | Tel. 0571 88 29 88 88 | www.four seasons.com/hangzhou | €€€*

RENHE HOTEL

Sehr gutes Preis-Leistungs-Verhältnis, Innenstadtlage, doch nur 100 m vom Seeufer entfernt. Einige der 140 Zimmer haben auch Seeblick. *Youdian Lu 86 | Tel. 0571 87 18 36 66 | www.renhe-hotel.com | €, Seeblick €€*

ZIEL IN DER UMGEBUNG

SHAOXING (179 E6) (*ØØ K6*)

Aus der traditionsreichen, 40 km südöstlich von Hangzhou gelegenen Stadt (350 000 Ew.) stammt nicht nur ein berühmter Reiswein, hier wurden auch Berühmtheiten wie der erste chinesische Premierminister Zhou Enlai (1898–1976) und der Schriftsteller Lu Xun (1881–1936) geboren. An Letzteren erinnern ein Museum, das Geburtshaus und die rekonstruierte Weinkneipe *Xianheng Jiudian* (Schauplatz einer Erzählung des Dichters), in der man heute wieder ein Gläschen „gelben Wein" bekommen und speisen kann. Schön sind einige erhaltene, teils auch restaurierte Altstadtreste und eine INSIDER TIPP Gondelfahrt über die vielen Kanäle.

10 km südwestlich von Shaoxing liegt der *Orchideenpavillon* des berühmten Kalligrafen Wang Xizhi (303–361) mit einem sehenswerten Kalligrafiemuseum. Im Südosten ist dem legendären Flutenbezwinger Yu (er soll vor 4000 Jahren gelebt haben) ein großer *Tempel* gewidmet – für die Kaiser war er einst Ziel- und Wendepunkt auf ihren legendären Südreisen.

Unterkunft finden Sie im *Shaoxing Hotel (199 Zi. | Huanshan Lu 8 | Tel. 0575 85 15 58 88 | www.hotel-shaoxing.com | €€)*.

LOW BUDGET

▶ Beste Wahl in Hangzhou: das *West Lake Youth Hostel*. Es liegt nahe der Leifeng-Pagode sehr ruhig am Südende des Sees. Übernachtungen gibt es ab 40 Yuan pro Bett. *Nanshan Lu 62–63 | Tel. 0571 8 70 27 02 | www.westlakehostel.com*

▶ *Captain Hostel* in Shanghai: Sagenhaft gute Lage und doch nur 70 Yuan pro Nacht im Schlafsaal, auch günstige Doppelzimmer – was will man mehr? *Fuzhou Lu 37 | Tel. 021 63 23 50 53 | www.captain hostel.com.cn* (186 C5) (*ØØ O*)

▶ Suzhou: In teils historischen Bauten ist das schöne *Minghantang Youth Hostel* untergebracht. Betten gibt's ab 35 Yuan pro Nacht. *Guangji Lu Xiatang 61 | Tel. 0512 65 83 33 31 | www.mhthostel.com*

NANJING

(179 D5) *(∅ K5)* **Die Provinzmetropole am Jangtse (3,7 Mio. Ew.) diente im Lauf ihrer 2000-jährigen Geschichte zehnmal als Hauptstadt, so zu Beginn der Ming-Dynastie und während der Republikzeit bis zur japanischen Okkupation 1937.**
Von 1853 bis 1866 war Nanjing Machtzentrum des ganz Südchina beherrschenden Taiping-Reichs.

SEHENSWERTES

INSIDER TIPP ► **FUZI MIAO**

„Konfuziustempel" bedeutet der Name des Geschäfts- und Vergnügungsviertels rund um das alte Heiligtum *(tgl. 9–22 Uhr | Eintritt 35 Yuan | www.njfzm.com).* Es ist bei Einheimischen und Touristen gleichermaßen beliebt und wird abends reich illuminiert. Gegenüber vom Tempel kann man zu einer Bootstour auf dem Qinhuai-Fluss *(55 Yuan, abends 70 Yuan, Dauer ca. 45 Minuten)* ablegen – sehr lohnend!
150 m nordöstlich vom Tempel führt die Longmen Jie zur altchinesischen Prüfungshölle: rekonstruierten Zellen, in denen die konfuzianischen Beamtenexamina abzuleisten waren *(Jiangnan Gongyuan | tgl. 8.30–22 Uhr).* Ebenfalls in der Nähe liegt ein berühmter Literaturgarten: der *Zhan Yuan,* typisch mit Teich und künstlichen Felsgebirgen. In dem Anwesen befand sich Mitte des 19. Jhs. eine Zentrale der Taiping-Rebellen. Heute bergen die Räumlichkeiten das *Museum zur Geschichte des Taiping-Aufstands (tgl. 8–17 Uhr | Eintritt 15 Yuan | Zhanyuan Lu 128).*

GEDENKSTÄTTE FÜR DIE OPFER DES MASSAKERS VON NANJING

Dieser Ort erinnert an eines der grausamsten Kriegsverbrechen des Zweiten Weltkriegs. Japanische Truppen hatten im Dezember 1937 Nanjing erobert. Dem anschließenden Massaker fielen nach neuesten Forschungen 60 000 Menschen zum Opfer. In der Gedenkstätte wird auch des deutschen Kaufmanns John Rabe gedacht, der als „Oskar Schindler von Nanjing" viele Menschenleben rettete. *Tgl. 8.30–16.30 Uhr | Shuiximen Dajie 418 | in der Südweststadt*

MING-GRAB XIAOLING

Die gewaltige Grabanlage am Fuß des Zijin-Bergs im Osten der Stadt ließ sich der Gründer der Ming-Dynastie Zhu Yuanzhang (1328–98) erbauen. Das eigentliche Mausoleum hat außer seiner Größe wenig zu bieten. Hauptattraktion ist der darauf zu führende *Seelenweg* mit seinen 600 Jahre alten Tier- und Beamtenfiguren. *Tgl. 8–18 Uhr | Eintritt 70 Yuan*

NANJING MUSEUM

Wertvolle Jade, Porzellan und andere gut präsentierte Exponate zur Kulturgeschichte der Provinz Jiangsu. Das Prunkstück ist ein Jade-Grabkleid der Han-Zeit. Mit englischen Erläuterungen. *Tgl. 9–17 Uhr | Eintritt frei | Zhongshan Donglu 321 | www.njmuseum.com*

STADTMAUER

Sie war die größte der Welt, angelegt zum Schutz des Kaiserhofs. Ende des 14. Jhs. von 200 000 Arbeitern in 21 Jahren errichtet, hatte sie einst einen Umfang von 33,4 km und eine durchschnittliche Höhe von über 12 m. Immerhin 20 km sind noch erhalten, weitere Abschnitte werden restauriert. Der besterhaltene Teil ist das südliche dreistöckige *Zhonghua-Tor,* ein kastellartiger Bau von 118 mal 128 m Grundfläche. 3000 Soldaten konnten sich hier in 27 Katakomben verbergen. *Tgl. 6.30–21 Uhr | Eintritt 25 Yuan*

SHANGHAI UND DER OSTEN

SUN-YAT-SEN-MAUSOLEUM ★ ☼

Sicher nicht zufällig gleich neben dem Ming-Kaisergrab liegt das bombastische Mausoleum des ersten Präsidenten der Republik China (1866–1925), das über eine ausladende, 700 m lange Steintreppe zu erreichen ist. Oben können Sie den Sarkophag betrachten und einen weiten Blick über das Umland genießen. *Tgl. 8–18 Uhr | Eintritt 80 Yuan*

Fuzimiao | Tel. 025 52 20 25 55 | www.mandaringardenhotel.com | €€

ZIEL IN DER UMGEBUNG

YANGZHOU *(179 E5)* *(🕮 K5)*

In der ehemaligen Handelsmetropole und Künstlerstadt empfiehlt sich ein Spaziergang durch die Gärten des *Schmalen Westsees* (eigentlich ein aufgegebener

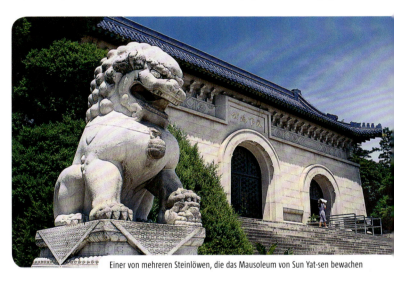

Einer von mehreren Steinlöwen, die das Mausoleum von Sun Yat-sen bewachen

ESSEN & TRINKEN

WANQING LOU

Menüs in Miniportionen – über zwei Dutzend Gänge je nach Preisklasse. *Rechts vom Konfuziustempel | Tel. 021 8 66 26 95 | €€*

ÜBERNACHTEN

MANDARIN GARDEN

Freundliches Haus, nur ein paar Gehminuten vom Geschäftsviertel am Konfuziustempel. *500 Zi. | Zhuangyuanjing 9 |*

Abschnitt des Kanals). Besonders anmutig: die **INSIDER TIPP** *Fünf-Pavillon-Brücke*, erbaut 1757 anlässlich einer kaiserlichen Visite. Die *Weiße Pagode* daneben ähnelt der im Pekinger Beihai-Park. Sie wurde der Sage nach ursprünglich aus Säcken voller Salz errichtet, von Kaufleuten zur freudigen Überraschung des Kaisers über Nacht aufgetürmt. In der Altstadt sollten Sie zwei Literatengärten besuchen: den *Garten des Herrn He (He Yuan)* mit seinen alten Wohngebäuden und Wandelgängen sowie den *Bambusgarten (Ge Yuan)*, dessen Pflanzen und künstliche Felsen

SHANGHAI

die vier Jahreszeiten symbolisieren. Am nördlichen Stadtgraben zwischen dem Ge Yuan und dem wunderbaren Bonsaigarten im Süden des Schmalen Westsees lassen sich im Restaurant *Yechun Huayuan (Tel. 0514 87 36 80 18 | €)* Spezialitäten der Yangzhou-Küche genießen. Die Dimsum kommen in ganzen Menüs, das erspart Ihnen die Qual der Wahl. Und wo wäre der in aller Welt bekannte Yangzhou-Bratreis zünftiger zu speisen als in Yangzhou selbst? Der Tipp zum Übernachten: das INSIDER TIPP ▶ *Yangzhou State Guesthouse (301 Zi. | Youyi Lu 48 | Tel. 0514 87 80 98 88 | €€)*, das direkt am Park des Schmalen Westsees liegt. *70 km nordöstlich von Nanjing*

SHANGHAI

❊❊❊ KARTE AUF SEITE 186
(179 F5) (ⅅ K5) **Eine Stadt, die in den Himmel wächst: Hochhausgebirge bis zum Horizont, zerschnitten von Schnellstraßen auf Betonstelzen.**
Die wenigsten Bauten in der 19-Mio.-Stadt am Huangpu sind älter als 20 Jahre. Nach dem ersten Opiumkrieg wurde die Stadt 1842 zwangsweise dem Außenhandel geöffnet. Westliche Kaufleute

kamen, ließen sich in Konzessionsgebieten nieder und hatten Anteil an einem märchenhaften wirtschaftlichen Aufschwung. Die frechsten Publizisten und radikalsten Revolutionäre waren hier heimisch, und Shanghais Weltoffenheit war ebenso sprichwörtlich wie seine angebliche Verruchtheit.
Heute ist die Stadt wieder ein vibrierendes Industrie-, Handels- und Finanzzentrum. Dem rasanten Aufstieg fallen ganze Altstadtviertel zum Opfer – denn die Stadt mit den gläsernen Hochhausfassaden und mondänen Boutiquen ist das Schaufenster der chinesischen Reformpolitik. Symbole dafür sind der Transrapid, der als schnellster Zug der Welt zum hochmodernen Flughafen gleitet, und eine Formel-1-Rennstrecke. Wer die Promenade am Bund entlangspaziert, blickt auf mächtige Wolkenkratzer am anderen Ufer: Dort ist das Handels- und Bankenviertel Pudong aus dem Boden geschossen, seit 2008 überragt vom World Financial Center (492 m), Chinas höchstem Hochhaus.
Ausführliche Informationen finden Sie im MARCO POLO Reiseführer „Shanghai".

▮ SEHENSWERTES

ALTSTADT ★ *(186 B–C5) (ⅅ 0)*
Ein Straßenoval markiert den Verlauf der Stadtmauer, die Shanghai vor 1843 befestigte. Die Ausländer siedelten nördlich davon. Bis in die 1990er-Jahre noch sehr traditionell, wurde die Altstadt inzwischen großenteils „saniert", aber im Norden rund um den *Stadtgotttempel* ist noch Altshanghaier Ambiente zu spüren. Vor dem nahen Garten Yu Yuan führt eine Zickzackbrücke zum INSIDER TIPP ▶ *Huxinting*, dem „Teehaus im See". Setzen Sie sich ins Obergeschoss. Kenner kommen früh am Morgen! Die zum Tee servierten Kleinigkeiten sind gratis.

🏙 WOHIN ZUERST?
Bund *(186 C4–5) (ⅅ 0)*:
Den Anfang macht immer die berühmte Promenade mit dem doppelten Flusspanorama – hier kolonialzeitlich, dort futuristisch. Dann geht's entweder durch den Bund Sightseeing Tunnel auf die andere Huangpu-Seite oder hinein in die Einkaufsstraße Nanjing Lu (mit U-Bahn-Station East Nanjing Road, Linien 2 und 10).

---

www.marcopolo.de/china

SHANGHAI UND DER OSTEN

BUND ⭐ (186 C4–5) (📖 0)

Das imponierende Ensemble prächtiger Repräsentanzen internationaler Banken und Handelshäuser, die Anfang des 20. Jhs. an der Uferpromenade, dem Bund, errichtet wurden, ist Shanghais Wahrzeichen. Ins Auge fallen der gigantische, neoklassizistische Kuppelbau der ehemaligen *Hong Kong and Shanghai Bank* und das markante, von einer Pyra-

GARTEN YU YUAN (186 C5) (📖 0)

Der ab 1559 angelegte, 2 ha große „Garten des Erfreuens" zeigt mit Pavillons, Felsen und Teichen nach wiederholter Verwilderung, Umnutzung und Neugestaltung alle Kunstgriffe klassischer chinesischer Gartengestaltung. Im 19. Jh. prägten Kaufmannsgilden ihm ihren Stempel auf; die Drei-Ähren-Halle hinterm Eingang war ihr Versammlungssaal.

Fast wie früher: moderne Bauten mit traditionellen Fassaden in der Shanghaier Altstadt

mide gekrönte *Peace Hotel*. Am anderen Ufer nehmen der Fernsehturm *Oriental Pearl* und zwei Hochhäuser den Blick gefangen: der von Pagodenarchitektur inspirierte *Jinmao Tower* von 1998 und der „Flaschenöffner", das *World Financial Center*.

Bewundern Sie die Skyline auf einer ❄ *Hafenrundfahrt (Ausflugsschiffe nördlich der Yan'an Donglu | mehrmals tgl. | Dauer 1–3 Std.)*. Oder morgens beim ● Frühsport mit Schattenboxen (Taijiquan), Schwertkampf oder Qigong-Übungen – das Aufstehen lohnt sich!

Jenseits eines Seerosen- und Goldfischteichs ragt ein gelbes Felsgebirge auf, als einziges Original aus dem 16. Jh. Berühmt sind der doppelte Wandelgang und die Gartensteine. *Tgl. 8.30–17 Uhr | Eintritt 40 Yuan*

JADEBUDDHAKLOSTER
(186 A4) (📖 0)

Das Jadebuddhakloster Yufo Si ist Shanghais lebendigstes Buddhaheiligtum. In heutiger Form mit reichem Figurenschmuck steht es erst seit 1928. Gegründet wurde es 1882 als Behausung zweier

84 | 85

SHANGHAI

exquisiter birmanischer Jadebuddhas, die herzerwärmend lächeln, der sitzende hinten im Obergeschoss, der liegende in einer Seitenhalle. Ein weiterer liegender kam 1989 dazu. *Tgl. 8.30–17 Uhr | Eintritt 20 Yuan*

In Sachen Ausblick nicht zu toppen: Oriental Pearl Tower

ORIENTAL PEARL TOWER
(186 C4) (*O*)

468 m ragt der Shanghaier Fernsehturm auf der Halbinsel Pudong empor. Ein INSIDERTIPP gläserner Gang um die mittlere Perle lässt Schwindelfreie tief blicken! Im Sockel wird die Stadtgeschichte anschaulich dargestellt. *Tgl. 8.30–21.30 Uhr | Eintritt 150 Yuan (bis zur Spitze) | Taxi via Huangpu-Tunnel oder Hochbrücke | U-Bahn Lujiazui*

SHANGHAI ART MUSEUM
(186 B5) (*O*)

Zeitgenössische chinesische Kunst, ausgestellt im Gebäude des alten Shanghaier Pferderennclubs. *Tgl. 9–17 Uhr (Einlass bis 16 Uhr) | Eintritt 20 Yuan | Nanjing Xilu 325 | www.sh-artmuseum.org.cn*

SHANGHAI MUSEUM
(186 B5) (*O*)

Die Architektur ist antike chinesische Kosmologie – in Beton gegossen: der Grundriss quadratisch wie die Erde, das Dach rund wie die Himmelssphären. Die Sammlungen umfassen 120 000 Stücke und sind in Umfang und Qualität außerordentlich: INSIDERTIPP würdige Bronzen, feines Porzellan, Jadeschmuck, Meisterwerke der Kalligrafie, Malerei und Siegelkunst, Kunsthandwerk verschiedener Volksgruppen, Möbel und Münzen – kein Problem, hier einen ganzen Tag zu verbringen. *Tgl. 9–17 Uhr | Eintritt frei, jedoch begrenztes Besucherkontingent, daher früh kommen und längeres Schlangestehen einplanen! | Audioführung 40 Yuan (Pfand: Pass oder 400 Yuan) | Renmin Dadao 201 | www.shanghaimuseum.net*

STADTPLANUNGSMUSEUM
(186 B5) (*O*)

Rückblick, Gegenwart, Ausblick: Glanzlicht ist das Stadtmodell im 4. Stock. Hier wird der Generalplan bis 2020 vorgestellt. Das frei zugängliche Kellergeschoss ist als Altshanghaier Gässchen gestaltet. *Mo–Do 9–17, Fr–So 9–18 Uhr (Einlass bis 16 bzw. 17 Uhr) | Eintritt 30 Yuan | www.supec.org*

VOLKSPLATZ (186 B5) (*O*)

Das neue, repräsentative Zentrum der Metropole beeindruckt mit moderner

www.marcopolo.de/china

SHANGHAI UND DER OSTEN

Architektur: Rund ist das Shanghai Museum, streng das Rathaus und phantasievoll das Stadtplanungsmuseum. Grandios aber ist das *Grand Theatre* (1998), das einen gläsernen Würfel mit einem himmelwärts gebogenen Dach vereint und abends in vollem Glanz erstrahlt.

ESSEN & TRINKEN

INSIDER TIPP ▶ JUJUBE TREE – VEGETARIAN LIFESTYLE ☺
(186 B5) (*ꙮ 0*)
Im „Dattelbaum" wird exzellente vegetarische Küche serviert. Das Ambiente ist spartanisch-modern, das Publikum jung und gesundheitsbewusst. *Songshan Lu 77 (im Hof) | Tel. 021 63 84 80 00 | €€*

NANXIANG STEAMED BUNS RESTAURANT (186 C5) (*ꙮ 0*)
Ein Klassiker. Nahe dem Yu Yuan (Westseite) werden hier seit Generationen Teigtaschen im Dämpfkorb serviert. Mittags stehen die Kunden Schlange, sowohl am Straßenverkaufstresen als auch für die Speisesäle im Obergeschoss, daher unbedingt vorher reservieren! *Yuyuan Lu 85 | Tel. 021 63 55 42 06 | €*

PEOPLE 6 (186 A6) (*ꙮ 0*)
Hier gibt's ultramodernes Design zum Staunen und chinesische Gerichte zum Schlemmen. *Yueyang Lu 150 | Tel. 021 64 66 05 05 | €€€*

EINKAUFEN

Pulsader und Einkaufsmeile der Stadt ist die *Nanjing Lu* (186 B4–5) (*ꙮ 0*), Boulevard der Edelkaufhäuser die *Huaihai Lu* (186 A–B5) (*ꙮ 0*). In Pudong steht das größte Shoppingzentrum Chinas, die ● *Super Brand Mall (Lujiazui Xilu 168)* (186 C5) (*ꙮ 0*) – sogar eine Eisbahn gehört dazu.

Die *Fuzhou Lu* (186 B5) (*ꙮ 0*) ist die Straße der Kultur, dort gibt es Bücher, Malutensilien und Kalligrafiebedarf. Der *Altstadtbasar* am Garten Yu Yuan (186 C5) (*ꙮ 0*) ist die beste Adresse für Kunsthandwerk und Souvenirs. Teegeschirr, Fächer und Seidenartikel gibt es zu günstigen Preisen, aber auch Schmuck und Jade für gehobene Ansprüche.
In der beschaulichen *Fangbang Lu* (186 B–C5) (*ꙮ 0*) werden im Bereich der Hausnummern 350 bis 460 chinesische Musikinstrumente, Stickereien, Blaudrucke, Holzschnitzereien und Tibetwaren verkauft; in Nr. 457 füllt Trödelkram ein ganzes Kaufhaus.
Modernes asiatisches Design finden Sie im Trendviertel *Xintiandi* (186 B5) (*ꙮ 0*), schöne Boutiquen, kleine Galerien sowie Cafés und Kneipen an der *Taikang Lu (Lanes 210 und 216)* (186 A6) (*ꙮ 0*).

AM ABEND

Schön zur Einstimmung ist ein ☀ Spaziergang am Bund mit Blick auf die bunt illuminierte Skyline. Die Hautevolee der Metropole trifft sich im Haus Nr. 18 (7. Stock) in der mondänen *Bar Rouge* (186 C4) (*ꙮ 0*).
Drinks mit Huangpu-Blick werden in der *Captain's Bar (Fuzhou Lu 37, 6/F)* (186 C5) (*ꙮ 0*) serviert. Das nahe gelegene *House of Blues and Jazz (Fuzhou Lu 60)* bietet Musik mit Atmosphäre. In Pudong sind die Abende am schönsten in der Bar *Jade on 36 (Shangri-La Hotel, Turm 2 | Fucheng Lu 33, 36/F)* (186 C5) (*ꙮ 0*).
Spitzenakrobatik ist im *Centre Theatre (tgl. 19.30 Uhr | Eintritt ab 100 Yuan | Nanjing Xilu 1376 | Tel. 021 62 79 86 00 | www.shanghaicentre.com/theatre)* (186 A5) (*ꙮ 0*) zu sehen. Gehobene Kultur gibt es im *Grand Theatre (Volksplatz)* (186 B5) (*ꙮ 0*).

SUZHOU

ÜBERNACHTEN

INSIDER TIPP ANTING VILLA HOTEL
(186 A6) (ወ 0)

Das sympathische Hotel bietet Zimmer teils mit Blick in einen alten Garten. 40 der 146 Zimmer befinden sich nicht in dem etwas spartanischen Neubau, sondern in einer stilvollen Kolonialvilla mit Neoempire-Möbeln. *Anting Lu 46 | Tel. 021 64 33 11 88 | www.antingvillahotel. com | €€*

GRAND HYATT SHANGHAI
(186 C5) (ወ 0)

Eines der höchsten Hotels der Welt im 53. bis 87. Stock des Jinmao Tower – und auch sonst ein Haus der Superlative. Spitzenklasse: das Restaurant *Club Jin Mao* und die Bar ☆ *Cloud 9* im obersten Stockwerk. *555 Zi. | Century Avenue 88 | Tel. 021 50 49 12 34 | www.shanghai.grand. nyatt.com | €€€*

INSIDER TIPP KOALA GARDEN HOUSE
(186 B3) (ወ 0)

Blümchentapeten und -gardinen verleihen dem altmodisch-gemütlichen Hotel einen eigenen Charme. Es gibt nur 25 Zimmer, teils mit Schlafsaalbetten. Frühstück wird im Eucalyptus Café mit Blick auf die autofreie Duolun Lu serviert. Freundliches Personal. *Duolun Lu 240 | Tel. 021 56 71 10 38 | €*

SUZHOU

(179 E5) (ወ K5) ⭐ **Suzhou, durch Seide reich geworden, war bis ins 19. Jh. hinein Chinas zweitgrößte Metropole und die heimliche Hauptstadt – Leitbild in Sachen guter Lebensart.**

Bis heute zeugen davon die raffinierten Literaturgärten, in denen Ruheständler der Weltentsagung in Luxusform frönten.

Suzhou (750 000 Ew.) ist aber auch die Stadt der Kanäle – mit 400 oft alten Steinbrücken.

SEHENSWERTES

GARTEN LIU YUAN ●

Suzhous zweitgrößter Garten ist der vielfältigste. Zum weiten Hauptgarten mit Teich und Gebirge tritt in den Wohnbereichen eine Vielzahl kleiner Gartenhöfe. Hinter dem berühmten „Wolkenkröner-Fels" im Nordosten lädt ein Teehaus zur Rast. Nebenan befindet sich eine Bonsaizucht. *Tgl. 7.30–17.30, im Winter 8–17 Uhr | Eintritt 40 Yuan, im Winter 30 Yuan*

GARTEN SHIZILIN

Der „Löwenhain" entstand im 14. Jh. als Teil des Löwenhainklosters, stammt in heutiger Form aber aus den 1920er-Jahren. So viele skurrile Felsen und ein Gebirge mit Grotten und Tunneln wie hier gibt's kein zweites Mal. *Tgl. 7.30–17 Uhr | Eintritt 30 Yuan, im Winter 20 Yuan*

GARTEN WANGSHI YUAN

Der *Garten des Meisters der Netze,* mit 0,55 ha Fläche der kleinste der berühmten Gärten, wurde 1770 im Auftrag des Präfekten Song Zongyuan erbaut. Abends gibt es ein INSIDER TIPP klassisches Musik- und Theaterprogramm. *Tgl. 7.30–17 Uhr | Eintritt 30 Yuan | Aufführungen März–Nov. tgl. 19.30–22 Uhr (Eintritt 80 Yuan)*

GARTEN ZHUOZHENG YUAN

Der *Garten der Politik meiner Wenigkeit* (gemeint war: Ackerbau und Gartenpflege) wurde 1506–21 durch den pensionierten Zensor Wang Xianchen angelegt. Etwa 60 Prozent der 4 ha Fläche werden von Teichen bedeckt. Der mittlere Abschnitt ist ein hervorragendes Beispiel mingzeitlicher Gartenkunst mit einer

www.marcopolo.de/china

SHANGHAI UND DER OSTEN

schier unerschöpflichen Vielfalt von Pfaden, Pavillons und Felsformationen auf engem Raum. Der durch Blendmauern abgetrennte Ostteil ist schlichter; dort befindet sich ein Teehaus. Ganz im Westen liegt eine Bonsaizucht. *Tgl. 7.30–17 Uhr | Eintritt 70 Yuan, im Winter 50 Yuan*

PAGODE BEISI TA
Die mächtige *Pagode am Nordtempel* aus der Ming-Zeit (1567) ist mit 76 m Höhe Suzhous bester Aussichtspunkt. *Tgl. 7.45–17 Uhr | Eintritt 25 Yuan*

SUZHOU MUSEUM
Stararchitekt Ieoh Ming Pei, Suzhous berühmter Sohn, entwarf den Neubau. Ausgestellt ist Kunst aus Suzhou, angeschlossen eine alte Residenz mit einem historischen Theatersaal. *Di–So 9–17 Uhr (Einlass bis 16 Uhr) | Eintritt frei | Dongbei Jie 204 | am Garten Zhuozheng Yuan*

TEMPEL XUANMIAO GUAN
Der imposante Daoistentempel liegt im Zentrum der Stadt an der Fußgängerzone. In der Vorhalle wachen sechs Generäle, in der Haupthalle thronen Monumentalfiguren der drei Hochgötter des Daoismus. *Tgl. 7.30–16.45 Uhr (Einlass bis 16.15 Uhr) | Eintritt 10 Yuan | in der Mitte der Guanqian Jie*

THEATERMUSEUM
Ein Kaufmannsgildenhaus bietet den stilvollen Rahmen der Sammlung – samt altem Theatersaal, in dem noch Kun-Oper gegeben wird. *Tgl. 8.30–16 Uhr | Eintritt frei | Zhong Zhangjia Xiang 14 | östliche Altstadt*

ESSEN & TRINKEN

INSIDER TIPP SONGHELOU
Traditionslokal, unten mit einer Schnellimbissabteilung, oben mit Bedienung. Schlicht, billig und gut. *Taijian Nong 72 | südlich der Fußgängerzone | Tel. 0512 67 70 06 88 | €–€€*

ÜBERNACHTEN

GARDEN VIEW HOTEL
Sehr schönes Haus im Zentrum der Altstadt, neu, aber im Stil angepasst und mit einem Garten, der dem Namen Ehre

Der Liu Yuan, einer der berühmten klassischen Gärten in Suzhou

macht. Die billigeren der 189 Räume sind jedoch recht eng; besser, man legt ein wenig mehr Geld an. *Lindun Lu Luogua Qiao 66 | Tel. 0512 67 77 88 88 | www.szrj-h.com | €*

88 | 89

DER MITTLERE SÜDEN

Das fruchtbare und seenreiche Schwemmland des Jangtse ist die charakteristische Landschaft der Provinzen Hubei, Hunan, Anhui und Jiangxi.

In diesem Abschnitt passiert der Jangtse nicht nur die beiden größten chinesischen Süßwasserseen Poyang Hu und Dongting Hu, sondern auch zahlreiche mittelhohe Gebirgszüge von großer landschaftlicher Schönheit. Trotz ihrer zentralen Lage ist die Region ein Ziel für Entdecker, denn zu den vielen Attraktionen verirren sich Ausländer nur höchst selten.

CHANGSHA

(184 A2) (*J6*) Am Ufer des Flusses Xiang Jiang liegt die Hauptstadt der Provinz Hunan (2,5 Mio. Ew.), die bereits vor mehr als 2000 Jahren politisches und kulturelles Zentrum der Region war.

Beleg sind eine Vielzahl von Grabfunden, deren spektakulärster, das Han-Grab von Mawangdui, zu den großen archäologischen Kostbarkeiten in China zählt. Auch in der neueren Geschichte spielte Changsha eine bedeutende Rolle: Ein junger Bauernsohn namens Mao Zedong studierte und lehrte hier von 1911 bis 1923.

SEHENSWERTES

PAVILLON TIANXIN GE
An der Südostecke der ehemaligen Altstadt blieb ein Stück der Stadtmauer erhalten. Darauf steht ein mehrgeschos-

Bild: Jangtse in der Provinz Hubei

Wo der „Lange Fluss" seit Jahrtausenden strömt, gibt es abseits der Touristenpfade manche Entdeckung zu machen

siger, nachts beleuchteter Bau: der „Himmelherzpavillon" (18. Jh.).

PROVINZMUSEUM HUNAN ★
Die Gräber von Mawangdui, angelegt zwischen 186 und 160 v. Chr. in der Nähe von Changsha, enthielten über 3000 ausgezeichnet erhaltene Gegenstände, darunter die ältesten Saiteninstrumente Chinas, Seide, Lackwaren, Spielzeug und Waffen. Prunkstücke der kulturhistorisch wertvollen und sehenswerten Sammlung sind ein mit mythologischen Figuren bemaltes Sargtuch und der vollständig erhaltene Körper von Xin Zhui, der Ehefrau des Markgrafen von Dai. *Tgl. 9–17 Uhr (Einlass bis 16 Uhr) | Eintritt frei*

YUELU SHAN
Die bewaldete Anhöhe am Westufer des Xiang Jiang ist beliebter Ausflugsort der Stadtbewohner. Auf dem 8 km² großen Areal befinden sich unter anderem das bereits im Jahr 268 gegründete Kloster *Lushan Si*, das einige kostbare Steinstelen besitzt, und der *Pavillon der Liebe*

CHANGSHA

zum Abend *(Aiwanting)* aus dem Jahr 1792, ein Lieblingsplatz des jungen Mao Zedong.
Am Fuß des Berges liegt die *Yuelu-Akademie,* eine der vier großen Akademien des alten China; sie wurde im Jahr 976 ge-

FURAMA HOTEL
Unweit des Bahnhofs zentral gelegenes Haus mit 238 Zimmern, das sich durch ein gutes Preis-Leistungs-Verhältnis empfiehlt. *Bai-yi Lu 88 | Tel. 0731 82 29 88 88 | www.hnfurama.com | €*

Felsen, Kiefern und das Blau des Himmels: Panoramablick am Huang Shan

gründet. Fast 1000 Jahre lang wurden hier literarische und philosophische Studien betrieben. In der mittleren Lehrhalle sind vier große Stelen mit den Schriftzeichen „Loyalität, Kindesliebe, Redlichkeit, Integrität" in der Kalligrafie des bedeutenden Neokonfuzianers Zhu Xi (1130–1200) zu sehen. Die Architektur der renovierten Anlage ist vorwiegend qingzeitlich.

ÜBERNACHTEN

CROWNE PLAZA CITY CENTRE
Gut geführtes 431-Zimmer-Hotel nahe dem Fluss und der Fußgängerzone. *Wuyi Dadao 868 | Tel. 0731 82 88 88 88 | www.crowneplaza.com | €€*

ZIEL IN DER UMGEBUNG

SHAOSHAN (184 A2) *(H6)*
Am 26. Dezember 1893 wurde hier der Bauernsohn Mao Zedong geboren. Als Mao zum Idol der Kulturrevolution aufstieg, avancierte Shaoshan zum Wallfahrtsort der Roten Garden; heute sorgen die Touristen für Belebung. Ein Großteil der inzwischen 100 000 Einwohner lebt vom Großen Steuermann. Zu sehen sind Maos Geburtshaus, seine Schule und ein Geheimquartier aus der Kulturrevolution. In *Mao's Family Restaurant* (geleitet von einer weitläufigen Verwandten) isst man die Leibspeisen des Vorsitzenden unter den Augen einer Mao-Statue.

www.marcopolo.de/china

DER MITTLERE SÜDEN

In Changsha zu buchende Tagesausflüge per Bus machen auch Station in *Huaminglou*, Geburtsort von Maos Rivalen, dem einstigen Staatsoberhaupt Liu Shaoqi. Schöner wird es mit einer Übernachtung, wie sie Bauern in Shaoshan anbieten (individuelle Anreise per Bahn). *Shaoshan liegt 60 km südwestlich von Changsha*

HUANG SHAN

(179 D6) *(Ø J–K6)* ★ ☼ „Seit ich am Huang Shan war, habe ich das Interesse an den anderen Bergen verloren", schrieb der berühmte Geograf Xu Xiake im 17. Jh.

Der Berg im Süden der Provinz Anhui fasziniert durch seinen Reichtum an bizarren Felsformationen und tiefen, schmalen Schluchten. Knorrige Kiefern klammern sich an steil aufragende Felsnadeln, und bei dunstigem Wetter durchzieht das Wolkenmeer die sprichwörtlichen 72 Gipfel.

Wie alle berühmten Berge Chinas ist der Huang Shan durch Plattenwege und steile Steintreppen erschlossen. Für seine Erkundung sollten Sie zwei Tage mit mindestens einer Übernachtung auf dem Berg veranschlagen. Wer lieber zu Fuß hochsteigt, benötigt mindestens zwei Übernachtungen; eine weitere sollte immer am Bergfuß erfolgen. Die meisten Hotels und bekanntesten Aussichtspunkte liegen auf dem abschüssigen Plateau des „Hinteren Bergs".

Es fahren Busse ab Bergfuß (Wenquan-Siedlung) zur Yungu- und Yuping-Seilbahn; von dort ist jeweils auch der Aufstieg zu Fuß möglich (Dauer ca. zwei Stunden). *Eintritt 230 Yuan, Seilbahn 80 Yuan (pro Strecke), Dez.–Feb. Eintritt 122 Yuan, Seilbahn 65 Yuan | www.huangshantour.com*

SEHENSWERTES

FEILAI SHI

Der 10 m hohe, schmale Stein sitzt „wie herbeigeflogen" auf einer Felskuppe über dem Abgrund.

PAVILLON PAIYUN TING

Vom *Pavillon der ziehenden Wolken* blicken Sie weit hinab in das „Westmeer". Dies ist der schönste Ort in der Abenddämmerung.

INSIDER TIPP SHIXIN FENG

Am *Gipfel des beginnenden Glaubens* (1668 m) wachsen die schönsten Kiefern des Bergs.

SHIZI FENG

Der *Löwengipfel* bietet einen Blick auf den skurrilen Felsen *Ein Affe betrachtet das Meer*. Etwas unterhalb liegt *Qingliangtai*, die „Terrasse der kühlen Frische". Dies ist der klassische Aussichtspunkt für den Sonnenaufgang, aber das Gedränge ist schlicht wahnsinnig.

★ **Provinzmuseum Hunan**
Über 2100 Jahre alte Schätze aus den Adelsgräbern von Mawangdui sind hier zu sehen
→ S. 91

★ **Huang Shan**
Atemberaubende Felsklüfte, das „Wolkenmeer" und ein grandioser Sonnenaufgang auf dem schönsten Berg Chinas
→ S. 93

★ **Turm Yueyang Lou**
Der anmutige Turm mit langer Geschichte steht am Ufer des riesigen Dongting-Sees → S. 99

MARCO POLO HIGHLIGHTS

NANCHANG

TIANDU FENG UND LIANHUA FENG

Die beiden höchsten Gipfel des Massivs (1829 bzw. 1873 m) können Sie besteigen: ein Abstecher nur für Schwindelfreie.

ÜBERNACHTEN

Unbedingt Zimmer auf dem Berg vorbestellen und bis auf einen Rucksack mit dem Nötigsten alles im letzten Hotel vor der Bergtour lassen!

BAIYUN HOTEL

Das gut geführte 130-Zimmer-Haus erfreut mit seiner Panoramalage 300 m unterhalb des Guangming-Gipfels abseits des größten Rummels. *Tel. 0559 5 58 27 08 | €€*

LOW BUDG€T

▶ Huang Shan: Die Wochenenden und die Hauptpreiszeit meiden! Richtig billig sind die Gipfelherbergen auch sonst nicht, aber das *Baiyun Hotel* hat Einzelbetten ab 190 Yuan.

▶ Lu Shan: Wer wenig Geld hat, muss im Winter kommen, wenn die Hotels Rabatte bis zu 70 Prozent anbieten und Doppelzimmer für 100 Yuan zu haben sind.

▶ Wuhan, Pfadfinder-Jugendherberge *(Tanluzhe Guoji Qingnian Lüguan):* die Einzige der Stadt. Schlafsaalbetten ab 40 Yuan, Doppelzimmer 160 Yuan. *Wuchang Zhongshan Lu 368 (an der Hubei Art Gallery) | Tel. 027 88 84 40 92 | www.wuhanhostel.com*

YUNGU

Bei der Seilbahnstation Yungusi am Fuß des Berges; komfortables Wohnen in traditioneller Architektur. *104 Zi. | Yungusi Lu | Tel. 0559 5 58 64 44 | €*

NANCHANG

(184 C2) (*ØJ6*) „Heldenstadt" darf sich die Hauptstadt der Provinz Jiangxi (2,5 Mio. Ew.) nennen.

Hier fand am 1. August 1927 ein bewaffneter Aufstand unter der Leitung der chinesischen KP statt – die Geburtsstunde der Roten Armee und bis heute Nationalfeiertag. Nanchang ist vor allem als Ausgangspunkt für Touren ins Umland interessant.

SEHENSWERTES

INSIDER TIPP BADASHANREN-HAUS

Wohnhaus, Grab und Museum des Malers Zhu Da, bekannt unter seinem Pseudonym Badashanren. Zhu (1626–1705) war direkter Nachkomme der Ming-Kaiser. Nach dem Sturz der Dynastie (1644) zum Leben in der Verborgenheit gezwungen, nahm er die Rolle des Mönchs und exzentrischen Künstlers an. Er wohnte hier seit 1661. *Tgl. 8.30–17.30 Uhr | Eintritt 20 Yuan | Qingyunpu Lu 259 | in der südlichen Vorstadt*

TURM TENGWANG GE ☘

Etwas unvermittelt ragt der farbenprächtige *Turm des Prinzen Teng* aus Lagerschuppen und Wohnblocks am Ufer des Gan Jiang empor. Das 653 erstmals errichtete und zuletzt 1989 im Stil der Song-Dynastie wiederhergestellte Gebäude ist jetzt 57 m hoch.

Im Inneren des Turms sind Kalligrafien und Tuschmalereien ausgestellt, im obersten Stockwerk gibt es Darbietun-

www.marcopolo.de/china

DER MITTLERE SÜDEN

gen altchinesischer Musik. *Tgl. 8.30–17.30 Uhr | Eintritt 50 Yuan*

ÜBERNACHTEN

GLORIA GRAND HOTEL NANCHANG
Modernes, zentral gelegenes Haus am Gan Jiang (fragen Sie nach einem Zimmer mit Flussblick); auch der Turm des Prinzen Teng ist gleich in der Nähe. *327 Zi. | Yanjiang Beilu 39 | Tel. 0791 6 73 88 55 | www.gloriahotels.com | €€*

ZIELE IN DER UMGEBUNG

JINGDEZHEN (184 C1) (*J6*)
Der 150 km nordöstlich von Nanchang gelegene Ort (400 000 Ew.) ist Zentrum der chinesischen Porzellanproduktion. Bereits seit dem 11. Jh. gab es hier kaiserliche Manufakturen. Zu besichtigen sind ein Porzellanmuseum, eine Museumsmanufaktur, alte Brennöfen und moderne Produktionsstätten. Unterkunft finden Sie im *Holy Mountain Hotel (181 Zi. | Zhushan Xilu 5 | Tel. 0798 8 38 88 88 | €)*.

LU SHAN (184 C1) (*J6*)
Das bewaldete Berggebiet (Höhe bis 1474 m) im Nordwesten des Poyang-Sees bietet zahlreiche Wander- und Ausflugsmöglichkeiten. Als Sommerfrische ist der Lu Shan stark frequentiert; außerhalb der Saison entfaltet er erst seine ganze Schönheit. Man wohnt in der ab 1895 von Ausländern angelegten Villensiedlung Guling, z. B. in der ruhig gelegenen *Luqin Villa (45 Zi. | Dalin Gulu 72 | Tel. 0792 8 28 12 56 | €€)*.
Nördlich des Sees Ruqin Hu beginnt an der Himmelsbrücke *(Tian Qiao)* eine Wanderung am ☼ Berghang mit atemberaubendem Blick bis hin zum Jangtse. Der Weg endet an der steilen Drachenkopfklippe *(Longshou Ya)*.

Eine Tagestour per Minibus führt über den ☼ Pavillon *Hanpo Ting* (Blick über den Poyang-See) und die steilen „Fünf alten Gipfel" *(Wulao Feng)* bis zum Wasserfall *Sandie Quan,* der über eine steile

Porzellanherstellung in Jingdezhen

Steintreppe zu erreichen ist. Das Abendrot genießen Sie am besten an den ☼ Pavillons *Wangjiang Ting* und *Tianchi Ting* nördlich von Guling.
Zu besichtigen sind die *Meilu Villa* (in der Hedong Lu in Guling), die 1903 von einem Briten erbaut wurde und Chiang Kai-shek ab 1933 als Sommersitz diente. 1959 und 1961 quartierte sich auch Mao Zedong hier ein, ehe seine eigene Residenz fertig wurde, ein sehr viel größeres

WUHAN

Anwesen, das heute als *Lu-Shan-Museum (tgl. 8.10–18.30 Uhr, Einlass bis 17 Uhr | Huanhu Lu, am Ostufer des Lulin-Stausees)* fungiert.

Zu den diversen Zielen auf dem Berg verkehren Busse auf zwei Routen (24-Stunden-Karte 65 Yuan, 72-Stunden-Karte 80 Yuan). *Bergtaxe 180 Yuan | 100 km nördlich von Nanchang | ab Nanchang verkehren Busse direkt bis Guling (2 Std.)*

WUHAN

(178 B6) *(ɷ J6)* **Die Hauptstadt der Provinz Hubei (4,2 Mio. Ew.) ist das größte Industrie- und Handelszentrum Zentralchinas und ein wichtiger Verkehrsknotenpunkt.**

Der 1927 aus den drei Städten Hankou, Hanyang und Wuchang entstandene Riesenort liegt an der Mündung des Han Jiang in den Jangtse. Hier verbindet die erste von heute drei Jangtsebrücken (erbaut 1957) das kleinere Hanyang mit dem alten Wuchang. Dieser Stadtteil bietet die meisten Sehenswürdigkeiten und eine bewegte Vergangenheit: Der Wuchang-Aufstand von 1911 war der Anfang vom Ende des Kaisertums. Kolonialatmosphäre schnuppern kann man dagegen in Hankou, und zwar in der Jianghan Lu mit ihren historischen Bank- und anderen Gebäuden. Texttafeln an den Gebäuden erklären die Geschichte der Bauwerke.

SEHENSWERTES

KLOSTER GUIYUAN SI

Das schönste Kloster Wuhans wurde vor 300 Jahren am Ort eines alten Gartens erbaut. Unbedingt anschauen: die Halle der 500 goldenen Arhats und das Bibliotheksgebäude. *Tgl. 8–17 Uhr | Eintritt 20 Yuan | Hanyang | Cuiweiheng Lu 20*

PROVINZMUSEUM HUBEI

Die größte Kostbarkeit des Hauses ist ein antikes **INSIDER TIPP** Glockenspiel aus dem Grab des Markgrafen Yi von Zeng (gest. 433 v. Chr.) mit 65 Bronzeglocken von bis zu 200 kg Gewicht. Auf einem Duplikat des Rieseninstruments werden regelmäßig alte Musikstücke aufgeführt. *Di–So 9–17 Uhr (Einlass bis 15.30 Uhr) | Eintritt frei | Wuchang | Donghu Lu 165*

TURM HUANGHE LOU ✿

Einem Gedicht des tangzeitlichen Literaten Li Taibo (701–762) verdankt der *Turm des gelben Kranichs* seinen Ruhm und die Tatsache, dass er nach dutzendfacher Zerstörung stets wieder neu errichtet wurde – zuletzt 1985. Das jetzt 51 m hohe Gebäude steht auf dem Schlangenberg (She Shan) gleich östlich der großen Jangtsebrücke. Der anschließende Park hält viele weitere Ziele bereit. Im *Luomei-Studio* kann man viermal täglich einer Glockenspielaufführung lauschen. *Nov.–März tgl. 7.30–17.30, sonst 7–18.30 Uhr | Eintritt 50 Yuan*

WUHAN MUSEUM

Das Museum mit seinem pyramidenförmigen Dach zeigt auf 6000 m² Ausstellungsfläche kulturelle Zeugnisse der Vergangenheit, alte Keramiken sowie Kalligrafie und Malerei der Ming- und der Qing-Zeit. *Sa–Do 9–17 Uhr | Eintritt frei | Hankou | Qingnian Lu 373 | www.whmuseum.com.cn*

ESSEN & TRINKEN

HUJIN JIULOU

In diesem Lokal mit Tradition wird qualitätvolle Hubei-Küche serviert. Gefüllte Tofuhaut *(doupi)* schmeckt hier noch „wie bei Muttern". *Wuchang | Bayi Lu 105 | Tel. 027 87 27 88 11 | €*

www.marcopolo.de/china

DER MITTLERE SÜDEN

EINKAUFEN

Einkaufszentrum ist die Straße *Zhongshan Dadao* im Stadtteil Hankou. Malerei und Kalligrafiebedarf findet man bei *Rongbaozhai (Zhongshan Dadao 958).*

ÜBERNACHTEN

BEST CENTURIAL HOTEL

Der Neorenaissancebau entstand 1913 als Sitz einer Reederei. Zu einer 98-Zimmer-Herberge umgebaut wurde es 2007. Das Innere ist völlig modern, aber man wohnt an der schönsten Ecke des Kolonialviertels am flussseitigen Ende der Jianghan Lu. *Hankou | Yanjiang Dadao 131 | Tel. 027 82 77 77 98 | €*

HOLIDAY INN RIVERSIDE

Das in Hanyang ufernah gelegene Komforthotel erfreut seine Gäste mit interessantem Ausblick aus den allermeisten der 305 Zimmer. *Xima Changjie 88 | Tel. 027 84 71 66 88 | www.holidayinn.com | €€*

ZIELE IN DER UMGEBUNG

INSIDER TIPP ▶ WUDANG SHAN
(177 F2) (*H5*)

Rund 480 Eisenbahnkilometer oder sechs Fahrstunden von Wuhan entfernt liegt im äußersten Nordwesten der Provinz Hubei einer der Hauptberge des Daoismus, als dessen Schutzpatron der

Über die Jahrhunderte oft zerstört und wieder aufgebaut: der Turm Huanghe Lou in Wuhan

Himmelskaiser Zhenwu gilt. Etwa 300 000 Arbeiter wurden unter Ming-Kaiser Yongle von 1413 bis 1418 eingesetzt, um hier zu Ehren des Zhenwu und zum Dank für dessen Hilfe 46 Tempel sowie zahllose Grotten und Pavillons zu errichten; einige von ihnen sind erhalten und wurden renoviert.

Der Aufstieg beginnt hinter dem reich verzierten Bergtor Xuanyue Men (1552)

96 | 97

YUEYANG

am *Yuzhen Gong* (Palast der Begegnung mit dem Wahren), in dem der Dao-Meister Zhang Sanfeng verehrt wird. Zhang gilt als Begründer des chinesischen Schattenboxens (Taijiquan). Weiter aufwärts geht es in gut zwei Stunden Fußmarsch hinauf zum Gipfel – oder wenig zünftig per Seilbahn. Unterkunft am Bergfuß beim Ort Wudangshan: *Tianzun International Hotel | 255 Zi. | Yuanheguan Zhu-*

Zum Gipfel des Wudang Shan führt der Weg durch den Palast der höchsten Harmonie

wärts geht es über mehrere Stationen bis zum *Zixiao Gong* (Palast der Purpurwolken) – eine große, gut erhaltene Anlage, reich an Statuen und Bronzegerät der Ming-Zeit. Dramatisch schmiegt sich der *Nanyan Gong* (Palast des Südfelsens) etwas abseits der Hauptroute an einen steilen Felshang.

Der Aufstieg endet am *Taihe Gong* (Palast der höchsten Harmonie). Hier ziert auf 1512 m die ☀ Goldhalle *(Jin Dian)* aus vergoldeter Bronze den höchsten Gipfel des Massivs.

Rechnen Sie mindestens mit anderthalb Tagen und zwei Nächten Besuchsdauer, wobei Sie die wenig lohnenden ersten 10 km ab Eingangstor per Taxi oder Minibus zurücklegen können. Vom Parkplatz

jiaya | Tel. 0719 56 59 99 | €. Herberge auf halber Höhe: *Baihui Shanzhuang | Tel. 0719 56 89 191 | €. Bergtaxe 110 Yuan, Seilbahn aufwärts 50 Yuan (auf und ab 80 Yuan), Parkbus 70 Yuan*

YUEYANG

(184 A1) (*M J6*) **Die Kreisstadt im Norden der Provinz Hunan (820 000 Ew.) liegt am Ufer des Dongting Hu, des mit 2820 km² zweitgrößten chinesischen Süßwassersees.**

Etwa 120 km südlich verläuft der Fluss Miluo Jiang. Dort ertränkte sich im Jahr 296 v. Chr. der Dichter Qu Yuan, zu dessen Erinnerung seither am 5. Tag des

www.marcopolo.de/china

DER MITTLERE SÜDEN

5. Monats nach dem traditionellen Kalender das Drachenbootfest gefeiert wird.

SEHENSWERTES

JUNSHAN
Die Insel *Damenberg* trägt ihren Namen nach zwei Konkubinen des mythischen Kaisers Shun, die bei der Nachricht vom Tod ihres Herrn an gebrochenem Herzen gestorben sein sollen – bis heute trägt der hier heimische Fleckenbambus die Spur ihrer Tränen. *Eintritt 60 Yuan | Bootsfahrt ca. 45 Min. (ab Yueyang Lou)*

PAGODE CISHI TA
Die 39 m hohe Steinpagode in der südlichen Altstadt geht auf das Jahr 741 zurück, wurde aber zur Song-Zeit vollständig erneuert. Sie ist mit 24 Buddha-Nischen versehen.

TURM YUEYANG LOU ★ ⚘
„Sich die Sorgen der Welt als Erster zu eigen machen – ihre Freuden als Letzter genießen!" Viele Chinesen können diese Zeilen aus dem „Essay vom Yueyang-Turm" von Fan Zhongyan (989–1052) rezitieren. Der anmutige Turm am Seeufer wurde 716 erstmals erbaut und seither immer wieder neu errichtet, zuletzt

1880. Der kleine *Sanzui Ting* (Pavillon der dreifachen Trunkenheit) ist dem Dao-Heiligen Lü Dongbin gewidmet. *Tgl. 7.30–18 Uhr | Eintritt 46 Yuan*

ESSEN & TRINKEN

LILI YUGUAN
Spezialist für Fisch aus dem Dongting-See. *Haupteingang „zur Dongting-Fischerstadt" Dongting Yudu (2 km nördlich vom Yueyang Lou) | Tel. 0730 3 24 31 79 | €–€€*

EINKAUFEN

In der Gegend um Yueyang wird exzellenter grüner Tee produziert – bekannt sind die Sorten *Yinzhen* (Silbernadel) von der Insel Junshan und *Maojian*. Weitere Spezialitäten: Fächer und Lotoskerne.

ÜBERNACHTEN

YUNMENG HOTEL
Ob das an der Yunmeng Lu, der „Wolkentraumstraße", gelegene „Wolkentraumhotel" die himmlische Nachtruhe verschafft, die der Name verspricht? Eine angenehme Innenstadtherberge ist es aber gewiss. *163 Zi. | Yunmeng Lu 121 | Tel. 0730 8 33 08 88 | €*

DER WEG DES WEISEN

Ob es ihn überhaupt gegeben hat, weiß man nicht. Und doch gilt Laozi (auch: Laotse) als einer der Gründerväter der chinesischen Philosophie, das ihm zugeschriebene „Buch vom Weg und der Wirkungskraft" (Daodejing, auch: Tao Te King) als Gegenentwurf zur konfuzianischen Gesellschaftsethik. „Gebt auf die Weisheit, werft weg das Wissen", heißt es dort, und: „Sind die Waffen stark, dann siegen sie nicht!" Tugenden und Rituale der Konfuzianer? Für Laozi die reine Dekadenz. Der wahre Weise erkennt seine innere Natur und folgt ihr, ohne sich groß um Konventionen zu kümmern. Seine Maxime: Die Dinge nicht-handelnd geschehen lassen – so kommt er absichtslos zum Ziel.

DER SÜDWESTEN

Hier findet man die perfekte Ergänzung zur städtischen Kultur des chinesischen Kernlandes: grandiose Landschaften, unkompliziert freundliche Menschen – und manchmal sogar ein bisschen Einsamkeit.

Im Norden bildet das fruchtbare Rote Becken das Zentrum der traditionell wohlhabenden und politisch selbstbewussten Provinz Sichuan, die mit ihren Welterbestätten allein zwei Reisewochen ausfüllen kann. Weiter südlich liegen in hügeliger Karstlandschaft Yunnan und Guizhou, die trotz reicher Bodenschätze zu den ärmsten Provinzen des Landes zählen. Im Westen wird die Region von den Ausläufern der tibetischen Hochebene begrenzt, der alten tibetischen Provinz Kham, deren Gipfel über 7000 m Höhe erreichen. Hier ist die Begegnung mit Tibetern unter weniger Einschränkungen möglich als in Tibet selbst. Die Südspitze Yunnans dagegen ragt weit in die tropischen Regenwälder Indochinas hinein.

In Yunnan stellen 24 nichtchinesische Völker ein Drittel der Einwohner und sorgen für bunte kulturelle Vielfalt – ein Grund, weswegen diese auch landschaftlich attraktive Provinz nicht nur westlichen Besuchern besonders gefällt. Dem benachbarten kargen Guizhou dagegen, von dem ein Sprichwort sagt, man könne dort unmöglich drei Tage Sonnenschein, drei Silberstücke oder drei Ellen ebenes Land auf einmal antreffen, steht seine touristische Entdeckung noch bevor.

Bild: Wind-und-Regen-Brücke bei Chengyang

Landschaftliche Extreme und die kulturelle Vielfalt seiner Völker machen den Zauber des Südwestens aus

CHENGDU

(176 B3) *(G6)* **Eine kolossale Mao-Statue grüßt über die Innenstadt, doch der Anblick täuscht: Chengdu (3,4 Mio. Ew.) ist nämlich ganz und gar nicht von gestern.**

Die Hauptstadt der Provinz Sichuan liegt im Zentrum einer von jeher auf kulturelle und politische Eigenständigkeit pochenden Region. Die zahlreichen ● Teegärten der Stadt zählen zu den gemütlichsten ganz Chinas. Hier können Sie sich bei einer Tasse Blütentee von professionellen Ohrenputzern und Masseuren verwöhnen lassen. Die Hibiskusstadt, wie Chengdu auch genannt wird, ist der Ausgangspunkt für zahlreiche lohnende Touren, besonders für Tibetreisen.

SEHENSWERTES

GEDENKTEMPEL WUHOU CI

Der gepflegte *Tempel des Markgrafen von Wu* ist dem genialen Strategen

100 | 101

CHENGDU

In Sichuan heimisch und nirgends besser zu beobachten als hier: der Große Panda

Zhuge Liang (181–234) gewidmet. Er birgt auch das Grab seines Herrn Liu Bei, Kaiser der „kleinen Han-Dynastie". *Tgl. 8.30–18 Uhr | Eintritt 60 Yuan*

JINSHA-MUSEUM
Funde von einer prähistorischen Siedlung des 13.–7. Jhs. v. Chr. füllen dieses architektonisch spektakuläre Museum inmitten eines archäologischen Parks. *Tgl. 8–17.30 Uhr | Eintritt 80 Yuan | Jinshayizhi Lu*

PANDA RESEARCH BASE
Hinter dem zoologischen Garten liegt der beste Ort, um die in Sichuan heimischen Pandas zu besuchen: Nirgendwo werden die plüschigen Bären erfolgreicher gezüchtet als hier. *Tgl. 8–19 Uhr | Eintritt 30 Yuan | im Norden | Bus 902 ab Xinnanmen-Busbahnhof*

PARK DU FU CAOTANG
Der schönste Park Chengdus trägt den Namen „Strohhütte des Du Fu" nach der rekonstruierten Wohnstatt des großen Tang-Dichters (712–770). Auf dem Gelände erfreuen ein Teehaus, Kalligrafien und eine Bonsaizucht die Besucher. *Tgl. 8.30–18.30 Uhr | Eintritt 60 Yuan*

PROVINZMUSEUM SICHUAN
In dem 2009 eröffneten Neubau des Museums sind 5000 Exponate zur Natur- und Kulturgeschichte der Provinz zu sehen. *Di–So 9–17 Uhr | Eintritt frei | Huanhua Nanlu 251 | beim Park Du Fu Caotang*

TEMPELKLOSTER QINGYANG GONG
Die imposante Weihestätte aus der Tang-Zeit ist das bedeutendste daoistische Heiligtum der Stadt. Besonders sehenswert ist der *Pavillon der Acht Hexagramme* (Bagua Ting) im Zentrum der Anlage. Am 15. Tag des 2. Monats nach dem Mondkalender findet hier ein großes Blumenfest *(huahui)* statt. *Tgl. 8–18 Uhr | Eintritt 10 Yuan | Xi Yihuan Lu (Westl. 1. Ringstraße)*

www.marcopolo.de/china

DER SÜDWESTEN

TEMPELKLOSTER WENSHU YUAN

Das *Manjushri-Kloster* stammt in seiner heutigen Form aus dem Jahr 1706. Die Bibliothek in der letzten Haupthalle birgt kostbare Schriften, darunter befinden sich Sutrentexte, die im 18. Jh. von drei Mönchen mit dem Blut ihrer Zungenspitze geschrieben wurden. Im rechten Tempelabschnitt steht die elfstöckige Friedenspagode, daneben liegt ein schöner Teegarten. Im 🕐 INSIDER TIPP vegetarischen Restaurant (Mittagessen gibt's schon ab 11 Uhr) können Sie preiswert und gut essen. *Tgl. 8–18 Uhr | Eintritt 5 Yuan | Wenshuyuan Jie | nördlich vom Zentrum*

ESSEN & TRINKEN

Die exzellente scharfe Sichuan-Küche ist der Höhepunkt eines jeden Chengdu-Besuchs.

INSIDER TIPP CHEN MAPO DOUFU

Doufu „nach Art der Pockennarbigen", zart und scharf zugleich, ist ein Klassiker der Sichuan-Küche. Das Lokal serviert ihn in diversen Filialen schon seit über 100 Jahren. *Günstig gelegen nahe dem Provinzmuseum | Qinghua Lu 10 | Tel. 028 87 31 72 16 | €*

QINSHANZHAI ● 🕐

Frische, köstliche Gesundheitsküche, deren Funktion für den Körper die Kellner beim Servieren erläutern. Angenehmes Ambiente (schöner Blick von der Galerie in den grünen Innenhof), reich bebilderte, englische Karte. *Wuhouci Dajie 247 | Tel. 028 85 09 88 95 | €€*

EINKAUFEN

Haupteinkaufsstraße im Zentrum von Chengdu ist die Fußgängerzone der *Chunxi Lu* sowie deren Umgebung. In der *Taisheng Nanlu* reihen sich auf 1 km Länge die Elektronikläden, manche groß wie ein Kaufhaus.

Den schönsten Laden für Brokat und anderes Kunsthandwerk gehobener Qualität führt das *Shu-Brokatinstitut (Shujiangjinyuan | Huanhua Nanlu 268),* das östlich gegenüber vom Provinzmuseum liegt.

AM ABEND

Das moderne Chengdu trifft sich in den Restaurants und Kneipen zweier superschick herausgeputzter Altstadtgassen,

MARCO POLO HIGHLIGHTS

⭐ **Dazu**
Meisterwerke buddhistischer Skulpturenkunst – manche 1000 Jahre alt → S. 106

⭐ **Dali**
Das traditionsreiche Zentrum der Bai-Nationalität erfreut mit seinen historischen Bauten und prächtiger Lage zwischen Berg und See → S. 107

⭐ **Emei Shan**
Der höchste der heiligen Berge des chinesischen Buddhismus ist oft in Wolken gehüllt. Hier kann man in Klöstern schlafen → S. 108

⭐ **Leshan Dafo**
Die höchste Buddhastatue des Altertums ragt weit über das Ufer des Min Jiang → S. 114

⭐ **Lijiang**
Die vollständig erhaltene Altstadt verzaubert mit ihrer Atmosphäre → S. 115

102 | 103

CHONGQING

bekannt als *Kuan Zhai Xiangzi.* Nicht zu versäumen ist ein Varieté mit traditionellen Bühnenkünsten, zu denen die verblüffenden, sekundenschnellen Maskenwechsel der Sichuanoper gehören *(Shufengyayun | im Kulturpark am Tempelkloster Qingyang Gong | tgl. 20 Uhr | Tel. 028 87 76 45 30).*

ÜBERNACHTEN

SHANGRI-LA ☙

Vom Ostrand der Innenstadt gelegen, bietet das Hochhaus aus 593 Zimmern ein Stadt- und Flusspanorama. Für viele ist dies das beste Haus am Platz. *Binjiang Donglu 9 | Tel. 028 88 88 99 99 | www.shangri-la.com | €€€*

TIANFU SUNSHINE HOTEL

Das unansehnliche Äußere verbirgt hohe innere Qualitäten: die Gastronomie und 222 ungewöhnlich gut ausgestattete Zimmer. *Taisheng Beilu 2 | Tel. 028 86 92 22 33 | www.tfsunshinehotel.com | €€*

ZIELE IN DER UMGEBUNG

QINGCHENG SHAN UND DUJIANGYAN (176 B3) (* G5–6*)

Auf dem Berg *Qingcheng Shan,* der rund 70 km nordwestlich von Chengdu liegt, soll der daoistische „Himmelsmeister" Zhang Daoling (34–156) gelehrt haben. Der Aufstieg bis zum Kloster Shangqing Gong auf 1600 m Höhe dauert etwa vier Stunden; auf halber Höhe liegt das Kloster Tianshi Dong. Diese und andere Daoistenklöster bieten Besuchern vegetarische Kost und Unterkunft an. Den Gipfel ziert der Pavillon Laojun Ge. *Bergtaxe 90 Yuan, Sessellift 35 Yuan*

15 km weiter östlich am Fluss Min Jiang liegt die antike Bewässerungsanlage *Dujiangyan,* die wesentlich zur Fruchtbar-keit des Sichuan-Beckens beigetragen hat. Sie wurde um 300 v. Chr. konstruiert und ist bis heute im Einsatz. *Eintritt 90 Yuan*

Busse nach Qingcheng Shan/Dujiangyan verkehren regelmäßig ab Chengdu/ Xinnanmen-Busbahnhof (Tourism Bus Station). Tagestouren gibt es auch ab Nordbahnhof

INSIDER TIPP ▶ SANXINGDUI

(176 B3) (* G5*)

In den 1980er-Jahren förderten Ausgrabungen spektakuläre Hinterlassenschaften einer protochinesischen Lokalkultur von 2800 bis 800 v. Chr. zutage, darunter großohrige Bronzeköpfe, zum Teil vergoldet, expressive Vogelfiguren, Gold- und Jadeobjekte, Elfenbein, Keramik und andere Kostbarkeiten. Alles ist eindrucksvoll präsentiert in einem interessanten, 1997 eröffneten Museumsbau. *Tgl. 8.30–17.30 Uhr | Eintritt 80 Yuan | 40 km nördlich von Chengdu bei der Stadt Guanghan*

CHONGQING

(176 C4) (* G6*) **Chongqing (5,8 Mio. Ew.) liegt in der Flussgabelung des Jangtse und des Jialing auf einer Anhöhe, die nur Fußgänger und Kraftfahrzeuge erklimmen.**

Die Stadt war von 1939 bis 1945, als die Japaner ganz Ostchina besetzt hielten, Sitz der Nationalregierung und Ziel heftiger japanischer Bombardements. Im Zuge der wirtschaftlichen Öffnung wuchs sie zu einem riesigen Industriezentrum und wurde vierte regierungsunmittelbare Stadt Chinas, mit einem Einzugsgebiet von 82 000 km^2.

Chongqing ist wichtiger Ausgangspunkt für Fahrten nach Dazu und auf dem Jangtse.

DER SÜDWESTEN

SEHENSWERTES

DREI-SCHLUCHTEN-MUSEUM
In dem spektakulären Neubau bringt neueste Ausstellungstechnik den Besuchern nicht nur die Kulturgeschichte der Jangtseschluchten nah, sondern auch der Stadt und der Region. *Tgl. 9–17 Uhr (Einlass bis 16 Uhr) | Eintritt frei | Renmin Lu 236 | am Volksplatz*

PARK AM PIPA-BERG
Die beste Aussicht der Stadt, schön vor allem, wenn abends das Neonlicht die häufigen Nebel bunt färbt.

ESSEN & TRINKEN

Wer richtig scharf essen möchte, sollte Chongqings Feuertopf *(huoguo)* probieren, eine Art Fondue in Pfefferbrühe. Es

Knusprig Gebratenes gibt's hier auch zum Mitnehmen: Garküche in Chongqing

KLOSTER LUOHAN SI
Der Eingang zum *Arhat-Kloster* führt an über 400 songzeitlichen Heiligenskulpturen vorbei. Benannt ist das Kloster nach den prächtigen Lackfiguren der 500 Arhats (chinesisch Luohan) in der Halle rechts. Finanziert aus Privatspenden, wurden die Figuren erst 2009 fertiggestellt – nach mehrfacher Zerstörung in Krieg und Kulturrevolution. Auch der „Rest" des populären Klosters (mit gutem Restaurant) ist sehenswert. *Tgl. 8–17 Uhr | Minzu Lu*

gibt aber auch eine milde Variante. Gehen Sie in die im Zentrum gelegene *Wuyi Lu*, die den Beinamen „Feuertopfstraße" (Huoguo Lu) trägt.

ÜBERNACHTEN

CHONGQING DLT HOTEL
Modernisierter Flügel des pompösen, 1953 errichteten Volksauditoriums, zentral gelegen und dank vieler Rabatte preisgünstig. *116 Zi. | Renmin Lu 173 | Tel. 023 86 52 76 66 | €*

104 | 105

CHONGQING

HARBOUR PLAZA
Hier wohnen Sie mitten im Geschäftszentrum. *388 Zi. | Wu-yi Lu | Tel. 023 63 70 08 88 | www.harbour-plaza.com | €€*

ZIELE IN DER UMGEBUNG

DAZU ⭐ (176 C4) (*M G6*)

In der Umgebung des ländlichen Orts 160 km westlich von Chongqing verteilen sich rund 100 000 überwiegend buddhistische Steinskulpturen auf über 70 Fundstätten. Besonders gut erhalten sind die songzeitlichen Figuren am Nordberg *(Bei Shan)* und am Schatzgipfelberg *(Baoding Shan)*.

Der Bei Shan mit seinen 290 Skulpturen ist vom Ort aus zu Fuß zu erreichen. Hier sehen Sie anmutige Darstellungen der Bodhisattva Guanyin. Prächtig ist die *Grotte des Schicksalsrads* (Nische Nr. 136) mit fein ausgeführten Statuen des Buddha und der „Guanyin mit Sonne und Mond". Eintritt 90 Yuan

Zum Baoding Shan verkehren von Dazu aus zahlreiche Minibusse. Die Skulpturen dort sind die prächtigsten der ganzen Region; sie entstanden als geschlossene Gruppe in den Jahren 1179–1249 unter Leitung des Mönchs Zhao Zhifeng. Im Zentrum befindet sich ein liegender Buddha von 31 m Länge, daneben eine vergoldete Guanyin mit 1000 Händen, die eine Fläche von 88 m^2 bedecken. Neben Paradies- und Höllenvisionen sind auch anrührende Hirten- und Bauernszenen dargestellt. *Tgl. 8.40–17 Uhr | Eintritt 120 Yuan*

Neben den buddhistischen Bildhauerarbeiten findet man, einen kleinen Spaziergang vom Ort entfernt, in der daoistischen Figurengruppe am Südberg *(Nan Shan)* unter anderem einen 1000-jährigen INSIDER TIPP Steindrachen.
Tagestour ab Chongqing (2,5 Std. Busfahrt ab Bahnhof Caiyuanba) oder Übernachtung im Ramada Plaza Chongqing West (243 Zi. | Wuxing Dadao 47 | Tel. 023 85 22 93 16 | www.ramada.com | €–€€)

Am Schatzgipfelberg bei Dazu: liegender Buddha beim Eintritt ins Nirwana

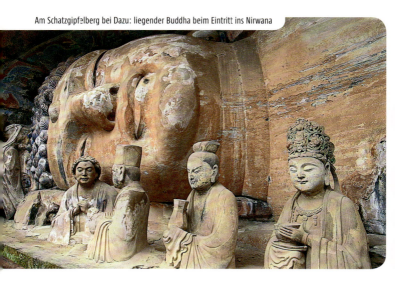

www.marcopolo.de/china

DER SÜDWESTEN

JANGTSE-FAHRT
(176–177 C–F 3–4) (*G–H6*)

Im Grenzgebiet von Sichuan und Hubei bricht der Jangtse auf 193 km Länge durch die „Drei Schluchten" (San Xia). Dies war früher der einzige Verkehrsweg in den Westen des Reichs, später eine Touristenattraktion ersten Ranges.

Nach der Fertigstellung des Drei-Schluchten-Staudamms wurden die malerischen Hänge Schritt für Schritt überflutet. Stromschnellen und Untiefen sind ebenso verschwunden wie über 1000 Ortschaften und rund ein Drittel aller touristischen Sehenswürdigkeiten der Region. 2009 erreichte der Wasserspiegel am Damm bis zu 175 m Höhe; der 3035 m breite Damm wird mit seinem Kraftwerk in jedem Jahr nunmehr bis zu 84,7 Mrd. Kilowattstunden Strom liefern.

Die Kreuzfahrten auf dem Jangtse und seinen malerischen Nebenflüssen bieten weiterhin manche spektakuläre Szenerie, auch wenn die Schluchten Qutang Xia, Wu Xia und Xiling Xia nicht mehr so wild sind wie früher. Man gleitet in drei Tagen von Chongqing bis Yichang. Sehr bequem reist man mit den Touristenbooten von *Victoria Cruises (Chongqing – Yichang in vier Tagen ab 675 US-Dollar pro Person in der Doppelkabine | Reservierung in Deutschland: Tel. 06131 6 27 74 71 | www.victoriacruises.de)*. In der Hochsaison (vor allem im Mai, Sept., Okt.) ist frühzeitige Reservierung empfohlen.

DALI

(181 D3) (*F7*) ★ **Gemeint ist Dali-Altstadt, nicht das 18 km südlich gelegene Xiaguan, das auch als Dali-Stadt fungiert (mit Bahnhof und Flughafen).**
Dali ist Zentrum des Bai-Volks und bei langnasigen Einzelreisenden eines der beliebtesten Ziele im Land.

Zwei der Pagoden des Klosters Chongsheng Si bei Dali

Die Altstadt erfreut mit einem gepflegten Ortsbild, an den Straßen sprudelnden Bächlein, einer restaurierten Stadtmauer, dem Klima in 2000 m Höhe, vor allem aber mit der Umgebung: dem See Erhai und dem bis 4122 m hohen Cang-Shan-Gebirge – ideal für Wanderungen und Radtouren.

SEHENSWERTES

PAGODEN SAN TA
Hauptsehenswürdigkeit sind die *drei Pagoden* des Klosters Chongsheng Si am nordwestlichen Stadtrand, erreichbar zu Fuß oder per Pferdekutsche. Die größte, 16-stöckige misst 69 m und stammt aus dem 9. Jh., die anderen beiden sind jeweils 42 m hoch und etwa 200 Jahre

EMEI SHAN

jünger. Die Pagoden sind heute Teil einer monumentalen neuen Tempelanlage, die sich 1,6 km weit bergan erstreckt; Elektrokutschen sorgen für Transport. Beachten Sie die Ausstellungshallen bei den Pagoden; dort sind Originalfunde aus alten Schatzkammern zu sehen. *Tgl. 7–19 Uhr | Eintritt 121 Yuan | 1,5 km nördlich der Altstadt*

ESSEN & TRINKEN

Im oberen Teil der *Huguo Lu,* die heute nur noch als *Yangren Jie* – „Ausländerstraße" – fungiert, reiht sich ein Lokal ans andere. Ein Evergreen ist das `INSIDER TIPP` *Café de Jack (Bo'ai Lu 82 | €)* mit chinesisch-westlicher Küche und Dachterrasse. Bai-Küche serviert *Meizijing (Renmin Lu 130, liegt an der Quergasse | Tel. 0872 2 67 15 78 | €€).*

EINKAUFEN

Marmor – chinesisch: Dali-Stein – ist das Hauptprodukt des Ortes. Auf geschnittenen Platten lässt die Maserung oft eine Landschaft oder Bäume erkennen. Einige Läden führen auch transportfreundliche Bildchen von Handtellergröße. Außerhalb des Nordtors füllen entsprechende Marmorschleifereien ganze Straßen; an der Hauptstraße *Fuxing Lu* (Fußgängerzone beim Stadtturm nahe dem Südende) gibt es einen Marmormarkt. Sehr schön sind auch Stickereien der Bai-Nationalität (feilschen!).

ÜBERNACHTEN

GURONG HOTEL
Wunderschönes Gartenhotel mit 61 Zimmern, eine Perle in ruhiger Seitengasse, doch nur einen kurzen Spazierweg von der „Ausländerstraße" entfernt. *Bo'ai Lu 59 | Tel. 0872 2 68 59 99 | €€*

YINVILLA (FUCHUNHE HOTEL)
Freundliches kleines Privathotel in ruhiger Lage abseits der „Ausländerstraße" Yangren Jie. *Huguo Lu 109 | Tel. 0872 2 66 46 66 | €*

ZIELE IN DER UMGEBUNG

CANG SHAN UND KLOSTER GANTONG SI (181 D3) *(ﾛ F7)*
Nordwestlich vor der Stadt fährt der ● *Cang-Shan-Sessellift (einfache Fahrt 60 Yuan)* auf die halbe Berghöhe zu einem Tempel, ca. 10 km südlich der Stadt schwebt beim Kloster Gantong Si die *Gantong-Seilbahn (80 Yuan)* hinauf in ein enges Gebirgstal. Beide Punkte verbindet ein ebener, ca. 12 km langer Wander- und Reitweg.

MONTAGSMARKT (181 D3) *(ﾛ F6)*
Dorf- und Bergbewohner der ganzen Gegend treffen sich jede Woche in *Shaping* zu diesem großen, farbenprächtigen Markt. Der hübsche Weg dorthin führt am See entlang und ist ideal für eine Fahrradtour geeignet. *20 km nördlich der Altstadt*

EMEI SHAN

(176 B4) *(ﾛ G6)* ⭐ **Mit 3099 m ist der Emei Shan der höchste der vier heiligen Berge des chinesischen Buddhismus, versehen mit zahlreichen Klöstern, Hallen und Pavillons.**

Zu entdecken sind eine prächtige Landschaft, mehr als 3000 Pflanzenarten, riesige Schmetterlinge und nicht zuletzt die berühmten Emei-Shan-Affen, eine Makakenart.
Vom Fuß des Berges (Kloster Baoguo Si) bis zum Gipfel sind Wanderer zwei Tage lang auf Steinpfaden und steilen Treppen unterwegs. Wer schlecht zu Fuß ist, kann

www.marcopolo.de/china

DER SÜDWESTEN

sich mit dem Bus direkt bis Jieyindian auf über 2500 m Höhe und von dort mit der Seilbahn auf den Gipfel bringen lassen. Eine weitere Seilbahn führt von der Fahrstraße zum Kloster Wannian Si. Alternative: Wenn sich der Gipfel, wie so oft, in dichte Wolken hüllt, erkunden Sie einfach nur die unteren Bergregionen, mit dem Wannian Si als Zielpunkt. *Bergtaxe 150 Yuan*

SEHENSWERTES

Wer kann, sollte den Berg zu Fuß erkunden. Der 35 km lange Weg zum Gipfel beginnt an der namenlosen Hotel- und Restaurantsiedlung an seinem Fuß auf 550 m Höhe (Busbahnhof) und gabelt sich bei Qingyin Ge in eine Nord- und eine Südroute. Es empfiehlt sich, den kürzeren Nordweg für den Aufstieg zu wählen. Auf dieser Route passiert man folgende Stationen, wobei man in den Klöstern übernachten kann.

BAOGUO SI

Das *Kloster der Staatsloyalität* ist das flächengrößte Heiligtum des Emei Shan. Es liegt am Bergfuß unweit des Busbahnhofs.

Das Kloster des geduckten Tigers am Emei Shan, ein bedeutendes Nonnenkloster

FUHU SI

Das *Kloster des geduckten Tigers* liegt etwas abseits des Hauptwegs in 630 m Höhe. Seine Attraktion ist eine Bronzepagode mit 4700 eingegossenen Buddhafiguren, die um das Jahr 1600 geschaffen wurde.

QINGYIN GE

Der *Pavillon des reinen Klanges*, in 710 m Höhe gelegen, spielt auf das Rauschen zweier Bäche an, die sich etwas unterhalb beim *Rinderherzpavillon* (Niuxin Ting) treffen. Ein gut einstündiger Abstecher entlang der Südroute führt durch eine enge Schlucht ins Tal der Emei-Shan-Affen. Seien Sie vorsichtig: Die Tiere sind diebisch und können Sie anspringen.

108 | 109

GUIYANG

WANNIAN SI

Das *Ewigkeitskloster* (1020 m) ist das bedeutendste am Berg. Eine Ziegelhalle birgt eine im Jahr 980 gegossene, 7,40 m große Bronzeplastik, die den Bodhisattva Puxian auf seinem Elefanten reitend zeigt, einem weißen Wundertier mit sechs Stoßzähnen. Besucher können hier in einfachen Doppelzimmern übernachten.

HUAYAN DING ☆

Ein 1914 m hoher Nebengipfel. Bald darauf vereinigen sich die Nord- und die Südroute.

XIXIANG CHI

Das *Elefantenbad* (2070 m). Der Name dieses Klosters spielt auf Puxians Reittier an. Im Frühjahr blühen oberhalb davon die Azaleen.

JIEYIN DIAN

Bei diesem Kloster (2540 m) endet die Fahrstraße, und man kann die Gipfelseilbahn besteigen (aufwärts 40 Yuan, abwärts 30 Yuan).

JIN DING ☆

Der *Goldene Gipfel* (3077 m) bietet bei klarer Sicht einen Blick bis zum tibetischen Hochland. Fällt der eigene Schatten hier in tiefer liegende Wolken, ist das Phänomen des Glorienscheins zu beobachten. Eine Bahn fährt zum Hauptgipfel *Wanfo Ding* (3099 m). Übernachtung, um den Sonnenaufgang zu erleben: im *Jinding Hotel* (85 Zi. | Tel. 0833 5 09 80 88 | €–€€).

EINKAUFEN

Teeliebhaber sollten hier etwas *Zhuyeqing-Grüntee* erwerben, der in den Tempeln mit köstlichem frischem Quellwasser aufgegossen wird.

ÜBERNACHTEN

Einfache Unterkünfte in den Tempeln, teils mit Klimaanlage. Am Fuß des Berges ist zu empfehlen:

HONGZHUSHAN HOTEL

In großer Parkanlage beim Baoguo Si – schon Chiang Kai-shek und Deng Xiaoping waren hier zu Gast. *510 Zi. | Tel. 0833 5 52 58 88 | www.hzshotel.com | €€*

GUIYANG

(182 C1) (*∅ G7*) **Die Hauptstadt der Provinz Guizhou (1,7 Mio. Ew.) liegt abseits der meisten Touristenrouten und hat doch einiges zu bieten.**
Die karge Schönheit der umliegenden Karstlandschaft und das Treiben auf Straßen und Nachtmärkten entschädigen für den Mangel an „klassischen" Sehenswürdigkeiten. Ausflüge in das Umland führen durch die Siedlungsgebiete von lokalen Volksgruppen, vor allem der Miao und der Buyi mit ihren farbenfrohen Trachten.

SEHENSWERTES

PAVILLON WENCHANG GE

Das ungewöhnliche, neuneckige Gebäude von 20 m Höhe wurde erstmals im Jahr 1609 errichtet. Es ist Wenchang, dem Gott der Literatur und Gelehrsamkeit, gewidmet.

PROVINZMUSEUM GUIZHOU

Sehenswert ist die Abteilung zum Brauchtum der „Minoritätenvölker", deren schöne kunsthandwerkliche Arbeiten Sie im Garten *Cuiwei Yuan* in der Nähe des Jiaxiu Lou bewundern können. *Tgl. 9–16.30 Uhr | Beijing Lu | unfern des Qianling-Parks*

www.marcopolo.de/china

DER SÜDWESTEN

QIANLING-PARK
Ein 300 ha großes, hügeliges Areal mit altem Baumbestand. Auf einer Anhöhe im Zentrum des Parks befindet sich der zenbuddhistische *Tempel des Großen Glücks* (Hongfu Si) aus dem 17. Jh. *Tgl. 6.30–22 Uhr*

TURM JIAXIU LOU
Der 30 m hohe *Turm des Prüfungsersten* am Ufer des Nanming-Flusses wurde 1689 durch den Gouverneur Tian Wen erbaut. *Tgl. 8.30–19 Uhr*

AM ABEND
Immer empfehlenswert ist ein Bummel über den *Nachtmarkt in der Yan'an Lu.* Hier gibt es viele Imbissstände (es muss ja nicht gleich das in Kesseln gesottene Hundefleisch sein). Als Kontrast danach können Sie einen Drink in der ❄ Dachbar des *Guizhou Park Hotel (Beijing Lu 66)* nehmen.

ÜBERNACHTEN

REGAL HOTEL
Gut geführtes Viersternehaus mit 220 Zimmern in zentraler Lage. *Ruijin Beilu 115 | Tel. 0851 6 52 18 88 | €€*

ZIELE IN DER UMGEBUNG

DONG-TROMMELTÜRME
(183 D–E1) (*ω H7*)
Im Grenzgebiet der Provinzen Guizhou, Hunan und Guangxi liegt der Siedlungsraum der Dong-Nationalität (1,5 Mio. Menschen), deren architektonische Meisterleistung die vollständig aus Holz gefertigten Trommeltürme sind. Die Türme dienen als Versammlungsort und werden bis heute in alter Manier gebaut; besonders beeindruckend sind sie in Liping und Zhaoxing. Ebenfalls aus Holz sind die aufwendigen, ohne Nägel gebauten *Wind-und-Regen-Brücken* des Dong-Volkes, deren bekannteste bei Chengyang über den Fluss Linxi führt. *Ca. 200 km östlich von Guiyang*

Anmutig unter Wolkenkratzern: der Turm Jiaxiu Lou in Guiyang

HÖHLE LONGGONG DONG
(182 C1) (*ω G7*)
Der „Drachenpalast" ist ein unterirdisches System von natürlichen Kanälen und Teichen, 4,8 km lang. Der zugängliche Abschnitt (800 m) wird mit Booten befahren und zeigt eine beeindruckende Tropfsteinlandschaft. *Eintritt 170 Yuan | 100 km südwestlich*

110 | 111

KUNMING

HUANGGUOSHU-WASSERFALL
(182 B1) (ᴍ G7)
Der Baishui-Fluss stürzt hier auf 80 m Breite 60 m tief hinab und bildet den mächtigsten Wasserfall Chinas. Ein feuchtes Vergnügen bietet der glitschige Weg, der hinter der Wasserwand in den Felsen gehauen wurde. Während der sommerlichen Regenzeit kommen! Wasserfall und Höhle können Sie als Tagesausflug besuchen (Linienbus ab Guiyang ca. 35 Yuan). *Eintritt 180 Yuan | 120 km südwestlich*

KUNMING

(181 E4) (ᴍ F7) **Kunming (1,4 Mio. Ew.) liegt auf einer vegetationsreichen, von Gebirgen umgebenen Ebene in fast 2000 m Höhe.**
Erst seit dem 13. Jh., als die Mongolen das alte Königreich Dali zerstörten, ist die Stadt als Hauptstadt der Provinz Yunnan Bestandteil des chinesischen Reichs. Aus chinesischer Perspektive hat sie dank der vielen Volksgruppen, die hier zusammentreffen, bis heute eine etwas exotische, multikulturelle Atmosphäre, auch wenn der nahezu vollständige Abriss der Altstadt ihr viel von ihrer einstigen Schönheit geraubt hat. Wegen des milden, oft auch etwas kühlen Klimas gilt Kunming als „Stadt des ewigen Frühlings".

SEHENSWERTES

INSIDER TIPP **GRÜNER SEE** ●
Am Rand eines verschwindenden Altstadtviertels südlich des Zoos erfreut der See Cui Hu mit Inseln und einer Parkanlage, in der ältere Leute Mahjongg spielen und gelegentlich, begleitet von der zweisaitigen *Erhu*-Geige, einem kenntnisreichen Publikum Opernarien vortragen. Auch zu Gymnastikübungen trifft man sich hier. *Eintritt frei*

KLOSTER YUANTONG SI
Der *Tempel des vollkommenen Durchdringens,* eine freundliche, reich bepflanzte Anlage, liegt inmitten betriebsamer Altstadtgassen. *Tgl. 8–17 Uhr*

TURM DAGUAN LOU
Der dreistöckige *Turm der Weiten Sicht* aus dem 17. Jh. (neu erbaut 1869) steht an der Nordspitze des Sees Dian Chi. Von hier aus führen Bootstouren über den See. *Tgl. 8.30–18 Uhr | Eintritt 20 Yuan*

WESTPAGODE XISI TA
Der Backsteinturm, errichtet im Jahr 849, ist das älteste Bauwerk der Stadt. *Dongsi Jie | südlich des zentralen Jinbi-Platzes*

ESSEN & TRINKEN

In Kunming schmeckt das Essen anders: Man spürt die Nähe Südostasiens. Garküchenspezialität sind die „Über-die-Brücke-Nudeln", die man mit den übrigen Zutaten erst am Tisch in die heiße Brühe gibt.

INSIDER TIPP **1910 LA GARE DU SUD**
China entdeckt alte Industriearchitektur, in diesem Fall einen einstigen, kleinen Bahnhof – tolles Ambiente, gute Speisen, nette Leute. Reservierung empfohlen. *Hou Xin Jie 8 | Tel. 0871 3 16 94 86 | €*

EINKAUFEN

Stickereien und schöne Batiken zum Festpreis gibt es im staatlichen *Arts and Crafts Shop* (Ecke Changchun Lu/Qingnian Lu).

AM ABEND

DYNAMIC YUNNAN
Eine tolle Show, die die ethnische Vielfalt der Provinz in modernem Stil auf die Bühne bringt. Unbedingt sehenswert. *Mo–Sa 20 Uhr (außer die Truppe ist auf*

www.marcopolo.de/china

DER SÜDWESTEN

Tournee) | Yunnan Yishu Juyuan (Kunsttheater Yunnan) | Karten ab 140 Yuan, Dongfeng Xilu 132 | Tel. 0871 3 13 43 21

ÜBERNACHTEN

GREEN LAKE HOTEL
2009 runderneuert, stieg das Fünfzigerjahrehaus in die erste Riege der Stadthotels auf. Viele der 294 Zimmer blicken auf den „Grünen See" Cui Hu. *Cuihu Nanlu 6 | Tel. 0871 5 15 88 88 | €€–€€€*

skurril und überwältigend phantasievoll gelungen wie hier im *Bambuskloster*. Der Bildhauermeister Li Guangxiu schuf mit seinen Helfern zwischen 1883 und 1890 ein Pandämonium von Fabelgestalten mit mal meterlangen, mal absurd verkürzten Gliedmaßen, bodenlangen Augenbrauen, lachenden und brüllenden Fratzen – fast wie in einem Gemälde von Hieronymus Bosch. *Tgl. 9–17 Uhr | Eintritt 10 Yuan | 12 km nordwestlich der Stadtmitte*

Der „Steinwald" Shilin ist die große landschaftliche Attraktion bei Kunming

SPRING CITY GARDEN TIANHONG HOTEL
Am Rand der Innenstadt unweit des Provinzmuseums erfreut dieses überschaubare Haus mit 134 konsequent modernen, preisgünstigen Zimmern. *Zhuantang Lu 56 | Tel. 0871 6 26 08 88 | €*

ZIELE IN DER UMGEBUNG

KLOSTER QIONGZHU SI
(181 E4) *(Ø F7)*
Nirgends sonst sind Skulpturen der 500 buddhistischen Heiligen, der Arhats, so

SHILIN (181 F4) *(Ø G7)*
Jahrmillionen der Erosion formten hier aus den Kalksedimenten eines vorgeschichtlichen Ozeans bizarr geformte, bis zu 30 m hohe Steingebilde. Pagoden, Säulen und seltsame Blüten scheinen aus dem Fels zu wachsen. Auf einer Fläche von 260 km² verteilen sich mehrere solcher „Wälder". Der am meisten besichtigte ist 90 ha groß und sehr überlaufen. Nur wer über Nacht bleibt, findet morgens und spätnachmittags genug Ruhe, um den „Wald" zu genießen. *Ganztags geöffnet | Eintritt 140 Yuan | erreich-*

112 | 113

LESHAN

bar per Bus oder Bahn als organisierte Tagestour oder mit Übernachtung im Shilin Binguan (Tel. 0871 7 71 14 01 | €) am Eingang des "Waldes" | rund 100 km südöstlich von Kunming

Der Große Buddha von Leshan

XI SHAN ✱ (181 E4) (*M F7*)
Auf dem *Westberg* (Xi Shan) führt eine INSIDER TIPP Promenade mit Seeblick vorbei an den buddhistischen Klöstern *Huating Si* und *Taihua Si* zur daoistischen *Halle der Drei Reinen Herrscher* (Sanqing Ge). Hier mündet der Weg in einen schmalen Steig, der zwischen 1781 und 1853 von daoistischen Mönchen aus dem steil abfallenden Fels gehauen wurde. *Tgl. 9–18 Uhr | Eintritt 30 Yuan | 15 km südlich von Kunming*

LESHAN

(176 B4) (*M G6*) **Die Stadt am Zusammenfluss des Min Jiang und des Dadu He existiert seit über 3000 Jahren.**
Die überragende Attraktion ist der in der Tang-Zeit in den Felshang gehauene Riesenbuddha.

SEHENSWERTES

KLOSTER WUYOU SI ✱
Südlich der Buddhafigur gelegenes Kloster mit schöner Sicht über den Fluss und die Stadt. *Eintritt 10 Yuan*

LESHAN DAFO ★
90 Jahre dauerte es, die 71 m hohe Skulptur des sitzenden Maitreya-Buddha am Ostufer des Flusses Min Jiang aus dem Felsen zu schlagen, im Jahr 803 war sie fertiggestellt. Allein die Ohren haben eine Länge von 7 m, und der Nagel der großen Zehe misst 1,60 m. Seitwärts führt eine steile Felstreppe am Körper des Riesenbuddha hinauf zum „Kloster des Großen Buddha" *(Dafo Si)*. *Tgl. 9–16.50 Uhr | Eintritt 90 Yuan*
Den besten Blick auf den Großen Buddha haben Sie von einem der INSIDER TIPP Ausflugsboote, die zwischen dem Stadtgebiet und dem Kloster Wuyou Si verkehren.

ÜBERNACHTEN

JIAZHOU
Eine ordentliche Herberge inmitten der Stadt, am Ufer des Flusses Dadu He gelegen. *220 Zi. | Baita Jie 19 | Tel. 0833 2 13 98 88 | €*

DER SÜDWESTEN

LIJIANG

(181 D2) (*ω F6*) ⭐ **An einer alten Tee-handelsstraße nach Tibet liegt in 2600 m Höhe jenseits eines hässlichen Neubaugürtels die labyrinthische Altstadt des Naxi-Volks – eine andere Welt.** Klare Gebirgsbäche sprudeln an den grau gedeckten Holzhäusern entlang. Das Gassengewirr ist autofrei, die Menschen sind freundlich. Obwohl inzwischen völlig touristisch, verzaubert die Stadt alle Gäste mit ihrem einzigartigen Charme. Hauptattraktion sind die Altstadt selbst (Welterbestätte) sowie der nach einem Erdbeben wieder erstandene *Palast des Prinzen Mu* (tgl. 8.30–17.30 Uhr | Eintritt 45 Yuan), ferner das örtliche Kunsthandwerk, besonders die Stickereien. An den Bächen der nördlichen Altstadt reihen sich lauter nette und preiswerte Restaurants. *Eintritt Altstadt 80 Yuan*

AM ABEND

In Lijiang haben chinesische Musiktraditionen von vor 500 bis 900 Jahren die Moden überdauert. Unter Mao verpönt, brach die Tradition beinah ab. Das Orchester, das die Musik heute zu Gehör bringt, besteht daher vorwiegend aus alten Männern, manche im Greisenalter. Konzerte gibt es täglich um 20 Uhr in der INSIDER TIPP ▶ *Dayan Naxi Concert Hall* (Dong Dajie | Karten ab 80 Yuan, frühzeitig kaufen!). Lijiang-Zauber im Freien: Reigen tanzen für jedermann bei den Wasserrädern im Norden der Altstadt, teils auch an anderen Stellen.

ÜBERNACHTEN

In der Altstadt finden sich viele Privatpensionen, die meisten davon mit einem stillen Innenhof und ausreichendem Komfort. Eine freundliche Herberge, ruhig gelegen und mit gepflegtem Innenhof, jedoch ohne Restauration, ist das *Pine Bamboo Inn (Songzhuju Kezhan | Wu-yi Jie Xingren Shangduan 40 | Tel. 0888 5 30 60 00 | €).*

ZIELE IN DER UMGEBUNG

Nordyunnan bietet eine Fülle landschaftlicher Attraktionen. Oben auf der Liste steht die wilde INSIDER TIPP ▶ *Tigersprungschlucht* des Jangtse-Oberlaufs (100 km nördlich von Lijiang), ein Ziel für eine Dreitagestour mit Wanderung, zu buchen in Reisebüros in der Altstadt. Seilbahnen fahren zu einem 4500 m hohen Gletscher des *Yulong Xueshan.* Per Fahrrad erreichbar ist der Flecken *Baisha* (9 km nördlich von Lijiang) mit 400 bis 600 Jahre alten Wandmalereien in der Dabaoji-Residenz im Tempel Liuli Dian. (181 D2) (*ω F6*)

LOW BUDG€T

▶ Preisgünstig schlafen in Chengdu lässt sich in der *Nova Traveller's Lodge.* Es gibt Schlafsaalbetten und sehr günstige Doppelzimmer. *Taisheng Beilu 10 | Tel. 028 86 95 00 16 | novahostel@gmail.com*

▶ Jangtseschluchten: Eine Fahrt von Chongqing nach Yichang auf einem der Linienschiffe in der 3. Klasse ist für 680 Yuan oder sogar darunter zu haben. Buchung über *Chongqing Port International Travel Service | Chaotian Men Xinyi Jie 18 (beim Fährhafen) | Tel. 023 86 62 29 26 | www. travellonely.com*

DIE SÜDKÜSTE

Eine Busfahrt entlang der Südküste zeigt China, wie man es sich vorstellt: Weite, sattgrüne Reisfelder, Bauern mit Strohhüten, stoische Wasserbüffel ...
Zwischendurch deuten bunt gekachelte, mehrstöckige Bauernhäuser neuen Wohlstand und neues Selbstbewusstsein an. Die Provinzen Fujian, Guangdong und Guangxi bedecken eine hügelige Karstlandschaft, die in Küstennähe in eine fruchtbare Ebene übergeht. Subtropische bis tropische Temperaturen und reiche Regenfälle erlauben intensiven Reisanbau mit bis zu drei jährlichen Ernten; daneben gedeihen Ananas, Bananen und viele andere Früchte. Auf der tropischen Insel Hainan liegen ausgedehnte Kokosplantagen. Besonders Fujian ist vom westlichen Tourismus noch wenig berührt, dabei machen es die guten Wohn- und Transportbedingungen zu einem besonders angenehmen Reiseziel.

FUZHOU

(185 E3) (*M* K7) **Die Hauptstadt (1,5 Mio. Ew.) der Provinz Fujian am Ufer des Min Jiang macht mit ihren breit angelegten Straßenzügen und Grünanlagen den Eindruck einer freundlichen, wohlhabenden Industrie- und Handelsstadt.**
Fuzhou ist schon seit der Song-Zeit ein Zentrum des Seehandels. 1842 zählte es zu den zwangsweise geöffneten Vertragshäfen.

Bild: Kormoranfischer auf dem Li Jiang

Seefahrt und Handel haben den Süden geprägt, seine tropische Fruchtbarkeit lässt Palmen und Ananas gedeihen

SEHENSWERTES

GU SHAN

Der *Trommelberg* etwa 30 Busminuten außerhalb der Stadt ist die größte Sehenswürdigkeit Fuzhous. Am Hang der 969 m hohen Erhebung liegt, in ein altes Waldgebiet eingebettet, das *Kloster der Sprudelnden Quelle* (Yongquan Si). Die Anlage wurde 908 gegründet und hat im Wesentlichen ihre mingzeitliche Struktur bewahrt. Links und rechts des Haupttors stehen zwei seltene Keramikpagoden von fast 7 m Höhe aus dem Jahr 1082. Auf ihrer Oberfläche sind 1078 Buddhafiguren eingebrannt. Die 2,5 t schwere Klosterglocke von 1696 wird bis heute benutzt. *Eintritt 40 Yuan*

Im Osten des Klosters führt ein kleiner Rundweg den Berghang entlang. Auf ihm erreicht man den mit Kalligrafien bedeckten „Wassertrinkerfels" und gelangt schließlich zur **INSIDER TIPP** *Drachenkopfquelle* (Longtou Quan), wo man mit Quellwasser gebrauten Tee genießen kann.

116 | 117

FUZHOU

Der Tempel des mingzeitlichen Generals Qi Jiguang auf dem Yu Shan in Fuzhou

KLOSTER XICHAN SI
Das Kloster in der westlichen Vorstadt hat eine über 1000-jährige Geschichte. Im Zuge der Renovierung wurde die fünfzehnstöckige *Pagode Bao'en Ta* neu errichtet. Fans der vegetarischen Küche kommen im Klosterrestaurant auf ihre Kosten. *Gongye Lu | nahe der Fuzhou-Universität*

YU SHAN
Auf dem 58 m hohen Hügel im Stadtzentrum stehen der *Tempel des Generals Qi Jiguang* (1528–87) und die siebenstöckige *Weiße Pagode* von 1548. *Tgl. 8–16.45 Uhr*

ESSEN & TRINKEN

JUCHUNYUAN
Seit 1877. Hier soll der *Fotiaoqiang*-Eintopf erfunden worden sein, der unter anderem aus Haifischflossen und Taubeneiern sowie verschiedenen Fleischsorten hergestellt wird. Der Duft ist so verführerisch, dass selbst ein „Buddha über die Mauer springt" – so der Name dieses Gerichts –, um einen Happen zu bekommen. *Als Imbisslokal und reguläres Restaurant im Hotel der Firma: Juchunyuan Hotel | Dongjie 2 | Tel. 0591 87 53 36 04 | €€€*

EINKAUFEN

Lackwaren und Schnitzereien haben hier eine lange Tradition, bemalte Tonfiguren sind ein beliebtes Mitbringsel. Einkaufsstraße ist die *Ba-yiqi Lu*.

ÜBERNACHTEN

BEST WESTERN FUZHOU FORTUNE HOTEL
Westliches Komforthotel, im Norden der Innenstadt gelegen. *Hualin Lu 220 | Tel. 0591 88 19 99 99 | www.bestwestern.com | €€*

www.marcopolo.de/china

SÜDKÜSTE

FUZHOU HOTEL
Das Haus hat 308 Zimmer, viele mit Blick auf den nahen Yu Shan. *Doudong Lu 1 | Tel. 0591 83 33 33 33 | www.fuzhou-hotel.com.cn | €*

ZIEL IN DER UMGEBUNG

WUYI SHAN ⭐ (185 D2) *(ⅅ J–K 6–7)*
Etwa 250 km nordwestlich von Fuzhou, an der Grenze zur Provinz Jiangxi, liegt dieses 60 km² umfassende malerisch-bizarre Berggebiet. Der Legende nach sind seine Felsen und Klüfte die Trümmer eines Regenbogens, über den der „Herr von Wuyi", ein legendärer Ritter, in den Himmel gelangt sein soll. Die halbfermentierten Tees der Region sind ausgezeichnet, die bekannteste Sorte ist *Tieguanyin* (Eiserne Bodhisattva).
Das Zentrum des Gebiets durchzieht der malerische ● *Fluss der neun Windungen* (Jiuqu Xi), der auf einer Länge von rund 9,5 km mit Bambusflößen befahren wird. Bei der dritten Windung haben die Ureinwohner des Gebiets Bestattungshöhlen in den Fels geschlagen, deren Alter auf 3800 Jahre geschätzt wird.
Nördlich des Flusses erhebt sich der leicht zu besteigende ☀ *Gipfel der Himmelsreise* (Tianyou Feng), der einen weiten Blick über die Umgebung erlaubt. Spektakulär ist der „Himmelsspalt", eine 178 m lange, wie mit einem Riesenbeil gehauene, enge Kluft, die einen Berg spaltet und teilweise durchklettert werden kann. Ein weiteres der vielen Ausflugsziele der Region ist die *Wasservorhanggrotte* (Shuilian Dong) – ein verborgenes Teehaus in einem alten Tempel. Wanderwege verbinden die Attraktionen. *Bergtaxe 1 Tag: 140 Yuan, 2 Tage: 150 Yuan, 3 Tage: 160 Yuan | Unterkunft: Wuyi Mountain Villa (220 Zi. | Tel. 0599 5 25 18 88 | www.513villa.com | €–€€)*

GUILIN

(183 E2) *(ⅅ H7)* **Der Name der Stadt im Nordosten der Provinz Guangxi steht heute weltweit für die außergewöhnliche Landschaft, in der sie liegt: die aus Reis- und Gemüsefeldern aufragenden Karstkegel.**
Da sich bei einer Fahrt auf dem Li-Fluss die Schönheit der Gegend zudem vor dem Auge mit Muße entfaltet, entwickelte sich die Stadt zu einem der größten Besuchermagnete Chinas. Gemeinsam mit dem nahen Yangshuo beglückt Guilin Gruppen- und Einzelreisende gleichermaßen.
Inzwischen hat die Stadt (500 000 Ew.) die reich sprudelnden Einnahmen in die Neugestaltung adretter Promenaden und Fußgängerzonen gesteckt, die nicht nur die Besucher, sondern auch die Bürger Guilins selbst abends mit mediterran wirkendem Leben füllen. Mancher wird

---

MARCO POLO HIGHLIGHTS

⭐ **Wuyi Shan**
Skurril: die Berge, köstlich: der Tee, erholsam: eine Fahrt auf dem Bambusfloß → S. 119

⭐ **Li-Jiang-Flussfahrt**
Eine Reise mit dem Boot in die weltberühmte Märchenwelt des Karstgebirges → S. 120

⭐ **Impression Liu Sanjie**
Spektakuläre Show im Naturtheater der Karsthügel von Guilin → S. 122

⭐ **Gulang Yu**
Insel bei Xiamen mit mediterraner Atmosphäre – und baden kann man hier auch → S. 128

GUILIN

daher gern länger bleiben wollen als die obligatorischen zwei Tage.

SEHENSWERTES

HÜGEL IM STADTGEBIET

Guilin selbst weist eine Reihe von interessanten Felsformationen auf, die begehbar und mit Pavillons und Aussichtspunkten versehen sind. Die wichtigsten sind, von Norden nach Süden: der *Diecai Shan* (Farbschichtenberg), mit 223 m Höhe direkt am Li Jiang gelegen; ein Stück weiter flussabwärts der kleinere *Fubo Shan,* der in seinem Inneren mehrere Hundert Steinsculpturen aus der Tang- und Song-Zeit birgt. Die Gestalt eines im Fluss trinkenden Elefanten hat der markante *Xiangbi Shan* (Elefantenrüsselberg).

LI-JIANG-FLUSSFAHRT ★

83 km misst der Streckenabschnitt zwischen Guilin und Yangshuo, der den Li Jiang, einen Nebenarm des Perlflusses, weltberühmt gemacht hat. Dutzende von Touristenbooten gleiten täglich durch das „Bilderbuch der hundert Meilen" in eine Traumwelt steil aufragender Felshänge und skurriler Karstkegel. Immer wieder sieht man Bambusflöße mit Kormoranen am Ufer. Die Fischer gehen mit den abgerichteten Vögeln nachts auf Fang. In Yangshuo ist vor der Rückfahrt

Naturwunder im Neonlicht: Die Tropfsteinhöhle Ludi Yan erstrahlt in bunten Farben

per Bus noch Zeit zum Marktbummel. *Preis ab 480 Yuan mit englischer Leitung, inkl. Mittagessen und Transfers | Abfahrtstelle (flussab von Guilin) und Fahrtdauer hängen vom Wasserstand ab*

LUDI YAN

Fels der Schilfrohrflöte: die größte Tropfsteinhöhle der Gegend, rund 6 km nordwestlich von Guilin. *Tgl. 8–17.30 Uhr | Eintritt 60 Yuan*

QIXING GONGYUAN

Der *Sieben-Sterne-Park,* eine große Anlage mit dem kuriosen Kamelfelsen, kleinem Zoo, Bergpfaden, Tropfsteinhöhle

SÜDKÜSTE

und einer Grotte mit Felsinschriften, liegt im Osten der Stadt und ist bequem zu Fuß zu erreichen. *Tgl. 6–21.30, Höhle 8–17.30 Uhr | Eintritt 35 Yuan, Höhle 60 Yuan*

ESSEN & TRINKEN

Ein reiches Angebot an Kneipen und Speiselokalen (manche mit Dachgarten) findet sich in der zur Fußgängerzone umgewandelten *Zhengyang Lu*. Am Südufer des Stadtsees Rong Hu erfreut das *Café Nissi* mit Pizza, Cappuccino etc.

AM ABEND

Am Abend wird gebummelt, vor allem auf der Fußgängerzone *Zhengyang Lu* und auf dem zentralen Platz, an dessen Ostseite entlang der *Zhongshan Lu* dann Marktstände stehen. Um 20.30 Uhr versammelt sich alles an der Südostecke des Platzes: Dann tritt der künstliche Wasserfall am Waterfall Hotel in Aktion.

ÜBERNACHTEN

EVA INN
113 Zimmer an der Flusspromenade. Herrliche Dachterrasse. *Binjiang Lu 66 | Tel. 0773 2 83 06 66 | www.evainnguilin. com | €*

LAKESIDE INN
Eine viel gelobte kleine Herberge in zentraler, schöner Lage am Nordufer des Stadtsees Shan Hu. Es gibt auch Doppel- und Familienzimmer. *214 Zi. | Shanhu Beilu | Shan Lake Building 1-1-2 | Tel. 0773 2 80 68 06 | www.guilin-hostel.com | €*

SHERATON GUILIN
Haus der Oberklasse mit allem Komfort, zentrale Lage am Flussufer. *430 Zi. | Binjiang Lu 15 | Tel. 0773 2 82 55 88 | www. sheraton.com | €€€*

ZIELE IN DER UMGEBUNG

INSIDER TIPP LONGSHENG-REISTERRASSEN (183 E1) *(ৃ H7)*
Nahe der Stadt Longsheng machen diese Monumente bäuerlichen Fleißes staunen. Es gibt Höhenunterschiede von gut 1000 m auf wenige Kilometer Distanz. Besucht werden meist die *Longji-Terrassenfelder* oberhalb des Dorfes Jinjiang. Die dort lebenden Zhuang, Miao, Yao und Dong erfreuen auch mit ihren Trachten und geschlossenen Dörfern in traditioneller Bauart. *Ausflug mit Übernachtung ab Guilin buchbar*

YANGSHUO (183 E2) *(ৃ H7)*
Der 60 km südlich von Guilin gelegene Ort hat zwei ruhige Tageszeiten: Vor Ankunft der Li-Jiang-Schiffe und nach Abfahrt der Busse. Dazwischen herrscht Trubel an den Hunderten von Verkaufsständen, die die Hauptstraßen säumen. Die zahlreichen ausländischen Rucksacktouristen, durch die Yangshuo seinen ganz eigenen Charakter erhält, sind dann meist auf Fahrradtour irgendwo auf dem Land, paddeln oder baden. Yangshuos Beliebtheit bei ihnen ist ungebrochen, auch wegen der Infrastruktur mit netten kleinen Lokalen und billigen Privatunterkünften.

Als freundliche, ökoorientierte Herberge empfiehlt sich das INSIDER TIPP *Yangshuo Mountain Retreat (Gaotian Zhen Fenglou Cun | Tel. 0771 8 77 70 91 | www. yangshuomountainretreat.com | €)* mit 29 Zimmern; es liegt ca. 6 km außerhalb am Ufer des Yulong He. Die Gäste können Fahrräder leihen sowie ● Floßfahrten auf dem Yulong-Fluss (wunderbar: das ruhige Dahingleiten durch die atemberaubende Felslandschaft) und anderes Vergnügen buchen.

Es gibt noch einen Grund, mindestens bis zum Abend in Yangshuo zu bleiben: die

HAINAN

spektakuläre Show ⭐ *Impression Liu Sanjie.* Auf einer Wasserbühne vor der Naturkulisse der Karstberge entfaltet sich dann ein grandioses, farbenprächtiges Spektakel, erdacht und arrangiert vom Filmregisseur Zhang Yimou. Die Mitwirkenden sind 600 Laiendarsteller aus der bedeckt. Hier leben die Volksgruppen der Miao, Zhuang und Li, die jetzt noch einen erheblichen Teil der Bevölkerung ausmachen (Frühlingsfest der Li am 3. 3. des Mondkalenders). Besonders rings um Sanya gibt es herrliche Südseestrände, die außer von Chinesen heute vor allem

So tropisch kann China sein: Palmen und türkisfarbene Wellen am Strand von Sanya

Gegend. *2 km östlich der Stadt | die Anfangszeiten wechseln, keine Aufführungen bei Starkregen, drei Wochen Spielpause im Winter | Tel. 0773 8 81 77 83 | www.yxlsj.com*

von Russen frequentiert werden. Russisch ist dort erste Fremdsprache. In Sanya, Chinas südlichster Stadt, liegt selbst die Januartemperatur noch bei 21 Grad. *www.hainandiscovery.com*

HAINAN

(183 D–E 5–6) (G–H8) **Im alten China galt diese Insel im äußersten Süden des Landes als Rand der zivilisierten Welt und als Verbannungsort für unliebsame Beamte.**

Heute ist die Südküste ein Touristenparadies. Die 34 380 km² große Insel liegt auf dem Breitengrad von Hawaii und ist im Landesinneren mit dichtem Regenwald

SEHENSWERTES

SANYA *(183 E6) (H8)*

Hier liegen unter Kokospalmen die schönsten Sandstrände Chinas: die Buchten *Dadong Wan* und *Xiaodong Wan* an der bergigen Halbinsel Luhuitou sowie die lang gestreckte ● *Yalong-Bucht* 20 km östlich der Stadt. Am westlichen Meeresufer zieht sich der Strand *Tianya Haijiao* hin. Dort ragen gewaltige Felsblöcke auf; der größte trägt die be-

SÜDKÜSTE

rühmte Kalligrafie *Nantian yizhu* (Pfeiler des Südhimmels). 40 km westlich von Sanya befindet sich die *Nanshan Buddhism & Cultural Tourism Zone,* eine eigenwillige Mischung aus Themenpark und Klosterfrömmigkeit. Sehenswert ist dort vor allem die gewaltige, 108 m hohe `INSIDER TIPP` Bronzestatue der Bodhisattva Guanyin auf einer künstlichen Insel im Meer. Sie wurde 2005 geweiht und wacht mit ihren drei Gesichtern über China, Taiwan und den Rest der Welt. Die besten Resorthotels stehen am 8 km langen Strand der Yalong-Bucht.

WUZHI SHAN (183 E6) (*ⓜ H8*)

Der *Fünf-Finger-Berg* ist der mit 1867 m höchste der Insel. Er ist bedeckt mit tropischem Regenwald. Die Besteigung beginnt beim Dorf Shuimanxiang, das die Ethnien Miao und Li bewohnen. Ein schönes Hotel ist das *Shuimanyuan (30 Zi. | Tel. 0898 86 55 03 33 | €).* Busse ab Sanya nach Wuzhishan-shi, dort umsteigen

ESSEN & TRINKEN

An der autofreien, schattigen Promenade von Dadonghai (2 km südwestlich der Stadt) reihen sich die Meeresfrüchterestaurants. Sie führen auch gekühlten Weißwein. Versäumen Sie nicht, die köstlichen Säfte aus frischen Tropenfrüchten zu probieren.

ÜBERNACHTEN

SHERATON SANYA

Südchina zum Entspannen: Großes Strandhotel an der Yalong-Bucht mit Fünfsternekomfort; ein Golfclub mit 36-Loch-Platz liegt gleich in der Nähe. *511 Zi. | Sanya | Yalong Bay National Resort District | Tel. 0898 88 55 88 55 | www. sheraton.com | €€–€€€*

SOUTH CHINA

Mit Sportanlagen (Tennis, Golf) und eigenem Strand. *238 Zi. | Sanya | Dadonghai | Tel. 0898 88 21 98 88 | www.southchina hotel.com | €€*

KANTON

KARTE AUF SEITE 186

(184 A5) (*ⓜ H7*) **Die Metropole am Perlfluss (7 Mio. Ew.), Hauptstadt der Provinz Guangdong, war vor den Opiumkriegen der erste Brückenkopf westlicher Handelshäuser ins Reich der Mitte.**

Handelsstadt ist Guangzhou – so der korrekte chinesische Name – geblieben, unübersehbar vom Hongkonger Schick beeinflusst, doch darüber hinaus mit erstaunlich vielen Sehenswürdigkeiten. Die vorzügliche kantonesische Küche zählt unter anderem Schlangenfleisch und -wein zu ihren Spezialitäten. Die Kehrseite der Medaille: Auch vor geschützten Tieren machen die Köche nicht immer halt.

SEHENSWERTES

KLOSTER GUANGXIAO SI
(186 B1) (*ⓜ 0*)

Hier wurde im Jahr 676 der „6. Patriarch" Huineng zum Mönch geschoren – das war die Geburtsstunde des südchinesischen Zen-Buddhismus. Die gepflegte Anlage erfreut mit ihrer Atmosphäre und ihren Bildwerken. *Tgl. 6–17 Uhr*

KLOSTER LIURONG SI (186 B1) (*ⓜ 0*)

Im Zentrum des 537 gegründeten Klosters stehen nicht mehr die sechs Banyan-Bäume, nach denen es benannt ist, sondern eine 57 m hohe Pagode (11. Jh.). Besonders kostbar: eine Statue des „6. Patriarchen" aus dem Jahr 989 in der rechten Seitenhalle. *Tgl. 8–17 Uhr | Eintritt 15 Yuan*

KANTON

INSIDER TIPP **KÖNIGSGRAB DER NANYUE-DYNASTIE** (186 B1) (*Ⓜ O*)
Die kurzlebige Dynastie Nanyue (203–111 v. Chr.) beherrschte bis zu ihrer Unterwerfung durch die Han das Gebiet der heutigen Provinzen Guangdong und Guangxi. 1983 wurde in Kanton das Grab des zweiten Nanyue-Königs Zhao Mo (Regierungszeit 137–122 v. Chr.) entdeckt. Die gut erhaltene Grabanlage ist begehbar, und im dazugehörigen Museum wird der reiche Grabschatz ausgestellt: Siegel aus Gold und Jade, feinster Jadeschmuck, ein Grabkleid aus 2291 zusammengenähten Jadeplättchen, Tripode, Schalen und viele Alltagsgegenstände. *Tgl. 9–17.30 Uhr | Eintritt 12 Yuan (mit deutscher/englischer Videoeinführung) | Jiefang Beilu 867*

SHAMIAN (186 A3) (*Ⓜ O*)
Die Insel am Westende der Perlflusspromenade hatte der Kaiser einst den Ausländern zugewiesen. Bis heute stehen hier fast ausschließlich Bauten aus der Kolonialzeit. In den Alleen lässt es sich schön bummeln.

TEMPEL CHENJIA CI (186 A1) (*Ⓜ O*)
Eigentlich ist der 1894 fertiggestellte *Tempel der Familie Chen* eine Privataka-demie, finanziert von 72 Familienzweigen der Chen-Sippe in Guangdong. Die neunhöfige, regelmäßige Anlage fasziniert durch ihren reichen Schmuck: Stuckaturen, Holzschnitzwerk und vor allem den großenteils keramischen Dachschmuck, in dem sich Allegorien und Glückssymbole mit Szenen aus Geschichte und Geschichten abwechseln. Der Reichtum der Sippe wird auch von außen unübersehbar. Die Räume fungieren heute als Museum. *Tgl. 8.30–17.30 Uhr*

TURM ZHENHAI LOU ☀ (0) (*Ⓜ O*)
Der rote *Turm über dem Meer* (28 m Höhe), ein Teil der alten Stadtmauer, wurde 1380 erstmals und 1686 erneut errichtet. Er liegt im größten Kantoner Park, Yuexiu Gongyuan. Im Inneren befindet sich das Stadtmuseum mit einer Ausstellung zur Geschichte Kantons. *Tgl. 9–17 Uhr*

ZHUJIANG NEW TOWN ● (0) (*Ⓜ O*)
Das neue Zentrum der Stadt muss man gesehen haben, vor allem das Südende am Perlfluss. Vor der Kulisse riesiger Bürohochhäuser stehen hier das von Zaha Hadid entworfene Opernhaus, dessen Form an zwei Flusskiesel erinnert,

SCHATTENBOXEN

Ein Park im Morgengrauen, irgendwo in einer chinesischen Stadt. Überall stehen Menschen und treiben fließende, konzentrierte Gymnastik im Zeitlupentempo: „Der goldene Hahn", „Den Vogel am Schwanz packen", „Die Wolkenhände" – kurz: *Taijiquan*. Dieses „Schattenboxen", das vor rund 300 Jahren entwickelt wurde, ist im Kern tatsächlich eine Art der Selbstverteidigung – der Name bedeutet etwa „Faustkampf nach Urprinzip-Art" –, auch wenn es heute vorwiegend der Fitness dient. Bluthochdruck, Nervenschwäche und Haltungsschäden lassen sich auf diese Weise mindern oder vermeiden. Jeder der vielen Varianten (etwa mit dem Schwert) ist die Verwandtschaft mit den Kampfkünsten *Gongfu* (Kung-Fu) deutlich anzumerken.

www.marcopolo.de/china

SÜDKÜSTE

Am Perlfluss: In Kantons Kramläden bekommt man alles, was das Herz begehrt

ihm östlich gegenüber das *Provinzmuseum* (Di–So 9–17 Uhr | Eintritt frei), und auf der anderen Flussseite, als Schlusspunkt der Nord-Süd-Achse, erhebt sich der *Canton Tower* (tgl. 8.30–23 Uhr | höchste Aussichtsplattform 150 Yuan | www.cantontower.com), mit 600 m derzeit dritthöchstes freistehendes Bauwerk des Globus. Die riesige Tribüne auf einer Flussinsel diente zur Eröffnung der Asienspiele 2010. Tipp: INSIDER TIPP am Abend kommen, wenn alle großen Bauten in wechselnden Bonbonfarben erstrahlen.

ESSEN & TRINKEN

DAFOSI SUSHI GE (186 C2) (*M O*)
Das wohl beste vegetarische Restaurant der Stadt. *Xihu Lu 27, 3. Stock | Tel. 020 83 30 21 26 | €*

PANXI JIUJIA (186 A2) (*M O*)
Klassisches Ambiente mit im Park verteilten Pavillons, Tradition und Stammkundschaft. Die Dimsum zeigen, wie schön Frühstück auch in China sein kann. *Longjin Xilu 151 | Tel. 020 81 72 13 28 | €–€€*

PROVINCIAL RESTAURANT (186 A3) (*M O*)
Das Gourmetlokal des White Swan Hotels serviert Spezialitäten der Sichuan-, Shanghai- und Peking-Küche. Hier stimmen Ambiente, Service und Geschmack sowie auch der sehr reelle Preis. Nur abends. *Shamian Nanjie 1, 3. Etage | Tel. 020 81 88 69 68, App. 18 | €€€*

EINKAUFEN

Zwei beliebte Fußgängerzonen gibt es: die *Beijing Lu* (186 C2) (*M O*) in der östlichen Innenstadt und den Straßenzug *Shangjiu Lu/Xiajiu Lu* (186 A–C2) (*M O*) in der westlichen; nördlich der Xiajiu Lu beim Tempel Hualin Si liegt der traditionsreiche *Jademarkt*.

AM ABEND

Östlich von Shamian (auf Höhe des Nanfang-Kaufhauses) liegt der Pier für die Bootsfahrten auf dem Perlfluss. *Tgl. mehrere Abfahrten 19–22.30 Uhr | ab 28 Yuan* (186 B3) (*M O*)

124 | 125

QUANZHOU

ÜBERNACHTEN

Achtung: In der zweiten April- und Oktoberhälfte findet jeweils die Kanton-Messe statt. Die Folge sind Probleme bei der Zimmersuche und stark erhöhte Hotelpreise.

GUANGDONG VICTORY
(186 A3) (*0*)
Solides, ruhiges Haus auf der alten Kolonialinsel Shamian. Das Gebäude ist von 1953, die Ausstattung von 2007. Besonders Ausländer schätzen dieses 310-Zimmer-Haus und seine ruhige Umgebung. *Insel Shamian Beijie 53 | Tel. 020 81216688 | www.vhotel.com | €–€€*

WESTIN GUANGZHOU (0) (*0*)
Superluxus, aber zu reell kalkulierten Preisen zwischen Zhujiang New Town und Ostbahnhof. Das Hotel empfiehlt sich mit der Nähe zu bedeutenden Firmensitzen besonders für Geschäftsreisende. *446 Zi. | Linhe Zhonglu 6 | Tel. 020 28866868 | www.starwoodhotels.com | €€€*

ZIEL IN DER UMGEBUNG

TEMPEL ZU MIAO (184 A5) (*H7*)
20 km südwestlich von Kanton liegt in der sonst reizlosen Handelsstadt Foshan ein prächtiger daoistischer Tempel. *Zu Miao* ist etwa mit „Ahn aller Tempel" zu übersetzen. Seit der Song-Zeit wird hier Zhenwu verehrt, der kriegerische „Kaiser des Nordens". Am südlichen Ende der lang gezogenen Anlage ist die Theaterbühne *Wanfu Tai* (1685) mit feinem Schnitzwerk in Schwarz und Gold zu sehen. Weiter nördlich steht ein Schmucktor aus der Ming-Zeit; im Teich sitzt, in Stein dargestellt, eine Schildkröte mit einer Schlange auf dem Rücken – die symbolhaften Begleiter der Gottheit.

Die Firste der Haupthalle *Lingying Ci* (1372/1429) sind verschwenderisch mit Keramikfiguren aus der späten Qing-Zeit (1899) verziert. Innen gibt es zwei große Schreine mit Figurenszenen – unter anderem werden Zylinder tragende Ausländer gedemütigt – in vergoldeter Holzschnitzerei, ebenfalls von 1899. Ferner sieht man 18 überlebensgroße Himmelsgeneräle (Lack mit Goldüberzug, 17. Jh.), altes Zeremonialgerät und endlich die Bronzestatue (1452) des Zhenwu selbst. *Tgl. 8.30–19 Uhr | Eintritt 20 Yuan | Busse zum Tempel fahren in dichter Frequenz ab Kanton/Busbahnhof Fangcun (U-Bahn Kengkou)*

QUANZHOU

(185 D4) (*K7*) **Die Provinzstadt (300000 Ew.) war einmal weltberühmt: im 11.–14. Jh. vor allem, als zahllose arabische, aber auch europäische**

SÜDKÜSTE

Kaufleute (darunter Ibn Battuta und Marco Polo) hierher kamen und sie als größte Hafenstadt der Welt neben Alexandria beschrieben.

Ihr damaliger Name Zaytun blieb im Wort „Satin" erhalten, das Wort „Tee" in europäischen Sprachen entstammt dem örtlichen Dialekt *(tä)*. Bis heute verfügt Quanzhou über bedeutende und ungewöhnliche Altertümer, zudem ist es eine Stadt mit lebendigem Brauchtum, vor allem in ihren zahlreichen, gepflegten Tempeln. In Quanzhous Häusern wird, ungewöhnlich für China, traditionell der hier billig und in großen Mengen gewonnene Granit verbaut.

SEHENSWERTES

KLOSTER KAIYUAN SI

Quanzhous bedeutendstes Buddhaheiligtum, eine großzügige Anlage, wurde im 8. Jh. gegründet. Seine zwei prächtigen Steinpagoden, erbaut 1237 bzw. 1250, sind Wahrzeichen der Stadt. Der eindrucksvollste Teil des Figurenschmucks ist die Ordinationsterrasse in der hinteren Tempelhalle. Eine Ausstellungshalle in der Nordostecke des Geländes birgt den 24 m langen Rumpf eines Handelsschiffs von 1274. *Tgl. 8–17.30 Uhr | im Westen der Stadt*

INSIDER TIPP ▶ LAOZI-FELS

Ein Bildnis des legendären Daoismusgründers Laozi wurde hier vor ca. 900 Jahren in 5 m Höhe und 7 m Breite aus einem Fels gehauen. Die kuriose Figur war Teil eines längst verschwundenen Tempels. *Ca. 5 km nördlich der Stadt*

MOSCHEE QINGJING SI

Die als Ruine erhaltene, 1009 erbaute Moschee ist eines der ältesten islamischen Bauwerke Chinas. Kleine Ausstellung zur Geschichte des Islam in der Stadt. *Tumen Jie*

Die Götter gnädig stimmen: Opfergeld für Tempelbesucher in der Altstadt von Quanzhou

126 | 127

XIAMEN

INSIDER TIPP ▶ **SEEVERKEHRSMUSEUM**

Zu sehen sind die Zeugen von Quanzhous großer Vergangenheit, darunter hier zusammengetragene Gräber ausländischer Kaufleute und Inschriften in den Sprachen aller Herren Länder. Das Museum verfügt zudem über die weltweit größte Sammlung chinesischer Schiffsmodelle. *Tgl. 9–17.30 Uhr | Eintritt frei | Donghu Lu*

TEMPEL TIANHOU GONG

Hier wird Mazu, die Schutzpatronin der Seefahrer, verehrt. Der Tempel birgt eine Ausstellung zur Geschichte und Praxis ihres Kults. *Tianhou Lu | im Süden der Stadt*

EINKAUFEN

Die Nord-Süd-Achse der *Zhongshan Lu* verspricht einen angenehmen Einkaufsbummel in quirligem Treiben unter Arkaden. Hier finden Sie schöne Bambus-

LOW BUDGET

▶ Guilin: Die *Buslinie 58,* die den Sieben-Sterne-Park mit dem Elefantenrüsselberg und der Tropfsteinhöhle Ludi Yan verbindet, ist gratis (verkehrt nur 8.30–16.30 Uhr).

▶ Die Privatherbergen und kleinen Hotels in Yangshuo haben günstige Wochentarife.

▶ Das *Riverside International Youth Hostel* in Kanton bietet Perlflussblick; Fährverbindung nach Shamian. Übernachtung ab 65 Yuan pro Bett, schöne Zimmer. *Luju Lu Changdi Jie 15 | Tel. 020 22 39 25 00* **(0)** *(⑪ 0)*

waren sowie handgearbeitete Marionetten und winziges Tongeschirr für Oolong-Tee.

ÜBERNACHTEN

QUANZHOU HOTEL

Lauter Vorteile: preiswerter Komfort, zentrale Altstadtlage. *377 Zi. | Zhuangfu Xiang 22 | Tel. 0595 22 28 99 58 | €–€€*

XIAMEN

(185 D4) *(⑪ J7)* **Die auch unter ihrem Dialektnamen Amoy bekannte Hafenstadt (650 000 Ew.) liegt auf einer Insel, die ein 2 km langer Damm mit dem Festland verbindet.**

Direkt vor den Hafenanlagen des Stadtzentrums befindet sich die Insel Gulang Yu. Hier siedelten vor 150 Jahren, als Xiamen nach dem Opiumkrieg für den Handel mit dem Ausland geöffnet werden musste, westliche Händler und Kolonialbeamte. Bis heute ist Gulang Yu das Schmuckstück des Ortes.

SEHENSWERTES

FESTUNG HULISHAN ☆

Die Festung wurde zur Zeit der Opiumkriege erbaut und erst 1984 als Stützpunkt aufgegeben. *Tgl. 8–18 Uhr | Eintritt 25 Yuan*

GULANG YU ⭐

In wenigen Minuten erreicht das Fährschiff die nur 1,6 km² große Insel, deren Kolonialbauten und reiche Bepflanzung eine geradezu mediterrane Atmosphäre hervorrufen. Hier lässt es sich gut schlendern, im Sommer verlocken am Südufer Parks, Badestrände und Promenaden zum Müßiggang, und das Fehlen des Verkehrslärms wirkt sehr erholsam.

www.marcopolo.de/china

SÜDKÜSTE

Im Zentrum der Insel ragt der 🔆 *Sonnenscheinfels* (Riguang Yan) empor, dessen schmale Plattform einen zauberhaften Blick über Gulang Yu und Xiamen erlaubt (besonders schön am späten Nachmittag). Von hier aus fällt sogleich die Kuppel des *Hauses der Acht Diagramme* (Bagua Lou) ins Auge, einer Villa aus den 1940er-Jahren, die inzwischen ein Stadtmuseum beherbergt. Unterhalb des Felsens befindet sich die Gedächtnishalle für den patriotischen Admiral Zheng Chenggong (auch Koxinga genannt, 1624–62), den Eroberer Taiwans und letzten großen Widersacher der mandschurischen Kaiserdynastie. Seine Statue steht an der Südspitze der Insel.
Gulang Yu soll die größte Klavierdichte Chinas haben. Das INSIDERTIPP *Klaviermuseum* im Shuzhuang-Garten am Südufer trägt dazu bei.

KLOSTER NANPUTUO SI
Das buddhistische Kloster liegt in der Südstadt unterhalb des *Gipfels der Fünf Alten* (Wulao Feng) in schöner Hanglage. Besonders auffällig ist die grazile achteckige *Halle des Großen Mitleids* (Dabei Dian). Der Felshang über dem Tempel ist mit zahllosen Inschriften bedeckt, darunter ein mehrere Meter hohes, vergoldetes Schriftzeichen *Fo* („Buddha"), in dem man eine meditierende Figur erkennen kann. *Tgl. 8–20 Uhr | Eintritt 3 Yuan*

ESSEN & TRINKEN
Den besten Platz für ein gutes Mahl bietet das 🔆 INSIDERTIPP *Dachgeschoss des Lujiang Hotels* mit Terrasse und Hafenblick – schon zum Frühstück ein Genuss (€€). Beliebte, volkstümliche Lokale, die teils auch auf Ausländer eingestellt sind, finden Sie gegenüber vom Kloster Nanputuo Si an der Siming Nanlu und in den Seitengassen (€).

EINKAUFEN
Am schönsten ist ein Bummel in der *Zhongshan Lu*. Auf der Insel Gulang Yu werden vor allem feine Tonwaren als Souvenirs angeboten.

Buddha-Zeichen am Nanputuo Si

ÜBERNACHTEN

LEE INN
Kolonialbau von 1903 mit nur 19 Zimmern, das Hotel wurde 2008 eröffnet. *Gulang Yu | Zhangzhou Lu 38–40 | Tel. 0592 2 56 50 08 | €–€€*

LUJIANG HARBOURVIEW HOTEL
Perfekte Lage gegenüber vom Fähranleger, dafür allerdings etwas laut. 🔆 Dachbar mit Hafenblick. *153 Zi. | Lujiang Dao 54 | Tel. 0592 2 02 29 22 | €€*

128 | 129

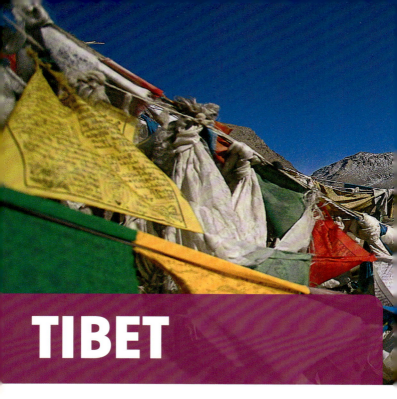

TIBET

Die Autonome Region ist der bekannteste jener Landesteile Chinas, deren Kultur nicht chinesisch ist.

Tibet geriet 1722 unter chinesische Oberherrschaft, nachdem es in einem militärischen Konflikt mit einem Mongolenstamm den Pekinger Kaiserhof um Intervention gebeten hatte. Von 1913 bis 1950 war es faktisch selbstständig, versäumte jedoch, sich um internationale Anerkennung zu bemühen. China besetzte Tibet erneut 1950, und zunächst bestand Hoffnung auf ein friedliches Verhältnis. Die religionsfeindliche Politik Pekings führte jedoch 1959 zu einem Aufstand, den China gewaltsam niederschlug, und der Dalai Lama als traditionelles Oberhaupt der Tibeter floh mit einem Teil der Mönchselite außer Landes. Zum Tibetproblem trägt bei, dass die chinesische Regierung (auch in konfuzianischer Tradition) der Religion kritisch gegenübersteht, während diese für Tibet jedoch identitätsstiftend ist. Verkompliziert wird alles durch die Tatsache, dass Tibeter auch in den Provinzen Gansu, Qinghai, Sichuan und Yunnan beheimatet sind und dass auch viele Mongolen dem tibetischen Buddhismus angehören. Der Dalai Lama strebt übrigens keine staatliche Unabhängigkeit für Tibet an; vielmehr geht es ihm um religiöse Autonomie seiner Anhänger – aber eben nicht nur in Tibet. Pekings Versuch, das Tibetproblem durch Investitionen und mehr Wohlstand zu lösen, kann seit den Unruhen im Jahr 2008 als gescheitert gelten.

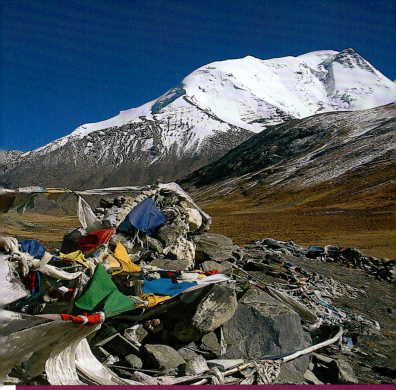

Gebetsfahnen und Yakbutterlämpchen: Einheit von Kultur und Religion – auf dem Dach der Welt ist man den Göttern nah

Die 5,5 Mio. Tibeter sind die zehntgrößte Volksgruppe in China. Typisch für Tibet ist die Einheit von Kultur und Religion. Von der Inbrunst des Glaubens wird jeder Besucher ebenso fasziniert wie vom wilden tibetischen Hochland, wo bunte Gebetsfahnen auf jedem Bauernhaus die Wünsche der Menschen gen Himmel schicken: Blau steht für den Himmel, Weiß für die Wolken, Rot für die Sonne, Grün für das Wasser und Gelb für die Erde. Ein weiteres Symbol, eine liegende Sichel und ein darin schwebender Kreis mit Feuerschweif, ziert ebenfalls viele Bauernhäuser: Es verkörpert Mond und Sonne. Prägende Kraft in Tibets Religion ist die von Tsongkhapa (1357–1419) gegründete Schulrichtung der „Gelbmützen" (Gelugpa), die die monastische Disziplin betont. Der „Gelben Kirche" entstammen auch die Institutionen von Dalai Lama und Panchen Lama.

Die Klöster stellen den Besucher vor ein großes Verständnisproblem, denn sie verwirren mit einem komplexen Bildschmuck, dessen Ikonografie sich von der

130 | 131

Mönche im Jokhang-Tempel von Lhasa, der ältesten und wichtigsten Kultstätte Tibets

recht einfachen des chinesischen Buddhismus klar unterscheidet. Zwei Punkte seien hier hervorgehoben: Mönchsdarstellungen sind häufig; zu erkennen sind sie an der Zipfelmütze. Zudem gibt es schreckenerregende, zornvolle Gottheiten, die ihre Zähne fletschen und Ketten aus Totenschädeln tragen oder noch grausigere Attribute zeigen wie Menschenhäute oder Blut in Schädelschalen: Es handelt sich zumeist um bekehrte Feinde Buddhas, die nun im Dienst der Lehre stehen, Dämonen verschrecken und den Menschen an die Vergänglichkeit seines Daseins gemahnen.

Für Tibetreisen gelten spezielle Regeln; Sie dürfen nicht auf eigene Faust einreisen. Wenden Sie sich beispielsweise auf Deutsch oder Englisch an Herrn He Zhongwen oder Frau Amei Chen *(Sichuan CTS | Tel. 028 88 89 88 04, mobil 13 60 80 80 20 | www.tibetreise.cn)* oder an *Tibet-Trip (Tel. mobil 180 04 95 11 86 | www.tibettrip.com).* Die Büros besorgen Ihnen die nötige polizeiliche Genehmigung.

Wer nach Tibet reist, wird erwägen, hin oder zurück die Tibetbahn zu benutzen, die von Xining aus 1956 km weit bis Lhasa führt und in zwei Abschnitten seit 1984 bzw. 2006 in Betrieb ist. Es ist die höchstgelegene Bahnlinie der Welt. Sie ermöglicht, die Dimensionen und besondere Schönheit des tibetischen Hochlands wortwörtlich zu erfahren, einer einzigartigen Landschaft, deren Durchquerung in früheren Zeiten enorme Strapazen bereitete.

www.marcopolo.de/china

TIBET

LHASA

(169 D6) (Ⓜ D5) Tibets Hauptstadt (180 000 Ew.) ähnelt weithin einem chinesischen Provinznest. Doch noch beherrscht der Potala-Palast das Weichbild der Stadt, noch immer ist Lhasa, der „Ort der Götter", das Zentrum des religiösen Lebens.

Erlebbar wird dies in Lhasas ★ Altstadt mit dem Tempel Jokhang und dem riesigen Pilgermarkt, aber auch in den traditionsreichen, am Stadtrand gelegenen Klöstern.

SEHENSWERTES

JOKHANG

Tibets ältester Tempel, unter König Songtsen Gampo (617–650) gegründet, ist das bedeutendste Heiligtum des Landes. Die Holzschnitzereien an den Pfeilern und den Kapelleneingängen des hinteren Hofs (vor allem der Ostwand) bilden den kunsthistorisch wertvollsten Schatz der Anlage, seit ein Großteil der Innenausstattung der Kulturrevolution zum Opfer fiel; viele der Bildwerke sind daher Repliken.

Den hinteren Hof beherrschen vier Figuren (in der Mitte: Avalokiteshvara). Südlich des Durchgangs erzählt ein Wandbild die Gründungslegende des Jokhang. Alle Besucher streben aber zur Kapellennische gegenüber dem Eingang hin: Unter ihrem überreichen Schmuck verschwindet dort fast die heiligste Figur Tibets. Sie stellt den zwölfjährigen Shakyamuni (Buddha Gautama) dar und soll alter Überlieferung nach von König Songtsen Gampos zweiter Frau mitgebracht worden sein, einer Tochter des Tang-Kaisers, die per Heiratspolitik nach Tibet kam. *Tgl. 9–18 Uhr | Eintritt 85 Yuan, im Winter 35 Yuan | in der Altstadt*

NORBULINGKA

Die parkartige Anlage im Westen der Stadt birgt die Sommerresidenzen mehrerer Dalai Lamas. Der Palast des jetzigen, 14. Dalai Lama wurde 1954–56 erbaut. Die Ausstattung der Wohnräume ist seit der Flucht des Hausherrn im Jahr 1959 nahezu unverändert. Wandbilder in der Audienzhalle stellen die Geschichte Tibets dar, angefangen von der legendären Entstehung der Menschheit bis hin zum Treffen des Dalai Lama mit Mao Zedong. *Mo–Sa 9–12 und ab 15 Uhr | Eintritt 80 Yuan, im Winter 60 Yuan*

POTALA-PALAST ★

Die gewaltige Winterresidenz der Dalai Lamas, die sich in den Weißen Palast für die Verwaltung und in den höheren Roten Palast mit den Gebetshallen gliedert, gewann ihre heutige Form im 17. Jh. Bauliches Zentrum ist die Große Westhalle im Roten Palast. Die prächtige Ausmalung dokumentiert unter anderem die Geschichte der Palast- und Klosterbauten. Hinter dem Thron liegt die Halle des

---

MARCO POLO HIGHLIGHTS

★ **Altstadt Lhasa**
Rund um Tibets ältesten Tempel Jokhang liegt ein lebendiger Pilgermarkt
→ S. 133

★ **Potala-Palast**
Die Winterresidenz der Gottkönige → S. 133

★ **Fahrt nach Shigatse**
Erleben Sie Tibets Landschaft! → S. 135

★ **Tashilhunpo**
Tibets prächtigstes Kloster
→ S. 135

LHASA

5. Dalai Lama mit seinem Grabstupa und weiteren solchen Stupas seiner Nachfolger. Die anderen, nur von Kerzen erhellten Räume, die die Westhalle umgeben, bergen die größten Plastiken des Palasts. Zwei Etagen höher gelangt man zu einer Höhle, in der König Songtsen Gampo meditiert haben soll. Die Figuren zeigen ihn und seine Frauen. Der Rundgang führt über die ☼ Dachterrasse, die einen hervorragenden Ausblick bietet. *Tgl. 9–12 und 15–17 Uhr | Eintritt 200 Yuan, Nov.–April 100 Yuan | Begrenztes Kartenkontingent! Man muss sich einen Tag vor der Besichtigung anmelden; die Besichtigungszeit wird dann vorgegeben*

Pferdesätteln und Fellmützen über alte Münzen und Schmuck bis zu Gebetsfahnen und Sutrentexten. *Rund um den Jokhang*

Residenz, Kloster, Museum: Der mächtige Potala-Palast prägt das Bild von Lhasa

EINKAUFEN

Bunt und exotisch ist der große Pilgermarkt. Das reiche Sortiment geht von

ÜBERNACHTEN

THANGKA HOTEL
2007 eröffnetes, am Jokhang-Vorplatz gelegenes Haus. Hier wohnt man gleich am großen Pilgermarkt. *98 Zi. | Yutuo Lu 38 | Tel. 0891 6 36 72 88 | €€*

ZIELE IN DER UMGEBUNG

DREPUNG (169 D6) (*D5*)
Das zweitälteste Kloster der „Gelben Kirche" (1416 gegründet) war lange Zeit das bedeutendste, zudem ein Zentrum der Gelehrsamkeit. Hier stehen die Grabstupas der Dalai Lamas zwei bis vier. Mittelpunkt der Verehrung ist ein monu-

www.marcopolo.de/china

TIBET

mentaler Maitreya-Buddha. Der Besuch dieses Klosters zählt zu den Höhepunkten einer Tibetreise dank seines Stupas im nepalesischen Stil. Dieser bildet ein dreidimensionales, begehbares Mandala. Auf seinen ansteigenden Ebenen ist der Pantheon des Lamaismus gemäß seiner Rangstufung dargestellt, teils in Form von restaurierten oder erneuerten Plastiken, teils in Form alter Wandmalereien. *Tgl. 9–17 Uhr | Eintritt 55 Yuan | 7 km westlich der Stadt*

YAMDROK-SEE, GYANTSE, TSANGPO-TAL (169 D6) (*ル D5*)

Dies sind Stichworte für die ⭐ Fahrt nach Shigatse, die in jedem Fall großartige Einblicke in die tibetische Landschaft gewährt. Auf der Direktroute durch das Tsangpo-Tal (ca. 4 Std.) folgen auf Ackerland eine Schlucht und Sandwüsten.

Auf der längeren, aber aufregenderen **INSIDER TIPP** Südroute, für die Sie mit Stopps einen Tag einplanen müssen, passieren Sie den Yamdrok-See und besichtigen das Kloster von Gyantse.

SHIGATSE

(168 C6) (*ル D5*) **Tibets zweitgrößte Stadt (60 000 Ew.), die einstige Hauptstadt der Region Tsang, ist Sitz des Panchen Lama und war ab dem 16. Jh. nach dem älteren Lhasa das zweite historische Machtzentrum des Landes.**

Die Burg (tibetisch: *dzong*), die als Verwaltungssitz diente, wurde 1966 in der Kulturrevolution zerstört; übrig blieben nur die Grundmauern. Derzeit läuft ein Rekonstruktionsprojekt.

Anders als Lhasa ist Shigatse bis heute eine tibetisch geprägte Stadt geblieben. Neben dem Kloster Tashilhunpo gibt es im Ort allerdings wenig zu sehen.

SEHENSWERTES

TASHILHUNPO ⭐

Das prunkvolle Heiligtum, 1447 gegründet, ist eines der sechs Hauptklöster der Gelbmützenschule. Seit dem 17. Jh. residieren hier die Panchen Lamas. Die bedeutendsten Attraktionen der weitläufigen Anlage sind ein um 1915 errichteter Schrein für eine 26 m hohe Figur des sitzenden Buddha Maitreya und die Hauptversammlungshalle, die als ältester Bau des Klosters noch aus der Gründungszeit stammt. Mit frischem Gold blendet die 1993 fertiggestellte Grabstupahalle des 10. Panchen Lama. *Tgl. 9–12 und 14–17 Uhr | Eintritt 55 Yuan | am Westrand der Stadt*

ÜBERNACHTEN

MANASAROVAR HOTEL

Ein angenehmes Dreisternehaus mit 54 Zimmern im tibetischen Stil, am östlichen Stadtrand. *Qingdao Donglu 20 | Tel. 0892 8 83 99 99 | www.shigatsetra vels.com/hotelpages/hotel_shig_manas. html | €*

LOW BUDGET

▶ Lhasa: Beste Wahl ist das *Yak Hotel* mit Schlafsaalbetten (ab 30 Yuan) sowie Doppelzimmern mit und ohne Bad. *62 Zi. | Beijing Donglu 100 | Tel. 0891 6 32 34 96*

▶ Anreise: Am billigsten ist die harte Sitzklasse der Bahn, beispielsweise ab Lanzhou für rund 250 Yuan. Ähnliche Preise nehmen die Überlandbusse, die jedoch weniger bequem sind.

AUSFLÜGE & TOUREN

Die Touren sind im Reiseatlas, in der Faltkarte und auf dem hinteren Umschlag grün markiert

1 DURCHS LÖSSGEBIET ZU CHINAS WURZELN

Die Tour beginnt in der historischen Stadt Pingyao und führt danach per Bahn durch das Tal des Fen-Flusses mit Höhlendörfern in typischer Lösslandschaft. Am Abend des zweiten Tages erreichen Sie das Ziel der 880 km langen Tour: Chinas alte Hauptstadt Xi'an.

Pingyao ist einer der seltenen Orte in China, die eine geschlossene mittelalterliche Altstadt bewahrt haben und dieses Erbe bewusst pflegen – stolz auf die vollständige Stadtmauer, auf Schmucktore, Tempel und alte Bankhäuser. Ein Stadtturm überspannt die Hauptstraße. Wegen ihres überreichen Bildschmucks nicht zu versäumen sind die außerhalb gelegenen Klöster **Shuanglin Si** (7 km südwestlich) und **Zhenguo Si** (15 km nördlich der Stadt). Eine so stilvolle wie angenehme Altstadtherberge ist das *Yide Hotel (Yide Kezhan | Shaxiang Jie 16 | Tel. 0354 5 68 59 88 | www.yide-hotel.com | €)*.

Nächste Station, per Taxi zu erreichen, ist der einzigartige **Tempel Jin Ci → S. 59**, der die Leben spendende Kraft des Wassers und der Frauen thematisiert. Nach einer Nacht in **Taiyuan → S. 59** geht's per Bahn südwärts, wobei man noch einmal an Pingyaos Mauern vorbeirollt.

Bald darauf verengt sich die Ebene zum Tal des Fen-Flusses, der sich durch die Lösshügel gegraben hat. Höhlendörfer gewähren Einblick in diese für die Lössgebiete typische Wohn- und Siedlungs-

Bild: Pingyao

Gewaltige Natur, raffinierte Kultur: Reisen und Staunen – von Chinas Ostküste bis in den wilden Westen

form. Die fruchtbaren Terrassenfelder werden intensiv genutzt, doch im Winter gleicht das uralte Kulturland einer graugelben Wüste. Hier lassen sich noch die Wurzeln der chinesischen Zivilisation erahnen – die Gründe für ihre Bodenständigkeit und für die Verehrung des Regen spendenden Himmels, der Wolken- und Brunnendrachen.

Am Spätnachmittag folgt der Zug eine Weile dem Gelben Fluss, Chinas Schicksalsstrom, ehe er seine ockergelben Wasser überquert. Gegen 20.30 Uhr endet die Fahrt in **Xi'an → S. 69,** dem alten Herzen des Reichs der Mitte.

NATURWUNDER UND ABENTEUER

  Diese Fahrt, im Winter nicht praktikabel, ist etwas für Hartgesottene.
 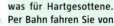 Per Bahn fahren Sie von Xi'an nach Lanzhou, von dort per Bus nach Xiahe mit dem großen Labrang-Kloster. Dann wird es abenteuerlich: Mit

136 | 137

Buddhistische Zeremonie im Labrang-Kloster von Xiahe

dem Bus geht es durch die Randgebiete Tibets. Die Herbergen sind schlicht, doch als Belohnung winken Naturwunder von unglaublicher Schönheit. Nach knapp zwei Wochen ab Xi'an erreichen Sie Chengdu. Länge der Tour: 1950 km

Der Anfang ist – sofern Sie sich früh genug um Bahntickets bemüht haben – am bequemsten, dazu noch schön und interessant: Etwa 470 km weit folgt der Zug dem Wei-Fluss. Sie blicken auf Dörfer, sehen Fähren über den ockerfarbenen Strom setzen und erheischen durch Seitentäler immer wieder Blicke auf schon recht hohe Berge.

Wenn Sie morgens gegen acht abgefahren sind, erreichen Sie gegen 15 Uhr **Lanzhou.** Hier können Sie im *Lanzhou Feitian Hotel (95 Zi. | Zhangye Lu 29 | Tel. 0931 2 12 66 69 | €)* übernachten. Bleiben Sie einen Tag, um sich rechtzeitig (!) die Fahrkarte für den Bus nach **Xiahe** zu besorgen, der frühmorgens vom Busbahnhof Süd abfährt.

Xiahe ist durch das **Labrang-Kloster** *(Eintritt 40 Yuan | zweimal täglich englische Führung)* berühmt, eines der sechs tibetischen Hauptklöster. Seit seiner Gründung (1709) wurde es immer weiter ausgebaut und bedeckt heute 40 ha. Im Kloster leben 1800 Mönche. Die Haupthalle brannte 1985 ab und wurde bis 1990 mit staatlichen Mitteln neu errichtet. Eine Besichtigung von Innenräumen ist nur mit Führung möglich. Beachten Sie den Rundweg mit den Gebetsmühlen. Eine gute Unterkunft an der Hauptstraße nahe dem Kloster ist das *Overseas Tibetan Hotel (Huaqiao Fandian | Tel. 0941 7 12 26 42 | €)*.

Xiahe ist gut für zwei Tage Aufenthalt. Weiter geht es per Bus zunächst nach Hezuo und von dort zum nächsten Ziel: zur tibetischen Klosterstadt **Dagcanglhamo** (chinesisch: Langmusi). Der Ort an der Grenze zu Sichuan ist ideal für Reitausflüge. Außerhalb des Ortes ist die Himmelsbestattung zu beobachten (Leichname werden Aasvögeln zum Fraß gegeben). Hotel: *Langmusi Binguan (Tel. 0941 6 67 10 86 | €)*. Es folgt eine 240-km-Etappe über **Zoigê** (Ruogai, dort umsteigen) nach **Songpan,** einer alten, ummauerten Kreisstadt *(Sunriver Hotel | Tel. 0837 7 23 98 88 | €)*. Von hier fahren Busse nach Jiuzhaigou; nach Huanglong (77 km) organisiert man sich am besten mit mehreren ein Taxi.

INSIDER TIPP *Huanglong*, „Gelber Drache": So heißt eine gut 4 km lange Folge von Kalksinterterrassen in einem abgelegenen Hochgebirgstal nördlich von Songpan. Das kristallklare Wasser in den Teichen ist durch Bakterien und Algen mal giftgrün, mal gelb, mal blau oder weiß gefärbt. Holzstege führen über das bunte, gelb gerandete Gerieselhinweg, und an einem ockergelben Wasserfall beginnen

www.marcopolo.de/china

AUSFLÜGE & TOUREN

Sie zu begreifen, woher der Ort seinen Namen hat: Von hier aus zieht sich eine 2,5 km lange und rund 100 m breite Travertinfläche bergan, die vollständig mit einer dünnen Schicht fließenden Wassers bedeckt ist und als Rücken eines gewaltigen gelben Wasserdrachens gelten könnte. Ein Stück oberhalb davon geht es weiter mit den bunten Teichterrassen. Seinen Höhepunkt erreicht das Farbspiel, zu dem im Herbst auch die Vegetation beiträgt, in den **Fünffarbenteichen** am oberen Ende des Besucherwegs. *Eintritt 200 Yuan*

Um nach INSIDERTIPP Jiuzhaigou zu gelangen, kehren Sie zunächst nach Songpan zurück. Dieses Naturschutzgebiet, das ebenso wie Huanglong von der Unesco zum Weltnaturerbe erklärt wurde, grenzt zwar nördlich an das Gebiet von Huanglong an, ist von dort aus jedoch nicht direkt zu erreichen. Die Wunderwelt des „Neun-Dörfer-Tals", das von Tibetern besiedelt ist, lässt sich hier nur andeuten. Das Areal ist so groß, dass Sie nicht alles ablaufen können und sich zwischendurch fahren lassen müssen. Denkwürdig sind vor allem die im fließenden Wasser stehenden Bäume und Sträucher und die schwimmenden Grasinseln des *Duftgras-Sees*, schön die Kalktuffdämme mit ihren Kaskaden, wo das Wasser unter den Holzstegen für die Besucher hindurchsprudelt, imposant die Wasserfälle, erstaunlich die Farbspiele, die es in mehreren Seen zu beobachten gibt. Mehr noch als im höher gelegenen Huanglong beglückt hier auch eine üppige Vegetation (staunenswert: die Flechtenvielfalt), und hier wie dort geht der Blick hinauf bis zu schneebedeckten Gipfeln. *Eintritt 220 Yuan*

Zwei Tage Aufenthalt, z. B. im guten *Jiuzhai Resort Hotel (189 Zi. | Tel. 0837 7739913 | €€)*, sind mindestens nötig, um die Schönheiten zu genießen, besser sind drei Tage. Der weitere Weg nach **Chengdu → S. 101** führt noch einmal durch großartige Bergszenerien und macht eventuell eine weitere Übernachtung nötig.

Für teures Geld können Sie diese Tour bequemer und mit weniger Zeitaufwand unternehmen: nämlich per Mietwagen mit Fahrer, vorher zu arrangieren über chinesische Reisebüros (z. B. CITS). Eine dreitägige Kurzversion Chengdu–Huanglong–Jiuzhaigou–Chengdu ist per Flugzeug möglich (buchbar bei den Reisebüros in Chengdu), allerdings entgeht einem dabei einiges an Landschaftserlebnis.

INSIDERTIPP **Besichtigungstipp:** Das Gedränge meiden Sie in Huanglong, wenn Sie vor 9 Uhr kommen, in Jiuzhaigou auf den straßenfernen Pfaden.

Auf Holzstegen durch die Wunderwelt von Jiuzhaigou

PUTUO SHAN, INSEL DER GUANYIN

⭐ **Die kleine Insel mit ihren prächtigen Klöstern ist eins der großen Pilgerziele des chinesischen Buddhismus – und ein schöner Ort zum Wandern und Baden. Eine Übernachtung ist nötig, wer zwei Nächte bleibt, hat genug Zeit, alles zu sehen. Meiden Sie die Wochenenden und Hauptferienzeiten: Dann sind die Hotelpreise wegen der begrenzten Kapazitäten entsprechend hoch.**

So wünscht man sich China überall: ruhig, mit Wäldern und Bergpfaden, kleinen Ortschaften, lebendigen Tempeln und überschaubaren, freundlichen Herbergen. Überschaubar ist überhaupt die ganze Insel, z. B. vom 290 m hohen ☸ **Foding Shan** (Buddhagipfelberg) aus; er ist der höchste des Eilands. Zwar verkehren auf den wenigen Straßen tagsüber nur Kleinbusse, aber das nur 12,5 km² große Inselchen (4600 Ew.) lässt sich bestens erwandern. Es ist zudem ein Ort mit Tradition: Ein japanischer Chinapilger, den im Jahr 916 ein Sturm auf die Insel verschlug, brachte eine Figur der Barmherzigkeitsgöttin Guanyin an Land, gründete den ersten Tempel und legte damit den Keim für den hiesigen Guanyin-Kult. Bis zum 13. Jh. stieg Putuo Shan zu dessen bedeutendstem Zentrum auf – und damit zu einem der Hauptwallfahrtsorte des chinesischen Buddhismus.

Die Insel gilt als einer der vier heiligen Buddhaberge Chinas. Ihr Name bedeutet so viel wie Potala-Berg – wobei dieser Ausdruck auf einen indischen Berg zurückgeht, der als Heimat der Guanyin gilt. Vor 1949 lebten hier mehr als 4000 Mönche und Nonnen in über 200 großen und kleinen Klöstern. Danach ging es bergab – bis zum Tiefpunkt in der Kulturrevolution, als die Roten Garden sämtliche Bildwerke zerstörten. Heute beschert der stete Strom großer und kleiner Opfergaben den wiederbelebten Klöstern einen ungeahnten Reichtum, den sie mit blendend goldenem neuem Bildschmuck auch effektvoll in Szene setzen – zum größeren Ruhm der Guanyin.

Putuo Shan „erobert" man gewöhnlich von Süd nach Nord: Im Süden befindet sich der Fähranleger. Von hier sind es nur kurze Wege von 1 bis 2 km bis zu kleinen Ortschaften und Hotels. Es gibt vier Hauptattraktionen:

Das Tempelkloster **Puji Si**, von dessen Besuchern die daran grenzende Ortschaft – die größte der Insel – lebt, liegt in der Mitte des Südteils. 1080 gegründet, ist es das älteste der Hauptklöster. Die Achse, entlang der sich die Hauptgebäude reihen, beginnt vor dem großen Teich vorm Eingang, und zwar mit einer kaiserlichen Inschriftenstele von 1734. Die Halle der Himmelskönige eröffnet die Folge der Hauptgebäude. Im angrenzenden Haupthof werden stets gewaltige Mengen Weihrauch abgebrannt. Die Haupthalle, ein mächtiger Bau im Palaststil, birgt eine vergoldete, riesenhafte Guanyin-Figur, an den Seiten ihre 32 Inkarnationen. Vorn rechts sehen Sie Weituo, des Glaubens General, links den Schutzpatron Guan Gong, eigentlich eine daoistische Gestalt. Auf der Rückseite hinter der Hauptfigur ist Guanyin in sitzender Pose dargestellt. Die dritte Halle ist den Mönchen vorbehalten, doch kann man die „Drei kostbaren Buddhas" erkennen, die hier verehrt werden.

Das zweite Hauptziel liegt im Südosten und ist schon bei der Anreise per Schiff oder Flugzeug unübersehbar: die **Südmeer-Guanyin**, eine mit Sockel 33 m hohe Bronzefigur (1997) der stehenden Göttin. Sie überragt ein eindrucksvolles Ensemble, das auf einer Folge ansteigen-

www.marcopolo.de/china

AUSFLÜGE & TOUREN

der Terrassen auch höchst lebendig gestaltete, aus Stein gemeißelte Wächterfiguren zeigt. Angeblich kam Guanyin einmal selbst auf die Insel – sie sprang übers Wasser und hinterließ dabei ihren Fußabdruck auf einem Felsen. Der „Guanyin-Sprung" (so heißt der Abdruck) ist am Ufer zu sehen, nordwestlich der Monumentalfigur unterhalb des neuen „Tempels der nicht gehen wollenden Guanyin". Gemeint ist die Guanyin-Figur jenes Japaners aus dem Jahr 916: Sie ließ den Sturm brausen, um den Mönch zum Bleiben zu zwingen. Der „Tempel des Purpurbambushains", den man auf dem Weg dorthin passiert, birgt eine weiße Guanyin, begleitet von grotesken Figuren der 18 Luohan. In der hinteren Halle ist ein liegender Buddha (beim Eintritt in das Nirwana) zu sehen.

Die zwei weiteren Hauptziele liegen im Norden: Das eine ist das Kloster **Fayu Si** (gegründet 1580), das größte auf Putuo Shan. Seine Anlage ähnelt dem des Puji Si, doch ist die Zahl der Hallen größer, und gibt es noch mehr zu sehen, darunter einen Jadebuddha und eine Guanyin, die zur Rettung der Menschen auf einem Riesenfisch übers Meer fährt. Wer ein frommer Pilger oder sportlich ist, steigt neben dem Kloster hinauf zur vierten Hauptsehenswürdigkeit, dem Gipfelkloster **Huiji Si.** Wer es bequemer liebt, fährt mit dem Kleinbus noch ein Stück nordwärts bis zur Endstation und nimmt die Gondelbahn (25 Yuan). Das Huiji Si ist das kleinste der Hauptklöster, aber auch hier glänzt viel Gold. Versäumen Sie nicht den Aufstieg zum nahen Gipfel!

Ruhiger ist es am Ostkap der Insel. Dort wurde ein kleines Kloster über eine tiefe Kluft im Felsufer gebaut. Nördlich der Straße führt ein Fußweg zum idyllischen **INSIDER TIPP** *Shancai-Grotten-Kloster*. Abkühlung im Meer bieten die breiten Strände auf der Ostseite der Inselmitte. Mehrere Fischlokale liegen im Süden am *Goldsandstrand (Jinsha)*, ebenso das *Citic Putuo Hotel (108 Zi. | Tel. 0580 6 69 82 22 | www.citicpt.com | €)*. Die feinste Inselherberge ist das **INSIDER TIPP** *Landison Resort (104 Zi. | Tel. 0580 6 69 06 66 | €€)* nahe dem Fayu-Kloster. *Inseleintritt 160 Yuan (am Anleger zu zahlen), Eintritt Klöster meist unter 10 Yuan | Anreise am besten per Bus und Schnellfähre oder per Flugzeug (nach Flughafen Zhoushan, von dort Bus und Schiff)*

Halle der Himmelskönige im Kloster Fayu Si, dem größten auf der Insel Putuo Shan

140 | 141

SPORT & AKTIVITÄTEN

Es spricht sich herum: China hat mehr zu bieten als exotische Altertümer und eine gute Küche. Die Pfunde, die man sich angegessen und im klimatisierten Rundfahrtbus angesessen hat, kann man auch gleich wieder loswerden: beim Radeln, Reiten, Wandern, Surfen oder Kung-Fu.

An der richtigen Adresse ist man sowieso. China ist schließlich das Mutterland der Fitness – und zwar seit Jahrtausenden. Schon in den Fürstengräbern der Zeitenwende fanden sich Tafeln, die Bewegungsübungen darstellen. Diese Tradition ist heute wieder quicklebendig: Gilt es doch, den Energiefluss des Körpers, das Qi (sprich: *tchi*), zu regulieren und die Harmonie von Yin und Yang zu pflegen. Der Körper dankt es mit Gesundheit und Spannkraft. Sport ist freilich nicht das Einzige, was das Land außerhalb der üblichen Besichtigungen bereithält. Der Reichtum seiner Traditionen wie seiner Landschaften bietet den Gästen ein breites Spektrum an erquicklichen und erbaulichen Aktivitäten. Eine Auswahl wird hier vorgestellt.

BADEN & WASSERSPORT

Für beides ist Sanya auf Hainan die erste Adresse. Dort findet sich das volle Programm von Schwimmen übers Surfen und Jetski-Fahren bis zum Schnorcheln und Tauchen.

Baden können Sie auch anderswo. Renommiert ist *Beidaihe* (173 E5) (*K4*), wo das Politbüro seine sommerlichen

Im Mutterland der Fitness: Von Radtouren bis Kung-Fu bietet China Entdeckungsreisen für Körper und Geist

Sitzungen abhält. Auch wer nach Qingdao oder Xiamen fährt, sollte seine Badesachen einpacken.

BOOTSFAHRTEN

Die schönsten Flussfahrten in China führen durch die Jangtseschluchten und durch die Karstlandschaft bei Guilin. Noch schöner ist eine Bambusfloßfahrt im Wuyi Shan. Motorisierte Bootsausflüge gibt es auf dem Perlfluss in Kanton und auf dem Huangpu in Shanghai.

GOLF

Der Sport hat sich in China in den letzten Jahren rasant entwickelt. Im Umfeld aller Metropolen sind Golfplätze entstanden. Die meisten, größten und schönsten liegen im Süden.

Allein 21 Plätze gibt es derzeit auf der Tropeninsel Hainan, wo sich ein Golfurlaub mit einem Badeurlaub verbinden lässt. Auch der derzeit größte Golfplatz befindet sich in China: die 10 km² große Anlage Mission Hills bei Shenzhen, also

praktisch vor den Toren Hongkongs. *Chinatours (Tel. 040 8 19 73 80 | www.china tours.de)* hat sie im Programm.
Weitere einschlägige Angebote für China hält *Golfurlaub.com (Tel. 040 3 17 77 31 | www.golfurlaub.com)* bereit.
Eine Übersicht über Golfplätze in China verschaffen auf Englisch *www.golftoday. co.uk* und *www.worldgolf.com/courses/ chinagcs.html.*

MOTORRADFAHREN

Mit seinen Entfernungen und weiten Landschaften bietet Chinas Westen (Seidenstraße, Gobi, Innere Mongolei, Randgebiete Tibets) reichlich Auslauf für Biker. Es gibt mehrere deutsche Veranstalter, über deren Angebot man sich dank *www. motorradreisendatenbank.de* einen bequemen Überblick verschaffen kann.

Typisch für das „Schattenboxen" Taijiquan sind die langsamen, fließenden Bewegungen

KUNG-FU

Ein wichtiger Teil der Körperkultur sind die Kampfkünste, von denen das Kung-Fu die berühmteste ist. Reisen zum Shaolin-Kloster bei Luoyang, aber auch in die weniger überlaufenen Wudang-Berge bieten unter anderem die Deutsch-chinesische *Wushu-Akademie (Tel. 07531 2 48 31 | www.wushu.de)* und *China-Spezialreisen (Tel. 02241 146 75 86 | www. china-spezialreisen.de).*

RADFAHREN

Das Fahrrad ist vor allem ein flexibles und billiges Transportmittel in vielen Städten (wenn auch nicht unbedingt in Shanghai oder Kanton). Zuweilen haben die Hotels Räder zu verleihen, und ansonsten gibt es private Anbieter. Besonders beliebt ist das Radeln in und um Peking, in der Gegend von Guilin (vor allem von Yangshuo aus) sowie in und um Dali und Lijiang in Yunnan. Die Anbie-

www.marcopolo.de/china

SPORT & AKTIVITÄTEN

ter dort halten für ihre ausländische Kundschaft auch moderne Mountainbikes bereit.

Auch Radwanderreisen über Land sind möglich und werden von deutschen Veranstaltern angeboten, z. B. von *Rad-Reise-Service (Kirchweg 1 | 34260 Kaufungen | www.rad-reise-service.de)* oder *Biss-Reisen (Tel. 030 69 56 87 67 | www. biss-reisen.de)*.

REITEN

Der gemächliche Kamelritt durch die Sanddünen von Dunhuang ist hier weniger gemeint als INSIDER TIPP Ausritte zu Pferde, die auch über mehrere Tage gehen können. Gute Angebote gibt es im Randgebiet von Tibet (Nord-Sichuan und Süd-Gansu). Seit Jahren bekannt und beliebt ist *Shun Jiang Horse Treks (Tel. 0837 7 23 11 61)* am Nordtor von Songpan (176 B2) (*G5*). Manager Guo Chang spricht Englisch.

SPRACHKURSE

Chinesisch ist im Kommen – und nicht nur in China nützlich. Am besten lernen Sie die Sprache an Ort und Stelle, und zwar möglichst in Peking, wo der lokale Dialekt dem Hochchinesischen ähnelt. Wenden Sie sich z. B. an *Kolumbus Sprachreisen (Tel. 0221 29 94 80 10 | www. kolumbus-sprachreisen.de)*.

Informationen über weitere Anbieter von Sprachreisen zum Chinesischlernen erhalten Sie online über *www.china kontor.de*.

TAIJIQUAN & QIGONG

Taijiquan, das chinesische „Schattenboxen", und Übungen zur Pflege der Lebensenergie Qi lassen sich natürlich am schönsten dort erlernen, wo sie erfunden

wurden und seit Jahrhunderten praktiziert werden: im Reich der Mitte. *Kolibri-Seminare (Tel. 02151 6 45 91 53 | www.ko libri-seminare.de)* als bekannter Spezialanbieter veranstaltet einwöchige Kurse mit touristischem Zusatzprogramm, ferner Seminare an verschiedenen Orten Deutschlands und der Schweiz.

VOGELBEOBACHTUNG

China bietet einige hervorragende Orte zur Vogelbeobachtung, darunter den Emei Shan, den Qinghai-See mit seiner Vogelinsel und das Feuchtgebiet des Naturschutzgebiets Yancheng in Jiangsu. Mehr dazu findet sich auf *www.vogel beobachtung.com*. Die *Reiseagentur Edda Geisler (Tel. 0621 4 37 20 79 | www. reisen-china.net)* bietet entsprechende Sonderreisen an.

WANDERN

Wo immer es touristisch erschlossene Berggebiete gibt, lassen sich auf meist hervorragend angelegten Wegen herrliche Tageswanderungen unternehmen, beispielsweise auf dem Wuyi Shan, dem Lu Shan, dem Huang Shan und in Jiuzhaigou. Eine beliebte mehrtägige Wanderung führt in Yunnan durch die Tigersprungschlucht nördlich von Lijiang.

Für anspruchsvolle Trekkingtouren sind Tibet und der Pamir attraktive Gebiete, die freilich an Kondition und Organisation einige Anforderungen stellen. *Hauser Exkursionen (Tel. 089 2 35 00 60 | www.hauser-exkursionen.de)* hat sich auf solche Angebote spezialisiert und verfügt über das entsprechende Know-how.

Ebenfalls zu erwähnen: *Chinatours (Tel. 040 8 19 73 80 | www.chinatours.de)* mit seinem Spezialkatalog „China aktiv". Darin gibt es auch eine Wandertour kombiniert mit Kameltrekking.

MIT KINDERN UNTERWEGS

China ist nicht unbedingt ein übliches Ziel für eine Reise mit Kindern. Zwar haben die Chinesen wohl zu Recht den Ruf, ein ausgesprochen kinderfreundliches Volk zu sein. Aber die weiten Entfernungen, das Besichtigungsprogramm in den Städten und mitunter doch recht strapaziöse Ausflüge mit Bus und Bahn können die Geduld der Kleinen auf die Probe stellen.

Wer sich und seinen Sprösslingen die Reise dennoch zutraut, tut gut daran, ein langsameres Reisetempo mit häufigen Erholungspausen einzuplanen als sonst und bei Speisen und Getränken ganz besonders auf ordentliche Hygiene zu achten.

ESSEN

Chinesisches Essen ist oft sehr unkompliziert: Leckere Nudeln und gefüllte Teigtaschen dürften bei Kindern immer gut ankommen, und bei Anflügen von kulinarischem Heimweh findet sich bestimmt ein Colastand oder ein westlicher Schnellimbiss. Aber probieren Sie auch mal gemeinsam eine Stange Zuckerrohr direkt vom Markt: An Ort und Stelle entrinden lassen, ein Stück abbeißen und darauf herumkauen – der Saft ist süß und richtig erfrischend.

KAMELREITEN

Zum Beispiel in Dunhuang. Wenn die Erwachsenen sich an den Höhlenmalereien und -skulpturen delektiert haben, darf der Nachwuchs in den riesigen Sanddünen am Südrand der Oase einen Rundritt auf Kamelen unternehmen. Das Tempo der Wüstenschiffe ist sehr gemächlich und die Rundtour durchs Sandmeer ein Erlebnis.

Nicht minder originell sind die dortigen Sandrodelstrecken – erst steil, dann richtig anstrengend, wenn es durch den rutschigen Sand wieder bergauf geht. *Kamelritt 60 Yuan pro Sitzplatz, Sandrodeln 10–20 Yuan* (169 E3) (*F3*). Auch an der Großen Mauer bei Peking wird verschiedentlich Kamelreiten angeboten (172 C5) (*J4*).

PARKS

Genug besichtigt? Dann raus an die frische Luft! Das Tolle: Es gibt kaum einen Park in China, der nicht auch den Kindern reichlich Abwechslung bietet, seien es Schaukeln oder Autoscooter, und es gibt keinen Parksee, auf dem man nicht in stählernen Schwänen oder Enten umhergondeln kann.

Auch der Besuch im Pekinger Sommerpalast Yihe Yuan lässt sich fein mit einem

www.marcopolo.de/china

Pandas und Wüstenschiffe: Ein Land nicht nur für Bildungsreisende – China hält auch für den Nachwuchs Attraktionen bereit

Ruderboottörn ergänzen. In der Hauptstadt bietet jedoch der *Chaoyang-Park (Chaoyang Gongyuan)* (O) (🕮 O) die weitaus meisten Attraktionen. Dort gibt es außer einem vielgestaltigen Parksee auch Karussells für alle Altersstufen, eine Achterbahn, eine Kindereisenbahn und viele Spaßangebote mehr. Mit selten mehr als einem oder zwei Euro Eintritt ist der größte Teil der Attraktionen auch ausgesprochen billig. Witzig ist es auch, im Park mit viersitzigen Fahrradkutschen oder im selbst gelenkten, offenen Elektrowägelchen umherzufahren.

In Shanghai ist es der *Century Park (Shiji Gongyuan)* (O) (🕮 O), der reichlich Abwechslung bietet.

SEIL- UND RODELBAHNEN

Chinesen lieben Seilbahnen, und gern werden diese mit Sommerrodelbahnen kombiniert, so an der Großen Mauer bei *Mutianyu* (172 C5) (🕮 J4) oder am Berg *Yao Shan* 7 km östlich von Guilin (183 E2) (🕮 H7). Die Preise für ein Kombiticket (hochfahren per Seilbahn, runter auf der Riesenrutsche) liegen meist bei 50–70 Yuan.

ZOO

Wollen Sie in China gewesen sein, ohne Ihren Kindern einen echten Pandabären gezeigt zu haben? Falls nicht, sollten Sie einen Besuch im Zoo einplanen; am besten in Peking, wo außerdem die moderne „Unterwasserwelt" nicht nur die Junioren fasziniert *(Aquarium tgl. 9–17.30 Uhr, Einlass bis 17 Uhr | Eintritt 120 Yuan inkl. Zoo, Zoo allein Nov.–März 15 Yuan, sonst 20 Yuan, Kinder unter 1,20 m Größe in Begleitung eines Erwachsenen frei | Xizhimenwai Dajie | U-Bahn 2, 13: Xizhimen)*. (U A2) (🕮 O)

Noch besser sind die Pandabären in der Pandaforschungsstation in Chengdu zu sehen, dort oft auch der possierliche Nachwuchs *(Panda Research Base | tgl. 8–19 Uhr | Eintritt 30 Yuan, Kinder unter 1,20 m Größe frei | Bus 902 ab Xinnanmen-Busbahnhof)*. (176 B3) (🕮 G6)

EVENTS, FESTE & MEHR

GESETZLICHE FEIERTAGE

1. Jan. Neujahr; **Frühlingsfest:** Chinesisch-Neujahr sowie der Tag davor und der Tag danach; **Qingming-Fest (Totengedenktag):** am 4. bzw. 5. April, s. „Traditionelle Feste"; **1. Mai** Tag der Arbeit; **Drachenbootfest** und **Mittherbstfest:** s. „Traditionelle Feste"; **1. Okt.** Nationalfeiertag (im Gedenken an die Staatsgründung 1949) sowie zwei Tage danach

TRADITIONELLE FESTE

Diese Feiertage richten sich nach dem chinesischen Mondkalender, der zwölf Monate mit jeweils 29 oder 30 Tagen kennt: Somit ist am 15. eines Monats stets Vollmond. Die fehlenden Tage werden etwa alle drei Jahre durch einen Schaltmonat ausgeglichen. Der Jahresanfang ist immer der Tag des Neumonds zwischen dem 21. Januar und dem 19. Februar.

FRÜHLINGSFEST (CHUNJIE)

Das chinesische Neujahrsfest ist ein Familienfest, für das es eine Woche frei gibt. Geschäfte und Restaurants bleiben geschlossen, Taxistände leer. Wenn Sie nirgendwo eingeladen sind: eine eher langweilige Angelegenheit. Vor und nach dem Fest sind die Verkehrsmittel noch voller als sonst. (1. Tag des 1. Monats, nächste Termine: 10. Feb. 2013, 31. Jan. 2014)

LATERNENFEST (YUANXIAOJIE)

Zwei Wochen nach dem Frühlingsfest werden Parks und Gärten mit farbenfrohen Laternen aller Größen und Formen geschmückt und bieten einen prächtigen Anblick. (15. Tag des 1. Monats, nächste Termine: 24. Feb. 2013, 24. Feb. 2014)

TOTENGEDENKTAG (QINGMINGJIE)

An diesem Tag besucht man die Gräber der Verstorbenen, fegt und reinigt die Grabstätten und bringt Opfergaben dar. (In Schaltjahren und dem Jahr danach am 4., sonst am 5. April)

DRACHENBOOTFEST (DUANWUJIE)

Auf den Seen und Flüssen Südchinas finden zur Erinnerung an den ertrunkenen Dichter und Nationalhelden Qu Yuan (332–296 v. Chr.), der aus Protest gegen soziale Missstände ins Wasser ging, Rennen mit bunt bemalten Drachenbooten statt. Traditionelles Essen an diesem Feiertag sind *zongzi*, gedämpfte Bambus-

www.marcopolo.de/china

Drachenboote und Laternen: Ob Frühlingsfest oder Wasserschlacht – Chinas Festkalender geht meistens nach dem Mond

blätterwickel mit Klebreisfüllung. (5. Tag des 5. Monats, nächste Termine: 23. Juni 2012, 12. Juni 2013, 2. Juni 2014)

MITTHERBSTFEST (ZHONGQIUJIE)
Auch Mondfest genannt, weil man den Tag am liebsten mit einem Picknick im Mondlicht begeht. Dazu gibt es gehaltvolle, runde Mondkuchen *(yuebing)*. (15. Tag des 8. Monats, nächste Termine: 30. Sept. 2012, 19. Sept. 2013, 8. Okt. 2014)

DOPPEL-NEUN-FEST (CHONGYANGJIE)
Am 9. Tag des 9. Monats werden Ahnenopfer an den Gräbern dargebracht. Auch steigt man auf Anhöhen und trinkt Wein. (Nächste Termine: 23. Okt. 2012, 13. Okt. 2013, 1. Nov. 2014)

LOKALE FESTIVALS

JANUAR/FEBRUAR
▶ INSIDER TIPP *Eisfest* in Harbin. In den Parks der Stadt werden kunstvolle Eisskulpturen von riesigen Ausmaßen errichtet – phantastisch in farbiger Beleuchtung bei Dunkelheit. (5. Jan. bis Mitte Feb.)

APRIL
▶ *Drachenfest* in Weifang (Provinz Shandong). Zum Fest gehört ein internationaler Wettbewerb im Drachensteigenlassen. (Monatsbeginn)
▶ ⭐ *Poshuijie (Wasserspritzfest):* Fest der Dai in ganz Xishuangbanna mit Drachenbootrennen und Tanz. Nach dem „Waschen des Buddha" endet die Festlichkeit mit einer vergnügten Wasserschlacht. (13. bis 15. April)

15. TAG DES 3. MONATS
▶ ⭐ *Sanyuejie (Fest des 3. Monats)* in Dali. Zahlreiche Volksgruppen aus Yunnan und Umgebung treffen sich zu attraktiven Tanz- und Gesangswettbewerben, Drachenboot- und Pferderennen. (Nächste Termine: 5. April 2012, 24. April 2013, 14. April 2014)

148 | 149

ICH WAR SCHON DA!

Drei User aus der MARCO POLO Community verraten ihre Lieblingsplätze und ihre schönsten Erlebnisse

BUNTE STOFFE IN YUNNAN

Mit meiner Familie unternahm ich eine Rundreise durch den Süden Chinas, eine Station davon war Yunnan, eine Provinz im Südwesten. Yunnan ist dafür bekannt, dass dort viele unterschiedliche Kulturen angesiedelt sind. An Markttagen lässt sich dies gut beobachten: Dann kommen die verschiedenen Völker auf dem Markt zusammen und kaufen dort ein. Die Miao haben besonders schöne bunte Stoffe – die Frauen sind entsprechend schön gekleidet, ein echter Blickfang! Besonders toll ist der Markt in Sideng (Shaxi), einem Dorf ca. 110 km südwestlich von Lijiang. **winni aus Billerbeck**

ECHTHAARPINSEL IN PEKING

Besonders interessant fand ich die typischen Marktstände in der Altstadt von Peking. Handgefertigte Echthaarpinsel von feinster Qualität können hier in allen Größen erworben werden. Empfehlenswert ist auch ein Besuch der urtypischen Apotheken: Hier kauft man Arzneimittel wie vor 100 Jahren – sehenswert! **MatthiasMittelstenScheid aus Berlin**

AUSFLUG NACH XI'AN

Um die berühmte Tonarmee des „Ersten Kaisers" zu besichtigen, unternahm ich einen Ausflug nach Xi'an. Untergebracht war ich im *Tianyu Gloria Grand Hotel (Tel. 029 87868855, Yanta Beilu 15, www.gloriahotels.com)*. Das Hotel liegt in der Nähe der Stadtmauer und ist modern eingerichtet. Ich würde jederzeit wieder hier übernachten. **Helle aus Pirmasens**

Haben auch Sie etwas Besonderes erlebt oder einen Lieblingsplatz gefunden, den nicht jeder kennt? Gehen Sie einfach auf www.marcopolo.de/mein-tipp

EIGENE NOTIZEN

LINKS, BLOGS, APPS & MORE

LINKS

▶ www.marcopolo.de/china Alles auf einen Blick: Interaktive Karten inklusive Planungsfunktion, Impressionen aus der Community, News und Angebote ...

▶ www.chinaweb.de Sehr vielseitiges Material: Informationen zu Politik und Wirtschaft, Infos zu Flügen und Hotels, Reiseberichte, Fotos und vieles mehr. Eine Besonderheit ist die Stellenbörse, die Praktikumsplätze in China vermittelt

▶ www.jingdaily.com Hier geht's um das „business of luxury and culture in China". Nützlicher ist die Rubrik an der Seite, wo sich unter „blog roll" viele interessante Links finden, besonders zur Kunstszene

▶ www.melnyks.com Ihre Volkshochschule bietet keinen Chinesischkurs an? Hier ist ein praxisorientierter Ersatz, allerdings auf Englisch

▶ www.cri.cn Chinas Internetradio, deutsch, mit Sprachkurs und vielen anderen Themen. Abgesehen von manchen ziemlich propagandalastigen Meldungen erhält man doch auch viele interessante Informationen

BLOGS & FOREN

▶ cfensi.dramaddicts.com Englischsprachiger Blog und Forum zu Kino, Konzerten und allen Bühnenkünsten in China, vielseitig und aktuell. *Fensi* ist übrigens das chinesische Wort für „Fans"

▶ phatsh.com/?tag=china Ein Muss für Leckermäuler! Hier geht's – auf Englisch – ums leibliche Wohl. Die Restaurantkritiken sind schön bebildert und mit chinesischen Zeichen versehen. Der räumliche Schwerpunkt liegt auf Shanghai

▶ www.chinafenster.de Deutschsprachiger Blog zum Thema „Leben, Arbeiten und Reisen in China", bereichert mit Fotos, Links und mehr

▶ www.chinablog.ch Ist es nun noch ein Blog oder schon mehr? Eher Letzteres, was dem Leser zugute kommt. Es gibt hier viel zu entdecken

Egal, ob Sie sich auf Ihre Reise vorbereiten oder vor Ort sind: Mit diesen Adressen finden Sie noch mehr Informationen, Videos und Netzwerke, die Ihren Urlaub bereichern. Da manche Adressen extrem lang sind, führt Sie der kürzere mp.marcopolo.de-Code direkt auf die beschriebenen Websites

VIDEOS & WEBCAMS

▶ mp.marcopolo.de/chn1 Große Sammlung von Videos, die für das deutsche Internetradio gedreht und deutsch betextet wurden, vor allem zu touristischen Themen, aber auch manch anderes kommt vor

▶ mp.marcopolo.de/chn2 Übersicht über Webcams an einigen herausragenden Positionen im ganzen Land

▶ www.onedir.com/interest.htm Vier Webcams aus Shanghai, darunter ein guter Blick entlang dem Bund und dem Huangpu

APPS

▶ Qingwen Mandarin Dictionary Wer in China auf eigene Faust unterwegs ist, stößt rasch auf hohe sprachliche Hürden. Da kann sich dieses Programm fürs iPhone rasch als nützlich erweisen

▶ Free Chinese Essentials AccelaStudy hat diese kleine englische Sprachlernhilfe fürs iPhone herausgebracht – gut für alle, die ein bisschen Chinesisch lernen wollen (Aussprache und Schriftzeichen)

▶ Pocket Timetable (China) Das gesamte chinesische Eisenbahn-Kursbuch in einer preisgünstigen Anwendung – und auf Englisch! Die Daten sind erstaunlich aktuell. Hoffentlich werden sie weiterhin so gut gepflegt wie bisher

NETWORK

▶ www.couchsurfing.org Auch in China hat die Idee, Gästen das Schlafsofa gratis zur Verfügung zu stellen, schon viele Anhänger gefunden. Wer Mitglied wird, bietet anderen dann auch das eigene an. Manche bieten statt Übernachtung auch gratis Stadtführungen. Besser kann man ein Land und seine Bewohner kaum kennenlernen

▶ forum.virtualtourist.com Viel genutzte Plattform, das heißt, dass man auf seine (englisch gestellte) Frage gewöhnlich auch rasch eine Antwort erhält – meist sogar mehrere in kurzer Zeit

▶ mp.marcopolo.de/chn3 Restaurantkritiken, Hotelkritiken, Aktivitäten – die Informationen in verschiedenen Sprachen sind vielfältig und als Erfahrungsberichte oft nützlich für die eigene Reiseplanung

Für den Inhalt der auf diesen Seiten genannten Adressen übernimmt der Verlag keine Verantwortung

PRAKTISCHE HINWEISE

ANREISE

Peking und Shanghai werden teils mehrmals täglich von Frankfurt a. M., München, Wien und Zürich aus nonstop angeflogen. Weitere Direktrouten: Berlin–Peking, Frankfurt–Kanton, Frankfurt–Nanjing und Frankfurt–Shenyang (über Peking); ferner wird aus Zürich auch Shanghai direkt angeflogen. Chengdu ist ab Amsterdam direkt erreichbar. Von Norddeutschland aus bieten Flüge über Kopenhagen oder Helsinki Zeitersparnis. Für Südchina ist Hongkong eine gute Drehscheibe. Einmal China und zurück ist teils schon für unter 700 Euro realisierbar. Flugzeiten: je nach Strecke nonstop 9 bis 11 Stunden; Hongkong ist 12 Stunden entfernt.

In Peking und Kanton sind die internationalen Flughäfen ans Bahnnetz angeschlossen; diese Alternative empfiehlt sich jedoch nur bedingt für Reisende mit großem Gepäck.

Das preisgünstigste Transportmittel in die Innenstadt sind überall die Flughafenbusse, die jedoch ohne Chinesischkenntnisse oft schwierig zu benutzen sind. Da Taxis billig sind, wird man sich meistens für diese bequemste aller Alternativen entscheiden, um ans Ziel zu gelangen.

Sechs Tage braucht die Transsibirische Eisenbahn für die 9000 km von Berlin über Moskau nach Peking. Die Strecke durch die Mongolei ist kürzer als durch die Mandschurei. Sie fahren im 4-Bett-Abteil (2. Klasse) oder 2-Bett-Abteil (1. Klasse). Die Preise liegen je nach Strecke und Klasse bei ca. 700 bis 1200 Euro ohne Visumgebühren, Verpflegung und Kosten für eine mögliche Fahrtunterbrechung in Russland. Information: *Olympia Reisen (Bonn) | Tel. 0228 40 00 30 | www.olympia-reisen.com.* Buchen Sie zwei Monate im Voraus.

Ticketbuchung und Visumbeschaffung in China über *Monkey Business Peking (in Sanlitun versteckt gelegen; holen Sie sich eine telefonische Wegbeschreibung) | Tel. 010 65 91 65 19 | Mo–Sa 10–18 Uhr | www.monkeyshrine.com.*

GRÜN & FAIR REISEN

Auf Reisen können auch Sie mit einfachen Mitteln viel bewirken. Behalten Sie nicht nur die CO_2-Bilanz für Hin- und Rückflug im Hinterkopf *(www.atmosfair.de)*, sondern achten und schützen Sie auch nachhaltig Natur und Kultur im Reiseland *(www.gate-tourismus.de; www.zukunft-reisen.de; www.ecotrans.de)*. Gerade als Tourist ist es wichtig, auf Aspekte zu achten wie Naturschutz *(www.nabu.de; www.wwf.de)*, regionale Produkte, Fahrradfahren (statt Autofahren), Wassersparen und vieles mehr. Wenn Sie mehr über ökologischen Tourismus erfahren wollen: europaweit *www.oete.de*; weltweit *www.germanwatch.org*

AUSKUNFT

CHINESISCHES FREMDENVERKEHRSAMT
– *Ilkenhansstr. 6 | 60433 Frankfurt a. M. | Tel. 069 52 01 35 | www.fac.de*

Von Anreise bis Zoll

Urlaub von Anfang bis Ende: die wichtigsten Adressen und Informationen für Ihre Chinareise

– Brandschenkestrasse 178 | 8002 Zürich | Tel. 044 2 01 88 77 | www.chinatourism.ch/ge/az.php

CITS (CHINA INTERNATIONAL TRAVEL SERVICE) PEKING
CITS Building | Dongdan Beidajie 1 | Peking | Tel. 010 65 22 29 91 | www.cits.net

Wer in China unterwegs ist, besorgt sich alle nötigen Informationen am besten am Hotelschalter – dort kann man meistens auch Fahrkarten bestellen, Ausflüge buchen usw. Fremdenverkehrsbüros wie in Europa gibt es in China nur in wenigen Städten, und wo es sie gibt, z. B. in Peking, Shanghai oder Xi'an, sind sie erfahrungsgemäß wenig nützlich.

Die wohl besten deutschsprachigen Internetseiten (samt Leserforum) finden sich unter www.chinaweb.de. Deutschsprachige Infos und (linientreue) Nachrichten aus und über China gibt german.china.org.cn. Für Geschäftsleute interessant ist die englischsprachige „Chinese Business World": www.cbw.com. Eine Fülle von Chinathemen bietet www.hphein.de. Ebenfalls nützlich: www.chinafokus.de. Rucksackreisende finden Anregungen unter chinabackpacker.com. Chinesische Hotels, auf Englisch im Internet kaum präsent, bucht man mit kräftigen Rabatten z. B. über www.sinohotel.com oder www.travelchinaguide.com.

BAHN

In Expresszügen (Zugnummern C…, D… oder G…) gibt es Sitzwagen der 1. und 2. Klasse. In anderen Zügen unterscheidet man Hartsitzer (hard seater, yingzuo; heute immer gepolstert), Weichsitzer (soft seater, ruanzuo; nur bei Tageszügen), Liegewagen (hard sleeper, yingwo; ohne abgeschlossene Abteile) und Schlafwagen (soft sleeper, ruanwo; 4-Bett-Abteile).

WAS KOSTET WIE VIEL?

Kaffee	**3 Euro** für eine Tasse Kaffee im Hotel
Bier	**4 Euro** für ein Glas Bier im Hotel
Teeblätter	**20 Euro** für 100 g Teeblätter (Spitzenqualitäten)
Nudeln	**2 Euro** für eine Schale Nudeln in der Garküche
Bus	**20 Cent** für eine Fahrt mit dem städtischen Linienbus
Taxi	**1,20–3 Euro** für eine Innenstadtfahrt

Außer für Hardseater ist Sitz- bzw. Bettplatzreservierung nötig – daher ist es wichtig, zeitig Fahrkarten zu kaufen. Meist geht dies über das Businesscenter des Hotels. An Bahnhöfen muss man oft lange Schlange stehen, und das Personal versteht kein Englisch. Das Buchungssystem erfasst nicht alle Sitzplätze landesweit. Wer also in A keinen Fahrschein für die Fahrt von B nach C erhält, kann es in B noch mal versuchen. Bettplätze erhält man auch im Zug.

BUS

Busfahren ist auf Langstrecken oft strapaziös, doch viele interessante Ziele sind nicht anders zu erreichen. Auf viel befahrenen Strecken gibt es Kleinbusse, die losfahren, wenn alle Plätze belegt sind. Fahrkarten bekommen Sie am Busbahnhof (am Vortag besorgen) oder bei kürzeren Strecken im Bus selbst.

Innerstädtische Buslinien sind überall zahlreich und billig, man sollte sich jedoch genau die Route erklären lassen, ehe man sich für diese Alternative entscheidet. Schriftliche Infos an den Haltestellen gibt es praktisch nur auf Chinesisch.

DIPLOMATISCHE VERTRETUNGEN

DEUTSCHE BOTSCHAFT
Dongzhimenwai Dajie 17 | Chaoyang Qu | Peking | Tel. 010 85 32 90 00 | www. peking.diplo.de

ÖSTERREICHISCHE BOTSCHAFT
Jianguomenwai Xiushui Nanjie 5 | Peking | Tel. 010 65 32 20 61 | www. aussenministerium.at/peking

SCHWEIZER BOTSCHAFT
Sanlitun Dongwu Jie 3 | Peking | Tel. 010 85 32 88 88 | www.eda.admin.ch/ beijing

Deutsche, österreichische und Schweizer Generalkonsulate gibt es jeweils in Hongkong, Kanton und Shanghai, ein weiteres deutsches in Chengdu. Über alle Daten informieren folgende Internetadressen:
– Deutschland: *www.auswaertiges-amt. de*
– Österreich: *www.bmaa.gv.at*
– Schweiz: *www.eda.admin.ch*

EINREISE

Frühestens 50 Tage vor der Einreise sind der chinesischen Botschaft bzw. dem zuständigen Konsulat vorzulegen: ein ausgefülltes Antragsformular, ein Passfoto, der Reisepass (sechs Monate gültig ab Einreisedatum) und die Visumgebühr (Deutschland: 30 Euro, Österreich: 30 Euro, Schweiz: 50 Franken; für Ausländer gelten Zuschläge, ebenso für raschere Bearbeitung, normal: vier Arbeitstage). Ausländer müssen eine Kopie der Aufenthaltserlaubnis vorlegen. Der Antrag darf nicht per Post eingereicht werden.

Formulare zum Selbstausdrucken und aktuelle Informationen finden Sie unter *www.china-botschaft.de/det* bzw. *www. chinaembassy.at/det* bzw. *www.chinaembasssy.ch/ger.*

Chinareiseveranstalter bieten immer auch einen Visumbeschaffungsdienst an.

DIPLOMATISCHE VERTRETUNGEN DER VOLKSREPUBLIK CHINA IN DEUTSCHLAND
– Botschaft, Konsularabteilung: *Brückenstr. 10 | 10179 Berlin | Tel. 030 27 58 85 72*
– Generalkonsulat in Frankfurt (für Hessen, Baden-Württemberg, Nordrhein-Westfalen, Rheinland-Pfalz, Saarland): *Mainzer Landstr. 175 | 60326 Frankfurt a. M. | Tel. 069 75 08 55 34*
– Generalkonsulat in Hamburg (für Bremen, Hamburg, Niedersachsen, Schleswig-Holstein): *Elbchaussee 268 | 22605 Hamburg | Tel. 040 82 27 60 18*
– Generalkonsulat in München (für Bayern): *Romanstr. 107 | 80639 München | Tel. 089 17 30 16 12*

BOTSCHAFT DER VOLKSREPUBLIK CHINA IN ÖSTERREICH
Konsularabteilung: *Neulinggasse 29-1-11 | 1030 Wien | Tel. 01 7 10 36 48*

PRAKTISCHE HINWEISE

DIPLOMATISCHE VERTRETUNGEN DER VOLKSREPUBLIK CHINA IN DER SCHWEIZ
– Botschaft, Konsularabteilung: *Kalchegg-weg 10 | 3006 Bern | Tel. 031 3 51 45 93*
– Generalkonsulat (für zwölf Nordschweizer Kantone und für Liechtenstein): *Bellariastrasse 20 | 8002 Zürich | Tel. 044 2 01 10 05*

Bei Einreise über Hongkong werden Touristenvisa kurzfristig ausgestellt bei:

CHINA TRAVEL SERVICE
1/F, Alpha House | 27–33 Nathan Road | Kowloon | Tel. 0852 29 98 78 88 | www.ctshk.com

Touristenvisa sind 30 Tage ab dem Tag der Einreise gültig. Sie können in China zweimal um jeweils einen Monat verlängert werden. Zuständig sind die Ausländerbüros des Amts für öffentliche Sicherheit *(Gong'anju)*, die Sie in jedem größeren Ort finden.

FAHRRÄDER

Mieträder gibt es in vielen Hotels, manchmal auch am Bahnhof. Als Regel gilt: Langsam fahren, fleißig klingeln und immer nach vorn sehen! Motorfahrzeuge haben Vorfahrt, aber es gilt auch: Wer zuerst kommt, fährt zuerst. Und prüfen Sie vor der Fahrt unbedingt die Bremsen!

FOTOGRAFIEREN

Generell sind keine besonderen Regeln zu beachten. Sie sollten allerdings um Erlaubnis bitten, wenn Sie Personen fotografieren (außer an Stellen, wo auch Chinesen viel fotografieren).
Beachten Sie die Fotografierverbote in Tempelhallen. Fotografieren auf öffentlichem Privatgelände, beispielsweise in Kaufhäusern, wird oft vom Sicherheitspersonal unterbunden. Dies kann auch für Schaufensterauslagen gelten. Militärische Anlagen dürfen nicht fotografiert werden.

WÄHRUNGSRECHNER

€	CNY	CNY	€
10	82,86	100	12,08
20	165,26	200	24,16
30	247,89	300	36,24
40	330,52	400	48,32
50	413,15	500	60,40
60	495,78	600	72,48
70	578,41	700	84,56
80	661,04	800	96,65
90	743,68	900	108,73

GELD & KREDITKARTEN

Heute finden sich in allen Städten sowie in vielen Hotels internationale Geldautomaten, aus denen man mit einer Debitkarte (z. B. Maestro) Geld ziehen kann. Für den Fall, dass die verloren geht (oder der Automat nicht funktioniert), sollte man auch Eurobargeld dabei haben (wird in den meisten Hotels getauscht) sowie zur Sicherheit eine zweite Debitkarte und eventuell Reiseschecks, zu deren Einwechslung man jedoch oft die örtliche Filiale der Bank of China aufsuchen muss.
Die in Europa verbreiteten Kreditkarten werden auch in den besseren chinesischen Hotels akzeptiert. Beim Geldwechsel muss der Reisepass vorgezeigt werden. Wichtig: Falls Sie bei Ihrer Ausreise aus China Geld zurücktauschen wollen, müssen Sie eine Umtauschquittung über mindestens denselben Betrag vorlegen.

GESUNDHEIT

Impfungen sind nicht vorgeschrieben, empfehlenswert ist aber die Vorsorge gegen Hepatitis, bei Reisen nach Südchina gegebenenfalls gegen Malaria, Cholera und Typhus (rechtzeitig beim Hausarzt oder dem nächsten Tropeninstitut erkundigen; aktuelle Informationen finden Sie unter *www.fit-for-travel.de* oder *www.auswaertiges-amt.de,* Menüpunkt „Reise und Sicherheit").

In die Reiseapotheke gehören Magen-Darm- und Grippetabletten, Schmerzmittel, Pflaster, Wundsalbe und Sonnencreme. Wer in abgelegene Regionen reist, schützt sich mit Einwegspritzen vor Infektionen im Ernstfall. Wenn Sie einen Tibetaufenthalt planen, sollten Sie unbedingt an Arznei gegen die Höhenkrankheit denken.

Leitungswasser sollten Sie in China nicht unabgekocht trinken. Sie können es jedoch bedenkenlos zum Zähneputzen verwenden.

HONGKONG & MACAU

Hongkong gehört seit 1997 wieder zu China, Macau seit 1999. Beide sind Sonderverwaltungszonen und von China (sowie untereinander) deutlich strenger getrennt als europäische Staaten unter sich. Beide haben eine eigene Währung, für beide gelten eigene Einreisebestimmungen, die jedoch liberaler sind: Man benötigt als Deutscher, Österreicher oder Schweizer Bürger kein Visum. Verkehrstechnisch sind beide mit dem übrigen China gut vernetzt durch die Flughäfen, durch Fähr- und Buslinien sowie im Falle Hongkongs auch durch die Eisenbahn.

Alles Weitere erfahren Sie aus dem MARCO POLO Reiseführer „Hongkong/Macau".

INLANDSFLÜGE

Flüge innerhalb Chinas können Sie übers Hotel, über China International Travel Service (CITS) oder direkt über die Fluglinie buchen. An den meisten Orten gibt es billige Zubringerbusse vom und ins Stadtzentrum (Abfahrtszeiten im Büro der Fluglinie erfragen). Die Flugzeuge sind großteils modern; trotzdem müssen Sie, besonders im Landesinneren, bei schlechtem Wetter mit Verspätungen rechnen.

INTERNETZUGANG

Den einfachsten Zugang ins Internet erhalten Sie in den Businesscentern der Hotels. Preiswerter sind externe Anbieter, die recht häufig sind – und häufig wechseln. Computer in China verwenden meist eine chinesische Benutzeroberfläche, zudem verweigert die Zensur den Zugriff auf viele ausländische Seiten.

Am besten, Sie haben einen tragbaren Computer oder Ihr internetfähiges Telefon dabei, dann können Sie in zahlreichen Cafés, Bars und Restaurants die WLAN-Netze nutzen, meistens sogar gratis. China ist in dem Punkt inzwischen besser entwickelt als Europa.

KLEIDUNG

In Shanghai und anderen Metropolen ist man modisch längst up to date – doch bei Reisen übers Land sollte schlichte, strapazierfähige Kleidung den Vorzug erhalten.

Die Hotels bieten einen verlässlichen Wäschedienst an. Was Sie morgens abgeben, erhalten Sie am Spätnachmittag zurück. Bei Luxushotels kann die Wäsche allerdings teurer werden als ein Neukauf.

PRAKTISCHE HINWEISE

POST

Eine Postkarte nach Deutschland kostet 4,50 Yuan, der billigste Luftpostbrief 6 Yuan. Die Laufzeit beträgt ein bis zwei Wochen, von abgelegenen Orten aus kann die Post mehr als einen Monat unterwegs sein. Briefmarken erhalten Sie im Hotel. Pakete müssen offen ins Postamt gebracht und dort kontrolliert werden.

PREISE & WÄHRUNG

In China gilt das „Volksgeld" Renminbi (RMB). Sein Außenwert ist an einen Währungskorb gekoppelt und hängt vor allem vom Dollar ab; wird also der Euro gegenüber dem Dollar stärker, reisen Bürger des Euroraums in China preiswerter. Die Einheiten des RMB sind: 1 Yuan (CNY) = 10 Jiao = 100 Fen. Im Alltag wird der Jiao fast immer Mao genannt (frei übersetzt: „Groschen"). Jiao-Beträge kommen nur noch selten vor, Fen-Beträge gar nicht mehr.

Für eine Dose inländisches Bier zahlen Sie im Laden 4 bis 5 Yuan; dieselbe Marke kann, im Hotel gezapft, mehr als das Zehnfache kosten. Für ca. 60 Yuan pro Person können Sie ordentlich, für das Dreifache ausgezeichnet essen – das gilt für die Metropolen. In kleineren Orten oder gar auf dem Land ist das Preisniveau deutlich niedriger.

Sehr preiswert sind die öffentlichen Verkehrsmittel: 100 km mit dem Überlandbus kosten etwa 25 Yuan. Eine Fahrt im Stadtbus kostet höchstens 2 Yuan, U-Bahn-Fahrten gibt es ab 2, meistens ab 3 Yuan.

Die Eintrittspreise für Sehenswürdigkeiten liegen meistens zwischen 20 und 50 Yuan, bei Spitzenattraktionen – etwa beim Besuch des Kaiserpalasts in Peking inklusive Schatzkammer und Tonbandführung – erreicht der Preis gelegentlich 100 Yuan. Beim Besuch von Naturparks ist zum Teil mit über 200 Yuan zu rechnen. Bei den großen staatlichen Museen dagegen ist der Eintritt frei.

Ein Zeichen, eine Silbe: chinesische Schrift

REISEZEIT

Die angenehmsten Temperaturen herrschen im Mai und Oktober. In Südchina sind zwischen April und September viele Regentage zu erwarten, im Norden im Juli und August. Die Winter im Norden sind sehr kalt und oft staubig. Im Frühjahr, vor Beginn der Regenzeit, können Sandstürme in Westchina jeden Verkehr zum Erliegen bringen. Südlich des Jangtse wird außerhalb der Touristenhotels im Winter nicht geheizt, obwohl die Temperaturen z. B. in Shanghai unter null Grad sinken können. Im äußersten Westen (Xinjiang, Tibet) müssen Sie mit großen Temperaturunterschieden zwischen Tag und Nacht rechnen.

STROM

220 Volt / 50 Hertz Wechselstrom. Viele Hotels verfügen über Steckdosen für unterschiedliche Stecker, in die mitteleuropäische Zweipolstecker problemlos passen. Auf Nummer sicher geht man mit einem internationalen Steckerset.

TAXI

Die meisten Großstädte sind mit Taxis recht gut versorgt, aber die Fahrer sprechen selten Englisch. Deshalb sollten Sie

Ihre Zieladresse immer in chinesischen Schriftzeichen mit sich führen; lassen Sie sie z. B. im Hotel aufschreiben.
Meist haben Taxis ein Taxameter und einen festgelegten Kilometerpreis (etwa 1,50 bis 2,50 Yuan), der im Seitenfenster angebracht sein muss. Der Grundtarif liegt bei etwa 10 Yuan, er hängt wie auch der Kilometerpreis von der Wagenklasse ab. Handeln Sie für Ausflüge ins Umland einen Pauschalpreis aus.
Taxis außerhalb von Metropolen haben meist keine Lizenz für die Metropole selbst. Sollte man Sie bei der Rückfahrt daher am Stadtrand absetzen, ist dies kein böser Wille; Sie müssen dann mit einem städtischen Taxi weiterfahren.
In kleinen Orten stehen zuweilen nur Dreiradrikschas oder Motorradtaxis zur Verfügung. Hier heißt es: Erst feilschen, dann einsteigen.

WETTER IN PEKING

	Jan.	Feb.	März	April	Mai	Juni	Juli	Aug.	Sept.	Okt.	Nov.	Dez.
Tagestemperaturen in °C	1	4	11	21	27	31	31	30	26	20	10	3
Nachttemperaturen in °C	−10	−8	−2	7	13	18	21	20	14	6	−2	−8
Sonnenschein Stunden/Tag	7	7	8	8	9	9	7	7	6	6	6	6
Niederschlag Tage/Monat	2	2	2	3	6	6	12	9	5	2	2	1

PRAKTISCHE HINWEISE

TELEFON & HANDY

Alle Hotels in China verfügen über internationale Direktwahl, die meisten auch über Telefax.

Ihr Mobiltelefon wählt sich in China automatisch in das Netz eines Partners Ihres Mobilfunkanbieters ein. Die Gebühren für einen Anruf nach Hause sind unterschiedlich; pro Minute können über 2 Euro fällig werden. Wichtig zu wissen: Als Angerufener muss man die Auslandsverbindung z. B. ab Deutschland bezahlen. Im Normalfall ist es günstiger, vom Hotel aus zu telefonieren. Außerdem gibt es öffentliche Telefonkioske, von denen aus man per Telefonkarte preisgünstig Auslandsgespräche führen kann. Bleiben Sie länger, wird sich der Kauf einer chinesischen Simkarte rasch amortisieren.

Chinesische Mobilfunknummern beginnen mit einer 1, Ortsnetzkennzahlen mit einer 0. Wie in Europa wählen Sie die Vorwahl mit, wenn Sie ein Mobiltelefon benutzen, bei Ortsgesprächen auf dem Festnetz kann sie entfallen. Rufen Sie in China aus dem Ausland an, so entfällt die einleitende 0 der Ortsvorwahl.

Vorwahl nach Deutschland: 0049, nach Österreich: 0043, in die Schweiz: 0041. Vorwahl für China: 0086.

TRINKGELD

In Restaurants gibt man generell kein Trinkgeld. Gleiches gilt beim Taxifahren, allerdings macht sich lächerlich, wer sich auf den Zehntel Yuan genau herausgeben lässt.

Bei Pauschalreisen sind die Reiseleiter und Busfahrer jedoch auf Trinkgelder angewiesen (Richtwert: 10 Yuan pro Tag von jedem Reisenden für beide zusammen). Extraleistung sollte zusätzlich honoriert werden.

ZEIT

In ganz China gilt das ganze Jahr über Pekinger Zeit: Mitteleuropäische Zeit (MEZ) plus sieben Stunden, während der europäischen Sommerzeit plus sechs Stunden. Damit der Tageslauf von der tatsächlich Ortszeit nicht zu sehr abweicht, beginnt man den Tag um so später, je weiter man nach Westen kommt. In Kashgar beispielsweise beträgt der faktische Zeitunterschied zwei Stunden – Mittag beispielsweise ist erst gegen 14 Uhr.

ZEITUNGEN

Mit der freien Berichterstattung ist es in China so eine Sache. Nur in den Großstädten ist eine begrenzte Zahl englisch- oder deutschsprachiger Zeitungen aus dem Ausland zu haben. Die offiziöse „China Daily" mit ihrem Gemisch aus Politik, internationalen Nachrichten und Tourismus erhält man dagegen in vielen Hotels – kostenlos. Provinzstädte erreicht das Blatt aber erst nach Tagen.

ZOLL

Eingeführt werden dürfen zwei Flaschen Spirituosen (je 750 ml) und 400 Zigaretten. Ohne weitere Formalitäten darf man Devisen im Wert von bis zu 5000 US-Dollar ein- und ausführen. Nicht ausführen darf man Geldbeträge über 20 000 Yuan und Gegenstände des kulturellen Erbes (Antiquitäten), sofern sie nicht mit rotem Siegel freigegeben sind. Zollfreie Mengen in die EU und die Schweiz: u. a. 200 Zigaretten oder 50 Zigarren oder 250 g Tabak, 1 l Spirituosen über oder 2 l bis 22 (Schweiz: 15) Vol.-%, 4 l Wein sowie andere Waren im Wert bis zu 430 Euro (300 Franken). Weitere Informationen: www.zoll.de.

SPRACHFÜHRER CHINESISCH

AUSSPRACHE

Die wichtigsten Besonderheiten der Standardumschrift und wie wir sie im Sprachführer wiedergeben. Doppel- und Dreifachvokale sind nicht getrennt, sondern in eins zu sprechen, so ist z. B. „schuang" oder „liau" jeweils nur eine Silbe.

ao wie au. Wir schreiben au.

c wie tz in „Platz." Wir schreiben ts.

ei wie eh in „Weh". Wir schreiben eh.

ch wie tsch in „deutsch". Wir schreiben tsch.

i nach c, ch, r, s, sh, z, zh: verlängert nur den Anlaut, stimmhaft. Wir schreiben i.

j wie dj in „Django". Wir schreiben dj.

h wie ch in „ach". Wir schreiben h.

q wie tch in „Lottchen". Wir schreiben tj.

r am Silbenanfang wie g in „Genie", sonst wie englisches r. Wir schreiben r.

s wie ß. Wir schreiben ss.

sh wie sch. Wir schreiben sch.

x wie ch in „ich". Wir schreiben ch.

z wie s in „Sonne" mit einem d davor. Wir schreiben ds.

zh wie dsch in „Dschungel". Wir schreiben dsch.

AUF EINEN BLICK

Ja, richtig./Einverstanden.	对. /好.	[duèh/hǎu]
Nein, falsch./Nein, nicht einverstanden.	不对. /不好.	[bú duèh/bù hǎu]
Vielleicht.	可能.	[kö-néng]
Danke./Nichts zu danken!	谢谢. /不谢.	[chiàchiä/bú chiä]
Ich bitte darum.	请.	[tjǐng]
Entschuldigen Sie!	对不起!	[duèh-bu-tjǐ]
Darf ich ...?	可以 ... 吗?	[kö-ǐh ma]
Ich möchte .../Haben Sie ...?	我要 .../有没有 ...?	[uǒ jàu/jǒu méh jǒu]
Wie viel kostet ...?	多少钱?	[duō schāu tjén]
Das gefällt mir (nicht).	我(不)喜欢.	[uǒ (bù) chǐ huān]
gut/schlecht	好/不好	[hǎu/bù hǎu]
kaputt/geht nicht	坏了/不行	[huàile/bù chíng]
zu viel/viel/wenig	太多/很多/一点	[tài duō/hěn duō/ìh-diän]
alles/will nichts	全部/都不要	[tjüánbù/dōu bú jàu]
Hilfe!/Vorsicht!	救命!/小心!	[djòu mìng/chiǎuchīn]
Krankenwagen	救护车	[djòu-hù tschö]
Polizei/Feuerwehr	警察/消防队	[djǐng-tschá/chiāu-fáng duèh]
verboten/gefährlich	禁止/危险	[djìn-dschǐ/uēh-chiän]
Darf ich fotografieren?	可以照相吗?	[kö-ǐh dschàu-chiāng ma]

你会说汉语吗？

„Sprichst du Chinesisch?" Dieser Sprachführer hilft Ihnen, die wichtigsten Wörter und Sätze auf Chinesisch zu sagen

BEGRÜSSUNG & ABSCHIED

Guten Morgen!/Tag!	早上好！/你好！	[dsǎuschang hǎu/nǐ hǎu]
Gute(n) Abend!/Nacht!	晚上好！/晚安！	[uǎnschang hǎu/uǎn ān]
Hallo! (Begrüßung)	你好！	[nǐ hǎu]
Hallo! (Anruf)	喂！	[uēh]
Auf Wiedersehen!/Tschüss!	再见！	[dsài djèn]
Ich heiße ...	我叫 . . .	[uǒ djàu]
Wie heißen Sie?	你贵姓？	[nǐ guèh chìng]
Ich bin ...	我是 . . .	[uǒ schì]
... Deutscher/... Schweizer	. . . 德国人/瑞士人	[Déguó rén/Ruèhschi rén]
... Österreicher	. . . 奥地利人	[Audìlì rén]

DATUMS- & ZEITANGABEN

Montag/Dienstag	星期一/星期二	[chīngtji-īh/chīngtji-èr]
Mittwoch/Donnerstag	星期三/星期四	[chīngtji-ssān/chīngtji-ssì]
Freitag/Samstag	星期五/星期六	[chīngtji-ǔh/chīngtji-liòu]
Sonntag/Werktag	星期天/工作日	[chīngtji-tiān/gūngdsuò-rì]
heute/morgen/gestern	今天/明天/昨天	[djīn-tiän/míng-tiän/dsuó-tiän]
Stunde/Minute	小时/分钟	[chiǎu-schi/fēn-dschūng]
Tag/Nacht/Woche	白天/晚上/星期	[bái-tiän/uǎn-schang/chīngtji]
Monat/Jahr/Feiertag	月/年/假日	[jǔǎ/njén/djà-rì]
Wie viel Uhr ist es?	几点钟	[djǐ-diän dschūng]
Drei Uhr/Halb vier	三点/三点半	[ssān diän/ssān diän bàn]

UNTERWEGS

offen/geschlossen	开放/关闭	[kāi-fàng/guān-bì]
Eingang/Ausgang	入口/出口	[rù-kǒu/tschū-kǒu]
Abfahrt/Abflug/Ankunft	开车/起飞/到达	[kāi-tschö/tjǐ-fēh/dàudá]
Toiletten/Damen/Herren	洗手间/女/男	[chíschǒu-djēn/nǚ/nán]
(kein) Trinkwasser	(非)饮用水	[(fēh) jǐnjùng schuěh]
Wo ist ...?/Wo sind ...?	. . . 在那里？	[dsài nǎli]
links/rechts/nah/weit	左/右/远/近	[dsuǒ/jòu/jüǎn/djìn]
geradeaus/zurück	一直走/回去	[īh-dschí dsǒu/huéh-tjǔ]
Bus/Haltestelle	公共汽车/车站	[gūnggùng tjì-tschö/tschö-dschàn]
U-Bahn/Taxi	地铁/出租车	[dì-tiä/tschū-dsū tschö]
Stadtplan, (Land-)Karte	地图	[dìtú]
Bahnhof/Schiffsanleger/ Hafen/Flughafen	火车站/码头/港口/机场	[huǒ-tschö dschàn/ mǎtou/gǎngkǒu/djī-tschǎng]

Fahrplan/Fahrschein	时刻表/车票	[schí-kö biǎu/tschö-piàu]
einfach/hin und zurück	单程/往返	[dān-tschöng/uǎng-fǎn]
Zugnummer/Bahnsteig	车次/站台	[tschö-tsì/dschàntái]
Ich möchte ein Rad mieten.	我想租自行车.	[uǒ chiǎng dsū dsì-chíng tschö]

ESSEN & TRINKEN

Die Speisekarte, bitte.	请来菜单.	[tjǐng lái tsài-dān]
Bitte bringen Sie ...	請来 ...	[tjǐng lái]
ein(e) Flasche/Dose/Glas ...	瓶/一听/一杯 ...	[īh píng/īh tīng/īh bēh]
Messer/Gabel	刀子/叉子	[dāudsi/tschādsi]
Löffel/Essstäbchen	调羹/筷子	[tiáugöng/kuàidsi]
Salz/Pfeffer/Zucker	盐/胡椒粉/糖	[jän/hú-djāu-fěn/táng]
Essig/Sojasauce	醋/酱油	[tsù/djàngjóu]
Milch/Zitrone	牛奶/柠檬	[niúnǎi/níngmeng]
heiß/kalt/gekühlt (Getränk)	热的/冷的/冰的	[rèdö/löngdö/bīngdö]
mit/ohne Eiswürfel	加冰块/不加冰块	[djā bīngkuài/bù djā bīngkuài]
Vegetarier(in)/Allergie	素食者/过敏	[ssù-schí-dschö/guò-mǐn]
Die Rechnung, bitte.	买单.	[mǎidān]

EINKAUFEN

Apotheke/Bäckerei	药房/面包店	[jàufáng/mjènbāu diàn]
Einkaufszentrum/ Kaufhaus/Supermarkt	购物中心/百货店/超级市场	[gōu-ùh dschūngchīn/bǎihuò diän/tscháudji schìchǎng]
Fotogeschäft	摄影器材店	[schöjǐng tjìtsái diän]
50 Gramm/1 Pfund	一两/一斤	[īh-liǎng/īh-djīn]
100 Gramm/1 Kilo	一百克/一公斤	[īh-bǎi kö/īh gūngdjīn]
teuer/billig	很贵/很便宜	[hěn guèh/hěn pián-ih]
mehr/weniger	多/少	[duō/schǎu]

ÜBERNACHTEN

Ich habe ein Zimmer reserviert.	我预定了房间.	[uǒ jǔdìngle fángdjēn]
Haben Sie ein Zimmer frei?	还有房间吗?	[hái jǒu fángdjēn ma]
Ist ein Frühstück dabei?	包括早餐吗?	[bāukuò dsǎutsān ma]
Bad/Balkon	浴室/阳台	[jùschì/ jángtái]
Schlüssel/Zimmerkarte	钥匙/房卡	[jàuschi/fángkǎ]
Gepäck/Koffer/Tasche	行李/箱子/包	[chínglǐ/chiāngdsi/bāu]

BANKEN & GELD

Bank/Geldautomat	银行/取款机	[jín háng/tjü-kuǎn djī]
Ich möchte ... Euro wechseln.	请给我兑换 ... 欧元.	[tjǐng gěh uǒ duèh-huàn ... ōu jüán]

SPRACHFÜHRER

Bargeld/Maestro-Karte/ Kreditkarte/Geheimzahl	现金/借记卡/刷卡/密码 [chiän-djīn/djädjì kǎ/ schuā-kǎ/mìma]
Banknote/Münze	钞票/硬币 [tschāu-piàu/jìng bì]
Kleingeld, Wechselgeld	零钱 [líng tjén]

GESUNDHEIT

Arzt/Zahnarzt/Kinderarzt/ Krankenhaus	医生/牙医/儿科医生/医院 [īh-schöng/já-īh/ örkö īh-schöng/īh-jüän]
Fieber/Schmerzen/Durchfall	发烧/痛/拉肚子 [fāschāu/tūng/lā dùdsi]
Übelkeit/Sonnenbrand	杜子不舒服/晒伤 [dùdsi bù schūfu/schàischāng]
entzündet/verletzt	发炎了/受伤 [fājänle/schòuschāng]
Pflaster/Verband/Salbe	膠布/敷布/药膏 [djāu-bù/fū-bù/jàu-gāu]
Schmerzmittel/Tablette	止痛药/药片 [dschǐ-tūng jàu/jàu-pjèn]

TELEKOMMUNIKATION & MEDIEN

Briefmarke/Brief	邮票/信 [jōupiàu/chìn]
(Ansichts-)Postkarte	明信片 [míngchìn-pjèn]
Ich möchte eine Telefonkarte fürs Festnetz.	我要一张IC卡. [uǒ jàu īh-dschāng ai-ssi-kǎ]
Ich möchte eine SIM-Karte.	我要储值卡. [uǒ jàu tschǔdschí-kǎ]
Steckdose/Adapter/ Ladegerät	插箱/适配器/变压器 [tschā-chiāng/schìpèh-tjì/ bjèn-jā tjì]
Computer/Batterie/Akku	电脑/电池/电池 [diànnǎu/diän-tschí/diän-tschí]
Internetanschluss/WLAN	网线/无线局域网 [uǎngchiän/úh-chiän djújù uǎng]

ZAHLEN

0	零 [líng]	15	十五 [schí-ǔh]
1	一 [īh]	16	十六 [schí-liòu]
2	二 [ör]	17	十七 [schí-tjī]
zwei Exemplare	两个 [liǎng-gö]	18	十八 [schí-bā]
3	三 [ssān]	19	十九 [schí-djǒu]
4	四 [ssì]	70	七十 [tjī-schí]
5	五 [ǔh]	80	八十 [bā-schí]
6	六 [liòu]	90	九十 [djǒu-schí]
7	七 [tjī]	100	一百 [īh-bǎi]
8	八 [bā]	200	二百 [ör-bǎi]
9	九 [djǒu]	1000	一千 [īh-tjén]
10	十 [schí]	2000	两千 [liǎng-tjén]
11	十一 [schí-īh]	10000	一万 [īh-uàn]
12	十二 [schí-ör]	1/2	一半 [íh-bàn]
13	十三 [schí-ssān]	1/4	四分之一 [ssì-fön dschi īh]
14	十四 [schí-ssì]		

REISEATLAS

Die grüne Linie ▬▬ zeichnet den Verlauf der Ausflüge & Touren nach
Die blaue Linie ▬▬ zeichnet den Verlauf der Perfekten Route nach

**Der Gesamtverlauf aller Touren ist auch in
der herausnehmbaren Faltkarte eingetragen**

Bild: Folkloregruppe in Shenyang

Unterwegs in China

Die Seiteneinteilung für den Reiseatlas finden Sie auf dem hinteren Umschlag dieses Reiseführers

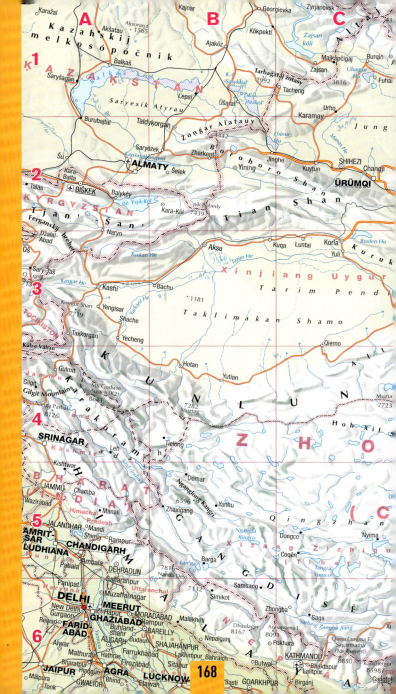

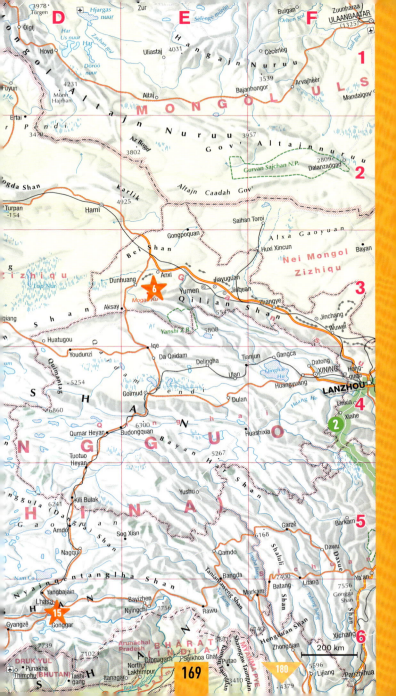

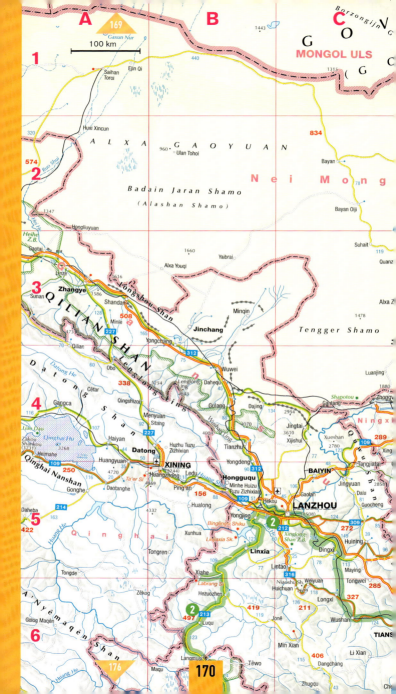

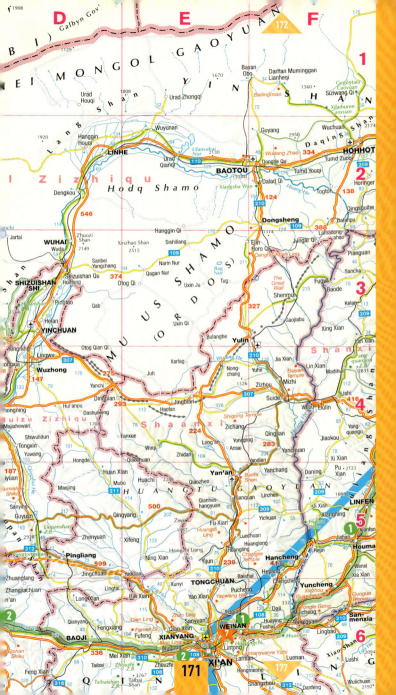

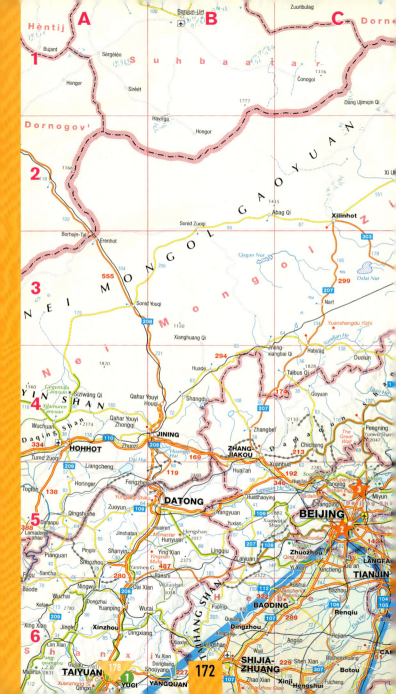

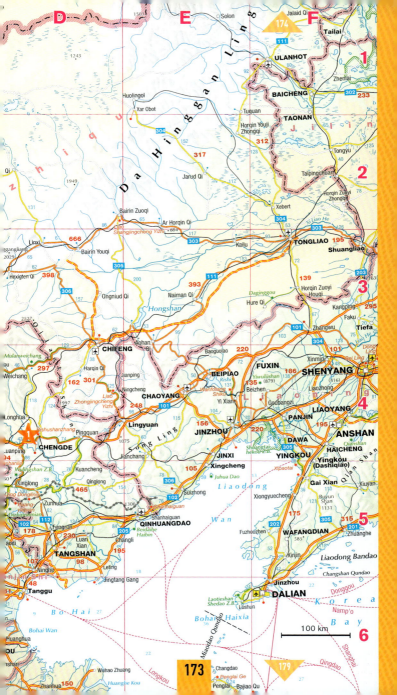

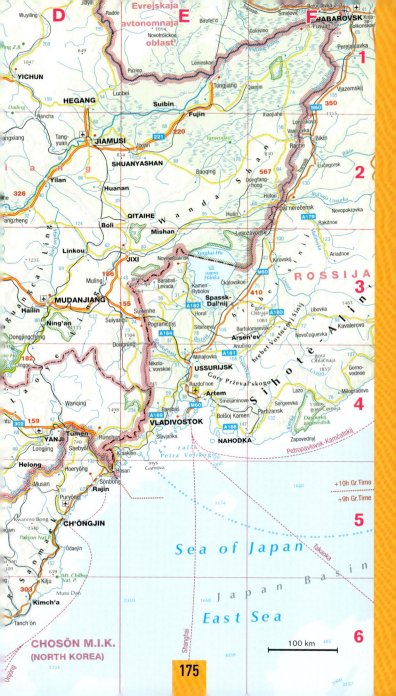

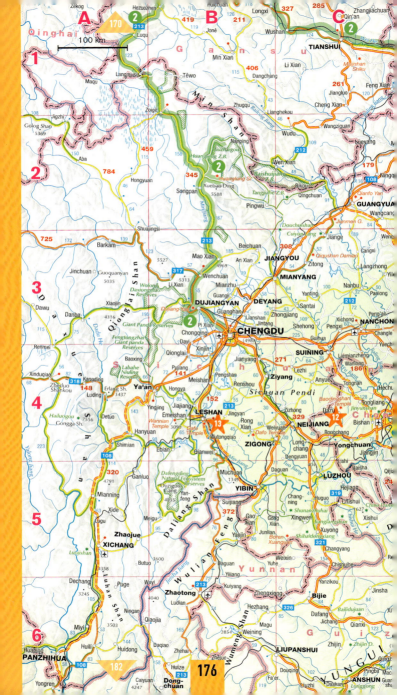

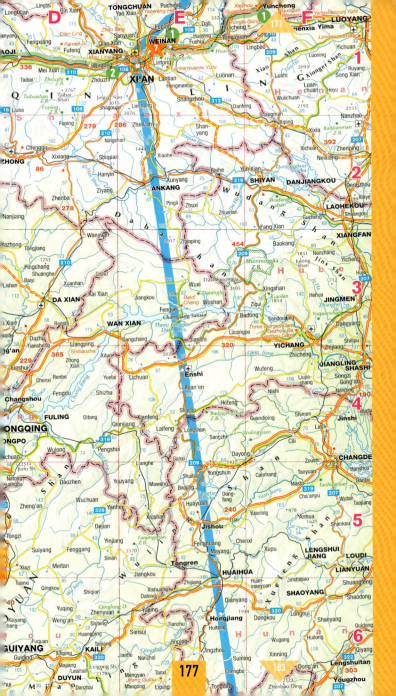

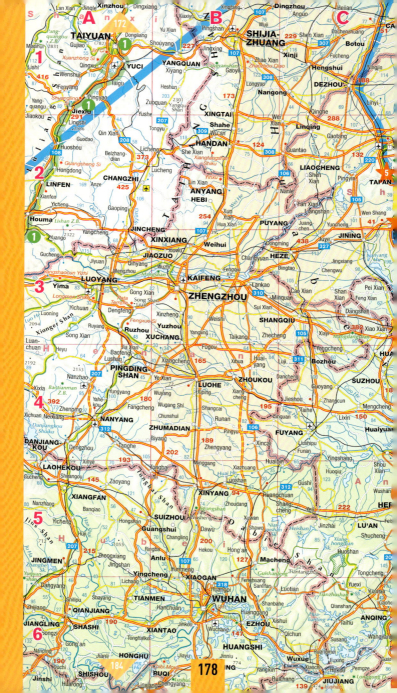

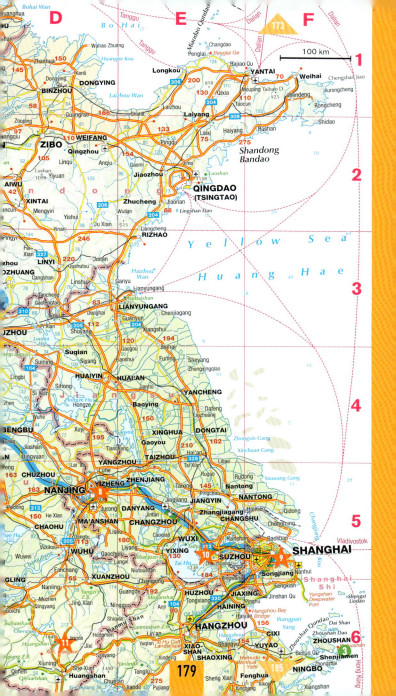

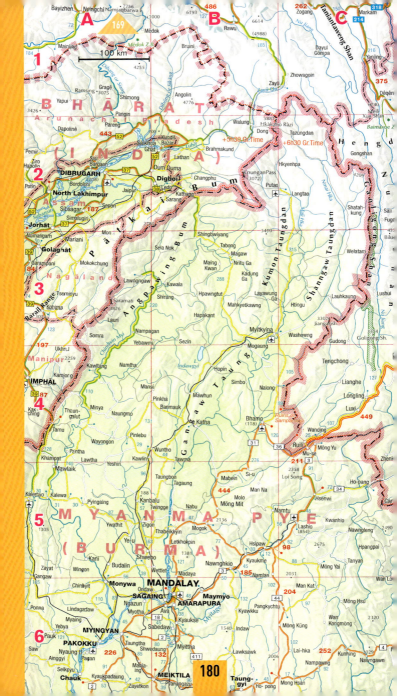

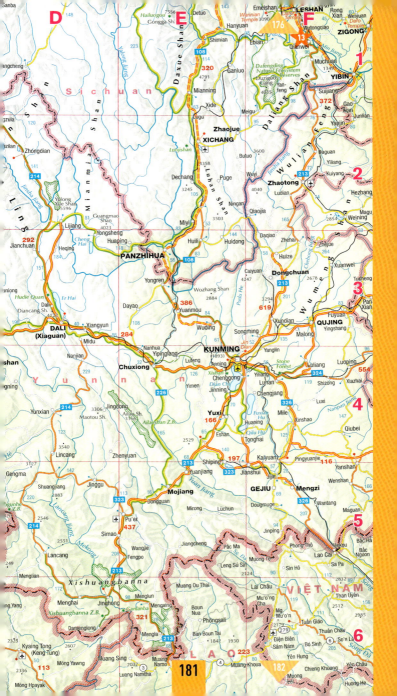

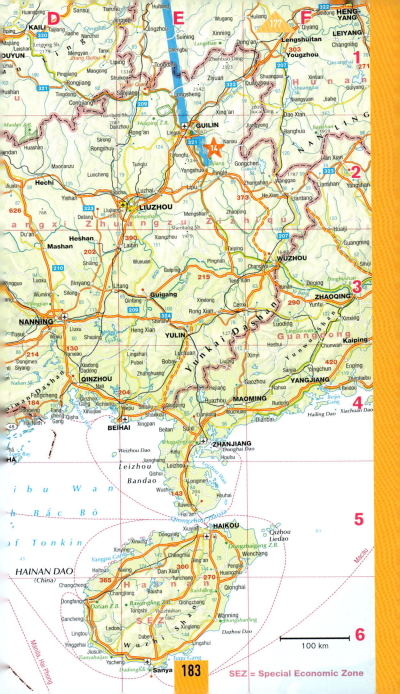

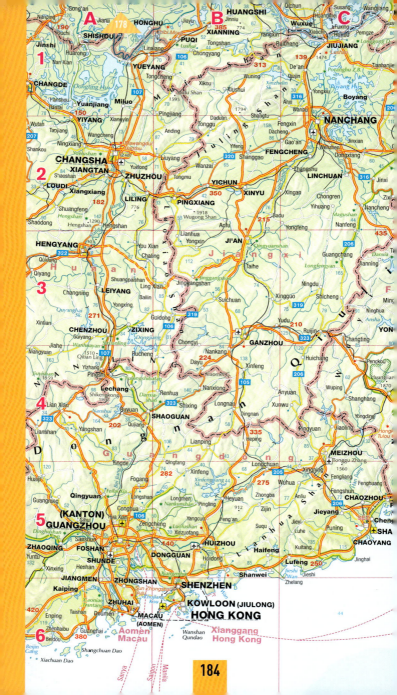

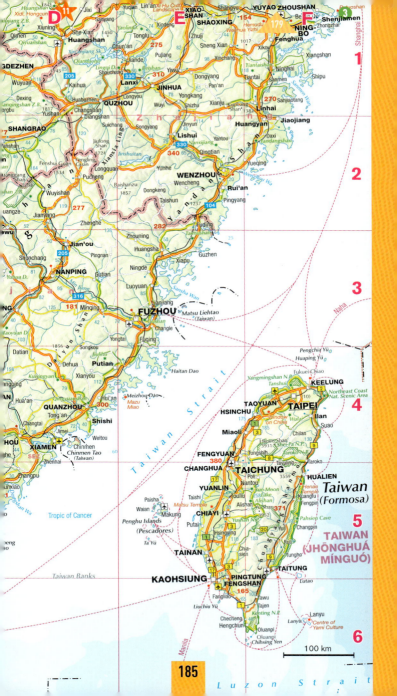

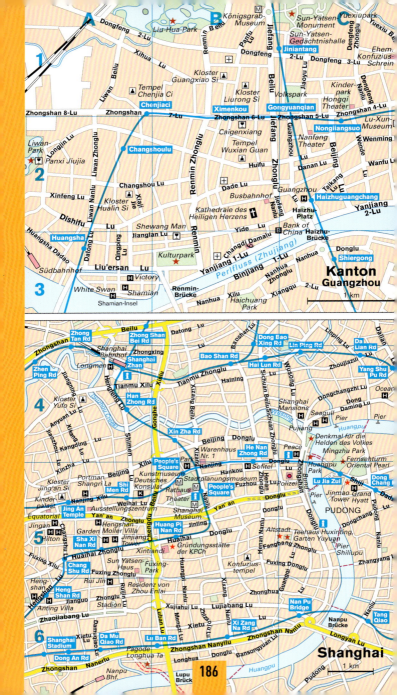

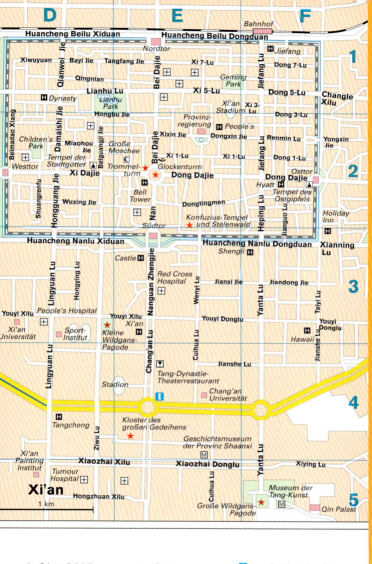

★	Sehenswürdigkeit	✉	Post	🛈	Touristen-Information
M	Museum	🍽	Restaurant	●	Polizei
✚	Krankenhaus	✝	Kirche	—●—	U-Bahn
H	Hotel	▲	Tempel	━━	Hochstraße
B	Bank	C	Moschee	▭▭▭	Stadtmauer

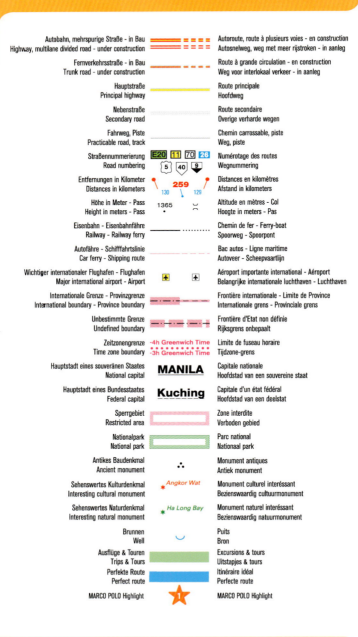

FÜR DIE NÄCHSTE REISE …

ALLE **MARCO POLO** REISEFÜHRER

DEUTSCHLAND

Allgäu
Amrum/Föhr
Bayerischer Wald
Berlin
Bodensee
Chiemgau/
  Berchtesgadener
  Land
Dresden/
  Sächsische
  Schweiz
Düsseldorf
Eifel
Erzgebirge/
  Vogtland
Franken
Frankfurt
Hamburg
Harz
Heidelberg
Köln
Lausitz/
  Spreewald/
  Zittauer Gebirge
Leipzig
Lüneburger Heide/
  Wendland
Mark Brandenburg
Mecklenburgische
  Seenplatte
Mosel
München
Nordseeküste
  Schleswig-Holstein
Oberbayern
Ostfriesische Inseln
Ostfriesland/
  Nordseeküste
  Niedersachsen/
  Helgoland
Ostseeküste
  Mecklenburg-
  Vorpommern
Ostseeküste
  Schleswig-Holstein
Pfalz
Potsdam
Rheingau/
  Wiesbaden
Rügen/Hiddensee/
  Stralsund
Ruhrgebiet
Sauerland
Schwäbische Alb
Schwarzwald
Stuttgart
Sylt
Thüringen
Usedom
Weimar

ÖSTERREICH
SCHWEIZ

Berner Oberland/
  Bern
Kärnten
Österreich
Salzburger Land
Schweiz
Steiermark
Tessin

Tirol
Wien
Zürich

FRANKREICH

Bretagne
Burgund
Côte d'Azur/
  Monaco
Elsass
Frankreich
Französische
  Atlantikküste
Korsika
Languedoc-Roussil-
  lon
Loire-Tal
Nizza/Antibes/
  Cannes/Monaco
Normandie
Paris
Provence

ITALIEN
MALTA

Apulien
Capri
Dolomiten
Elba/Toskanischer
  Archipel
Emilia-Romagna
Florenz
Gardasee
Golf von Neapel
Ischia
Italien
Italienische Adria
Italien Nord
Italien Süd
Kalabrien
Ligurien/Cinque
  Terre
Mailand/Lombardei
Malta/Gozo
Oberital. Seen
Piemont/Turin
Rom
Sardinien
Sizilien/Liparische
  Inseln
Südtirol
Toskana
Umbrien
Venedig
Venetien/Friaul

SPANIEN
PORTUGAL

Algarve
Andalusien
Barcelona
Baskenland/Bilbao
Costa Blanca
Costa Brava
Costa del Sol/
  Granada
Fuerteventura
Gran Canaria
Ibiza/Formentera
Jakobsweg/Spanien
La Gomera/

El Hierro
Lanzarote
La Palma
Lissabon
Madeira
Madrid
Mallorca
Menorca
Portugal
Sevilla
Spanien
Teneriffa

NORDEUROPA

Bornholm
Dänemark
Finnland
Island
Kopenhagen
Norwegen
Oslo
Schweden
Stockholm
Südschweden

WESTEUROPA
BENELUX

Amsterdam
Brüssel
Dublin
Edinburgh
England
Flandern
Irland
Kanalinseln
London
Luxemburg
Niederlande
Niederländische
  Küste
Schottland
Südengland

OSTEUROPA

Baltikum
Budapest
Danzig
Estland
Kaliningrader
  Gebiet
Krakau
Lettland
Litauen/Kurische
  Nehrung
Masurische Seen
Moskau
Plattensee
Polen
Polnische
  Ostseeküste/
  Danzig
Prag
Riesengebirge
Russland
Slowakei
St. Petersburg
Tallinn
Tschechien
Ukraine
Ungarn
Warschau

SÜDOSTEUROPA

Bulgarien
Bulgarische
  Schwarzmeer-
  küste
Kroatische Küste/
  Dalmatien
Kroatische Küste/
  Istrien/Kvarner
Montenegro
Rumänien
Slowenien

GRIECHENLAND
TÜRKEI
ZYPERN

Athen
Chalkidiki
Griechenland
  Festland
Griechische Inseln/
  Ägäis
Istanbul
Korfu
Kos
Kreta
Peloponnes
Rhodos
Samos
Santorin
Türkei
Türkische Südküste
Türkische Westküste
Zakinthos
Zypern

NORDAMERIKA

Alaska
Chicago und
  die Großen Seen
Florida
Hawaii
Kalifornien
Kanada
Kanada Ost
Kanada West
Las Vegas
Los Angeles
New York
San Francisco
USA
USA Neuengland/
  Long Island
USA Ost
USA Südstaaten/
  New Orleans
USA Südwest
USA West
Washington D.C.

MITTEL- UND
SÜDAMERIKA

Argentinien
Brasilien
Chile
Costa Rica
Dominikanische
  Republik
Jamaika
Karibik/

Große Antillen
Karibik/
  Kleine Antillen
Kuba
Mexiko
Peru/Bolivien
Venezuela
Yucatán

AFRIKA UND
VORDERER
ORIENT

Ägypten
Djerba/
  Südtunesien
Dubai
Israel
Jordanien
Kapstadt/
  Wine Lands/
  Garden Route
Kapverdische Inseln
Kenia
Marokko
Namibia
Qatar/
  Bahrain/
  Kuwait
Rotes Meer/Sinai
Südafrika
Tansania/
  Sansibar
Tunesien
Vereinigte
  Arabische Emirate

ASIEN

Bali/Lombok
Bangkok
China
Hongkong/
  Macau
Indien
Indien/Der Süden
Japan
Kambodscha
Ko Samui/
  Ko Phangan
Krabi/Ko Phi Phi/
  Ko Lanta
Malaysia
Nepal
Peking
Philippinen
Phuket
Rajasthan
Shanghai
Singapur
Sri Lanka
Thailand
Tokio
Vietnam

INDISCHER OZEAN
UND PAZIFIK

Australien
Malediven
Mauritius
Neuseeland
Seychellen
Südsee

REGISTER

Das Register enthält alle in diesem Reiseführer erwähnten Orte und Ausflugsziele. Gefettete Seitenzahlen verweisen auf den Haupteintrag.

Badaling/Große Mauer 52
Baima Si, Kloster/Luoyang 43
Baisha 115
Baoding Shan 106
Beidaihe 142
Beijing s. Peking
Bei Shan 106
Cang Shan 107, **108**
Changsha 90
Chengde 12, 36, **37**
Chengdu **101**, 139, 147, 154, 156
Chengyang 111
Chongqing 16, 61, **104**, 107, 115
Dagcanglhamo 138
Dali **107**, 144, 149
Datong 36, **40**
Dazu 12, **106**
Dengfeng 46
Dongting-See 90, 98
Dong-Trommeltürme 111
Doucun 63
Drei-Schluchten-Staudamm/ Jangtse 107
Drepung, Kloster 134
Dujiangyan 104
Dule Si, Kloster 52
Dunhuang 12, **64**, 146
Emei Shan 108, 145
Erhai-See/Dali 107
Fen-Tal/Shanxi 36, 136
Flammenberge 69
Foguang Si, Kloster 63
Foshan 126
Fuzhou 116
Gantong Si, Kloster 108
Gaocheng 68
Große Mauer 12, 23, 34, **52**, 146, 147
Guanghan 104
Guangzhou s. Kanton
Guilin 12, 35, **119**, 128, 143, 144, 147
Guiyang 110
Gulang Yu/Xiamen 128
Guling 95
Gu Shan/Fuzhou 117
Gyantse 135
Hainan 11, 16, 116, **122**, 142, 143
Hängendes Kloster/ Hunyuan 42
Hangzhou 29, 34, **76**, 81
Harbin **42**, 149
Hongkong 154, 156, 157, 158
Huaminglou 93
Huangguoshu-Wasserfall 112
Huanglong, Naturschutz- gebiet 138, 139

Huang Shan 12, **93**, 94, 145
Huaqing Chi 35, 73, **74**
Hua Shan 74
Hunyuan 42
Jangtse-Fahrt **107**, 115, 143
Jangtseschluchten 105, 107, 115, 143
Jiaohe 68
Jin Ci, Tempel/Taiyuan **59**, 136
Jingdezhen 95
Jinjiang 121
Jiuqu Xi (Fluss der neun Windungen)/Wuyi Shan 119
Jiuzhaigou, Naturschutz- gebiet 139, 145
Jixian 52
Kanton 11, 16, 29, 32, **123**, 128, 143, 154, 156
Kashgar **67**, 161
Kunming 112
Labrang-Kloster/Xiahe 138
Langmusi 138
Lanzhou 135, 138
Lao Shan 54
Leshan 114
Lhasa 11, **133**, 135
Lijiang **115**, 144
Li Jiang 119
Li-Jiang-Flussfahrt/ Guilin 35, **120**
Lingyan Si, Kloster 58
Liping 111
Longgong Dong, Höhle 111
Longmen-Grotten/ Luoyang 12, **43**
Longsheng 121
Longsheng-Reisterrassen 121
Lössbergland/Shanxi 36, 136
Ludi Yan, Tropfsteinhöhle/ Guilin 120
Luoyang 12, **43**
Lu Shan 94, **95**, 145
Macau 158
Mawangdui, Gräber von/ Changsha 90, 91
Ming-Gräber/Peking 52
Mogao-Grotten/Dunhuang 65
Mondsichelsee/Dunhuang 67
Montagsmarkt/Shaping 108
Mutianyu/Große Mauer 52, 147
Nanchang 94
Nanchan Si, Kloster 63
Nanjing **82**, 154
Nan Shan 106
Ningbo 11
Östliche Qing-Gräber 52
Peking 12, 16, 18, 19, 23, 32, 34, 45, **47**, 61, 144, 147, 150, 154, 155, 156, 159, 160

Pingyao 136
Poyang-See 90, 95
Putuo Shan 140
Qingcheng Shan 104
Qingdao **53**, 143
Qing-Gräber, Östliche 52
Qinghai-See 145
Qiongzhu Si, Kloster 113
Quanzhou 126
Qufu 54
Ruinenstädte/Turfan 68
Ruogai 138
Sanxingdui 104
Sanya **123**, 142
Shanghai 16, 18, 22, 29, 32, 34, 61, 76, 81, **84**, 143, 147, 152, 154, 155, 156
Shaolin Si, Kloster **45**, 144
Shaoshan 92
Shaoxing 81
Shaping 108
Shenyang **56**, 154
Shenzhen 143
Shigatse 135
Shilin/Kunming 113
Sideng (Shaxi) 150
Sommerpalast Yihe Yuan/ Peking **50**, 146
Songpan 138, 145
Song Shan 45
Songyuesi Ta, Pagode 46
Steinwald/Kunming s. Shilin
Suzhou 12, 29, 34, 81, **88**
Tai'an 34, 57
Taihuai 61
Tai Shan 34, **57**
Taiyuan **59**, 136
Taklamakan-Wüste 64
Tang-Gräber/Xi'an 74
Tianjin 16, **59**
Tigersprungschlucht 115, 145
Tonarmee des Ersten Kaisers/ Xi'an 12, 25, 35, 73, **74**, 150
Traubental/Turfan 68
Tsangpo-Tal 135
Turfan 68
Weifang 149
Wenquan 93
Westsee/Hangzhou 79
Wind-und-Regen-Brücken 111
Wudang Shan **97**, 144
Wuhan 94, **96**
Wutai 63
Wutai Shan 61
Wuyi Shan **119**, 143, 145
Wuzhi Shan 123
Xiaguan 107
Xiahe 138
Xiamen **128**, 143